全国校本教研与校本课程数字出版平台
全国校本教研网 www.schooledu.com.cn
◎特别推荐◎

名师感悟
有效教学90例

MINGSHI GANWU YOUXIAO JIAOXUE 90LI

林高明　徐玉烟◎主编

江苏教育出版社

图书在版编目（CIP）数据

名师感悟有效教学90例/林高明，徐玉烟主编.
—南京：江苏教育出版社，2012.8
ISBN 978-7-5499-2124-9

Ⅰ.①名… Ⅱ.①林…②徐… Ⅲ.①教学研究 Ⅳ.①G420

中国版本图书馆CIP数据核字（2012）第156142号

书　　名	名师感悟有效教学90例
主　　编	林高明　徐玉烟
责任编辑	翟晶晶　马春霞
出版发行	凤凰出版传媒集团 凤凰出版传媒股份有限公司 江苏教育出版社（南京市湖南路1号A楼　邮编210009）
苏教网址	http：//www.1088.com.cn
集团网址	http：//www.ppm.cn
照　　排	润星之源文化有限公司
印　　刷	九洲财鑫印刷有限公司
厂　　址	河北省三河市灵山大口
开　　本	787毫米×1092毫米　1/16
印　　张	17.25
字　　数	276千字
版　　次	2012年8月第1版　2012年8月第1次印刷
书　　号	ISBN 978-7-5499-2124-9
定　　价	30.00元
邮购电话	025-85406265,85400774　短信　02585420909
E - mail	jsep@vip.163.com
盗版举报	025-83658837

目录 Contents

第一章 有效教学润泽生命

第二章

有效教学沟通生活

第三章

有效教学发展思维

主题感悟

有效教学智慧

第四章

有效教学指点学法

第五章

有效教学生成智慧

第六章

有效教学深化理念

主题感悟

有效教学智慧

第一章 Chapter 1 有效教学润泽生命

主题感悟

有效教学是对生命的润泽

教育教学的终极意义是什么？驳杂的概念和说法如迷雾似阴霾笼罩在教育教学领域。被重重尘埃围困的教育教学渐渐迷失了真面目。面对这些纷纭复杂多歧义的现象，我们必须化繁为简，九九归一。回归教育教学的本原：教育即生命的成全与点润。恰如哲学家黄克剑先生表述的回归生命化的教育。“知识若没有智慧烛照其中，即使再多，也只是外在的牵累；智慧若没有生命隐帅其间，那或可动人的智慧也不过是飘忽不定的鬼火萤照。”没有了生命的导引，人将降格为被欲望奴役的工具，多少伪君子由此而生，多少文章道德由此违离，多少残酷假仁义而行。回顾观瞻古今中外的大教育家，他们的教育教学的中心与重心无不始于并归于“立人”。马里坦提出，教育的主要目的，在最广泛意义上就是“塑造人”，或者更加确切地说，帮助儿童成为充分成型的人。

有一则广为人知的故事，发人深省。一位从纳粹集中营中逃脱的幸存者，战后做了一所中学的校长。每当有新教师来到学校，他都会交给他们一封信，信中这样写道："亲爱的老师，我是一名纳粹集中营中的幸存者，我亲眼看到了人类不应当见到的情境：毒气室由学有专长的工程师建造，儿童被学识渊博的医生毒死，幼儿被训练有素的护士杀害，妇女和婴儿被受过高中或大学教育的士兵枪杀。看到这一切，我疑惑了：教育究竟是为了什么？我的请求是：请你帮助学生成长为具有人性的人。你们的努力绝不应当被用于创造学识渊博的怪物，多才多艺的变态狂，受过高等教育的屠夫。只有在使我们的孩子具有人性的情况下，读写算的能力才有其价值……"

这一切值得我们思考，思考，再思考。伴随着学科知识的获得和能力的发展，学生是不是变得越来越有爱心，越来越有同情心，越来越有责任感，越来越有教养？我们的教学有没有关注学生的整个生命？

教育的最高境界是点化人生、润泽生命。早在20世纪三四十年代，陶行知先生提出的"生活教育"理论蕴涵着教育的生命性。他指出"真教育是心心相印的活动。唯独从心里发出来，才能达到心灵的深处"。伟大的教育家苏霍姆林斯基先生指出，教育学首先是"人学"，是对人的知识、情感、理智、能力、道德等"全人"的成全与培育。甚至可以说，苏霍姆林斯基是生命化教育的最执著的实践者，用平实的生命晤对平平常常的人、普普通通的事、平平淡淡的情，然而这又是真真切切的生命旨趣，把整个心灵献给孩子，关注孩子的精神生活、人的真正的生活。想想，如果连学校这一精神圣地都失去了根本的人性追求、人文关怀，我们还能奢望社会的文明、进步吗？

在教育教学目标的制订上，我们从人的全面发展的角度来思考，提出了三维目标：知识与能力、过程与方法、情感态度价值观。余文森教授提出，"知识和技能"，"过程和方法"，"情感、态度和价值观"是新课程目标的三个维度，而不是三种目标，就像一个立方体的长、宽、高一样。首先，"三维目标"具有内在的统一性，统一指向人的发展。其次，"三维目标"是交融互进的。相对于人的发展这一总体目标，任一目标都不能脱离整体而单独优先发展，缺失任一维度都无法筑成完整的人的发展的金字塔。其中，"知识和技能"目标只有在学习者的积极反思、大胆批判和实践运用的经历过程中才能实现经验性的意义建构；"情感、态度和价值观"目标只有伴随着学习者对学科知识技能的反思、批判与运用，才能得到提升；

而“过程和方法”，只有学习者以积极的情感、态度为动力，以知识和技能目标为适用对象，才能体现它本身存在的价值。再次，“三维目标”不是均等存在的。人的发展是“三维目标”的整合，缺失任一维度，都会使发展受损，但这并不意味着“三维目标”对人的发展的贡献是等值的。因而，着眼于人的发展的教学要根据各学科的特殊性和学生原有基础有所侧重。

余文森教授指出，三维目标的有机统一是教学促进学生发展进而保证教学有效性的内在机制。同时，他分析了课程实施中出现三维目标割裂的现象：其一，“游离”于知识、技能之外的过程、方法，为活动而活动，这种活动既不利于知识、技能的掌握，又无助于学生思维能力的发展，是没有价值的，因而是低效、无效的；其二，“贴标签”的情感、态度、价值观，即脱离教学内容和特定情境，孤立地、机械生硬地进行情感、态度、价值观教育，这种教育是空洞的、无力的，因而也是低效甚至无效的；其三，只关注知识的授受和技能的训练，这种现象依然存在，这种教学在强化知识、技能的同时，冷落、忽视了过程、方法与情感、态度和价值观，从而从根本上阻碍了学生的发展。

陶行知说得真好，教育的培养目标不是培养人上人，也不是培养人下人，而是培养人中人。人中人，是有人性、人情、人味的真正的人。通过专业教育，学生可以成为一种有用的机器，但不能成为一个和谐发展的人。要使学生对价值有所理解并且产生热烈的感情，这是最基本的。美国著名的教育家内尔·诺丁斯在《学会关心——教育的另一种模式》中一以贯之的观点是，成功不能用金钱和权力来衡量，成功更意味着建立爱的关系，增长个人才干，享受自己所从事的职业以及与其他生命和地球维系一种有意义的连接。她认为，一个人也许不懂得欣赏名画《维纳斯的诞生》，但他仍然可以是一位好公民；一个人也许不懂得高等数学，但他仍然可以是一位好公民；一个人也许不知道兰姆的散文笔法也不知道欣赏莎士比亚的戏剧，但他仍然可以是一个好公民……这就昭示了教育的内在真谛：教育完善每一个人的生命，并非是知识的填空与技能的机械训练。“爱人与被别人爱的能力”是一切教育教学的旨归所在。

教育名言

学校教育到了现在，真空虚极了。单从外形的制度上、方法上，走马灯似的更变迎合，而于教育的生命的某物，从未闻有人培养顾及。好像掘地，有人说四方形好，有人又说圆形好，朝三暮四地改个不休，而于池的所以为池的要素的水，反无人注意。教育上的水是什么？就是情，就是爱。教育没有了情爱，就成了无水的池，任你四方形也罢，圆形也罢，总逃不了一个空虚。

——夏丏尊

有效教学智慧

两位数学教师与两个女孩的命运

两个天分相近的女孩，在中学时代遭遇两个不同的数学教师，之后，她们的生命理念和生活方式截然相反。

第一个女孩在文学方面有着过人的天分，在读初中的时候，就开始进行文学创作了，但她在数学领域却一直表现较差，数学测验不及格已经是家常便饭了。尽管如此，凭着倔强和不服输的性格，她努力学习数学，终于在一次数学考试中及格了。

面对这个在数学方面取得进步的女孩，数学老师在点评试卷的时候，不仅没有鼓励和肯定这个女孩的努力，相反，当着全班学生的面讥讽道："你居然及格了，你考试的时候肯定是作弊了！"

听到数学老师侮辱性的评价，这个女孩愤怒了！她的努力没有得到理解，她的不足没有得到老师的尊重，她站起来针锋相对地指责老师的无理评价。

面对来自学生的挑战，这个数学老师毫无歉意地说道："如果你不承认考试作弊了，那我马上拿一套试卷来考考你，看你还能不能及格。"这个女孩也毫不示弱："考就考，我就不相信会再考不及格！"

拿到新的试卷，这个女孩傻眼了。因为整个试卷上的题目全部是她还没有学习的“解方程式”内容，她考了零分。数学老师变本加厉，把她拉到教室前面，用毛笔在她的眼睛上画了个大大的“0”，在全班同学面前示众。

初中时代的这种经历，在她倔强的性格中增加了怨恨、漂泊、敌视的成分。

另一个女孩，文学的天分同样突出，读初中的时候就开始发表诗歌，并多次获得过学校和区域的作文比赛奖励，但数学成绩同样比较差。她比较幸运，遇到了一个善解人意、宽容不足、尊重学生的数学老师。为了让这个女孩在初中数学会考中顺利过关，数学老师把与考试相关的四个大题目在课堂上进行讲解，特别要求这个女孩把四个题目的解题方法全部背诵下来了。第二天，数学会考试卷发下来后，这个女孩惊奇地发现，前一天数学老师讲解的四个大题目全部在试卷上，她的数学考了 75 分，初中时期第一次数学考试及格了，也顺利通过了毕业会考。这个女孩从内心感激数学老师，感激她对学生的理解，对学生不足的尊重。这个经历成为她学生时代最难忘的事情。从此，与人为善、理解他人、关爱他人的不足，对生活充满热情，成为她德性智慧的重要内容。

这两个女孩，前者就是妇孺皆知的三毛，后者则是大名鼎鼎的席慕容。

三毛是聪慧的，但中学时代的教育经历在她的性格中埋下了不幸的种子。她在释放自己文学天赋的同时，过着居无定所、漂泊不定的生活。中学时代开始形成的倔强、敌视、漂泊的性格，导致她一生难以收获爱情的果实。她追求奇异的生活方式，但不珍爱生命，她过早地、自私地结束了才华横溢的生命。

席慕容是聪慧的，更是热爱生活、尊重生命的。中学时代的教育经历启发了她要尊重他人、珍爱自己、理解他人的缺陷和不足。她感慨道：“一个人在弱势的领域能够得到他人的理解和尊重，是生命的幸福。”她一直享受着亲情的温馨与幸福，沉思着情感与爱的美妙，并通过生花妙笔，把对生活、生命的热爱，对情感的体验，用炙热、细腻、充满人情味的文字传递给世人。

原来，教育之中的知识学习，不仅仅是个真理问题，更是关乎人的命运与幸福的问题！

（郭元祥）

延伸思考

在我们的课堂中，启发人思考生命幸福与未来命运的事物很少，真正触及灵魂的话不多。孩子们如花含苞，如草初萌，可是，他们的心灵得不到足够的阳光与雨露。原本易感的心为世智尘劳所占据，精于答题，工于算计，但是拙于感动。偶尔也有一阵柔情瞬间漫过，然而，我们弃之如敝屣地将其放逐了，然后任一种空落与迷惘充斥着复杂得无可分析的大脑。也许，我们需要的是一种生命的觉醒与灵魂的生活。如果要来重新定义教师，那么，我将毫不迟疑地说："教师是善于体谅生命的脆弱性并且敏于唤起生命的完整感的情感细腻的人!"我们的教育教学必须重新澄澈，重新返回心灵的天国。

教育名言

意义学习把逻辑与直觉、理智与情感、概念与经验、观念与意义等结合在一起，当我们以这种方式学习时，我们就成了一个完整的人，即成了能够充分利用我们自己所有的阳刚和阴柔方面的能力的人。

——罗杰斯

58分与"受虐"教育

上周，我10岁的儿子告诉我，他在语文测验中得了58分。

58分?! 按正常反应，我会马上从椅子上蹦起来，从他手里抢过试卷看看他是不是真的得了这么失败的分数，但跟中国的学校打交道多了，我知道不应该这么冲动。

我平静地望着他，问道："全班平均分是多少?"他答："46分。"46分?我心里迅速算了一下，58分比46分高了12分，好像还不差，但是，在我决定是微笑着拍拍他还是严厉地教训他之前，还需要知道另一个关键信息。

我接着问："班上最高分是多少?全年级呢?"他怯怯地说："75分。"

我想了想，58∶75，我应该接受这个成绩吗?还是冲他发火，或者把卷子先拿过来看个究竟？

我又问："你在班上排第几名？"这一回，他高兴地回答说："第五。"第五名！他明显对这一点很骄傲，这也是可以理解的。58 分虽然不是 75 分，甚至这个比例也不相当于 100 分里的 90 分，但他仍然在全班 50 人中排第五。这对他来说是非常好的成绩了，我也能够接受。

在跟孩子一起经历了 4 年的中国小学教育之后，我已经知道，分数要在比较后才有意义。这次测验前 5 天，儿子在另一场数学测验里得了 91 分，但他的名次呢，只有第 18 名，42 人里排第 18，换句话说，有 17 个孩子得了比 91 分高的分数。

两周前，我在他的课堂练习本上瞥见了一个奇怪的数字，用红笔写的"8"。儿子见状想藏起来，但我眼疾手快地抢了过来。"这个'8'是怎么回事？"我审问道。他很不情愿地承认说，自己在这场语文小测验里得了 8 分。

我怒视着他问："为什么只得了 8 分？"他一副很沮丧的样子，双手抱着头，差点要把头发揪下来。"因为每错一处，老师就扣掉 5 分。"他接着又解释说，8 分其实并不算很差，因为按老师的计算方法，如果某小朋友错太多的话，甚至可能得到－400 分。

当时他看起来像是随时都可能爆发的样子，所以我也没敢问他全班最低分是多少。也许是－150，当然也可能就是他的 8 分。他看起来已经很难过了，所以我没再问。

后来我和一些中国朋友说起这几件小事。一位大学毕业不久的朋友叹了口气说："中国的教育制度从来不'鼓励'小孩，是一种'受虐'教育。"另一位 19 岁就从复旦毕业的智商很高的朋友则耸耸肩说："不知道为什么，中国的学生即使成绩很好，也不够自信，自我感觉不够好。你永远觉得焦虑，害怕自己从那把竞争的梯子上摔下来。"

21 年前，我的这位朋友上的是某中学的提高班，每学期都会淘汰分数最低的 5 个人。她告诉我，尽管她现在很有成就，但当年，有几个月当她发现自己的成绩接近被淘汰时，真是恐慌难言。

我自己大部分学业都是在美国完成的。美国的标准比较简单，小学生的分数只要不在 88～90 分以下，就算不错。但现在，我不得不认真衡量每一个 8 分、58 分和 91 分。我已经明白，这些分数的绝对值并不意味着他考砸了或是考得很好。它们只有放在"上下文"里才有意义——他排第几名。

但是，当我看到孩子带回家一个又一个50几分和70几分后，我不禁想：小学生的打分制度是不是可以改一改？能否变成一种只会直线向前、让孩子可以预期自己的进步，从而感觉更自信的方法？为什么每一场测验和排名，给这些不过10岁的小孩子带来的都是深深的焦虑和自责呢？

即便我儿子的58分是个足够体面的分数，它还是比100分差了42分。那个得了75分的孩子，回家后又是不是真的感觉像个冠军呢？或许，他回家后是在想：我还要多学习几小时才能在下次考试里得到90分？

（崔米娜）

延伸思考

学习的目的是不断获得修持内心的力量，获得自信，获得自我肯定与生命的尊严感。正如美国著名的教育学者欧内斯特·鲍伊尔说的：“几年前的一个晚上，我翻来覆去睡不着，就在心中默默点数，不过我数的不是小羊，而是把我的所有老师数了一遍，有三四个老师改变了我的生活。什么使这些教师真正称得上‘伟大’？就在于他们的言传身教。他们使自己的知识与学生联系起来，营造一种主动而非被动的学习氛围。他们是光明磊落、诚信可靠的人。他们教的不仅是知识，还有自己。”

教育名言

人们总是倾向于掌握更多的知识，掌握知识体系中分支的分支，直至无穷，这种“全面狂”是过度强调教育的一种价值——以知识为目的，而忽视其他价值的结果。

——约翰·怀特

英语课上的“节外生枝”

当我成为一名小学英语教师时，我不希望自己把目光仅仅局限在学科上，我需要将学科的特征体现得淋漓尽致，但同时我面对的是孩子，我所应该考虑的还有更为全面的理念。

——题记

结束华东师大七年的学业后走进了小学，研究中国文化的人最终教起了洋人的语言，这对我来说是一个崭新的开始和挑战。我有了重新开始的契机，有了重新塑造的可能，也有了重新思考的必要，我不得不小心谨慎。最初我只是带着满腔的热情投入工作，但我逐渐发现，教学不仅仅要有工作的热情、精深的专业知识，还要有理性的思考、深刻的反思，而更为重要的是，要有对于人性的感悟和对情感的尊重。

几乎每次上课，我与学生都有一段自由对话的时间。一日，我们唱完一首名为“*we are the happiest men*”（我们是最快乐的人）的歌，开始讨论“今天你快乐吗”的话题。

一个女孩说她很高兴，因为今天是她妈妈的生日。我便问：“是你妈妈多少岁的生日？”她说 40 岁。我刚想向她表示祝贺，突然有一个声音传来：“Too old（太老了）。”大家都愣住了，寻声看去，一个女孩正得意地看着大家。

我问这个孩子为什么这么说。她说她的妈妈竟然 40 岁，那实在太老了，因为她自己的妈妈只有 34 岁。我还没有发表任何意见，另外一个孩子已经高高地举起了手，我把她叫起来，她更加得意地说：“My mother is only thirty（我妈妈只有 30 岁）。”第一个回答问题的小女孩呆立在那里，而所有的学生都看着我。

这样的场面是我没料到的，一刹那，我自己也呆住了：是就此打住还是任其发展下去？我该怎么办？感谢那一刹那的清醒，我问第一个孩子：“Do you love your mother?（你爱你妈妈吗）”又分别问了第二个和第三个孩子同样的问题，他们给我的回答都是肯定的，再问全班学生，我得到了相同的答案。然后我问他们知不知道我的母亲多大年纪，孩子们使劲地猜测起来，在告诉他们之后我说，每个母亲开始的时候都很年轻，后来孩子长大了，她们才老的，可是无论多大年龄，她们都是我们亲爱的妈妈，我们都爱她们。每个孩子都点头认可。接下去我们讨论了“你想为你的妈妈做些什么”“你的妈妈又经常为你做什么”“你为什么爱你的妈妈”等一系列问题。

这节课我没有按照本来计划的内容去上，而是花了相当多的时间和精力讨论起一个“节外生枝”的话题，但孩子们很快乐，每个人都表现得很积极，他们甚至讲出了许多令我惊喜的英文句子。

我曾经很多次向别人讲述这个故事，不是因为它多么有趣，而是它使得我不敢轻易地看待这门学科的教学。它时时刻刻提醒我，虽然我站在小学课堂上，但我所面对的同样是一群有思想、有感情的生动的个体。语言学习的课堂其实是个十分丰富与复杂的空间，有生命的个体加上有生命的内容才构成有生命的课堂。它敦促我也启发我去思考与关注有关教学的诸多问题，如小学英语究竟该教些什么，一名小学英语教师该关注什么，语言和思想有何联系，如何处理教材和实际课堂教学内容的关系，教师该如何应对课堂突发事件，教师该如何面对学生的挑战，在外显的教育内容背后还有些什么……

故事中的小女孩说40岁的母亲太老了，她为自己母亲的年轻而自豪。此时，我想起了自己曾经年轻而今日渐衰老的母亲，想起了自己为人母时也不可能十分年轻，想到总有一天我这个曾经年轻的教师在学生面前也会衰老不堪……此刻，你能说这仅仅是在用英语讨论一个话题吗？仅仅是在学简单的英语句型吗？

（邓　敏）

延伸思考

捷克伟大的教育家夸美纽斯指出，不单是科学应当在学校里教授，道德与虔信也应当在学校里教授。我们除了要关心学生是否获得了一些基本的知识和技能，还要关注学生是否学会关心，是否具有一颗敏感的、对生命尊敬的心，这才是教育的根本所在。否则，我们的教育就会离人性越来越远，离心灵越来越远。

教育名言

教师要和学生建立一种新的关系，从“独奏者”的角色过渡到“伴奏者”的角色，从此不再主要是传授知识，而是帮助学生去发现、组织、管理知识，引导他们而非塑造他们，但在那些引导学生一生的基本价值方面，则始终要有极大的坚定性。

——出自《教育——财富蕴藏其中》

多元解读不是任意解读

新课程给小学语文教学注入了前所未有的生机，但也出现了一些误区。误区之一便是无视文本，在课堂上大搞“发散思维”和“多元解读”，致使语文教学走向了“自由化”的深渊。

案例一

一位教师在执教《狼和小羊》一文后，鼓励学生大胆质疑，这时有个学生问道：“难道这只小羊就这么可怜吗？这时候就不会有什么奇迹发生吗？”这位教师马上“因势利导”。没过多久，善于想象的学生小手如林：“这时候，来了一位勇敢的猎人，举起猎枪，‘啪’的一声，将恶狼打死了……”“谁也没有想到，这只狼一头撞到一块大石头上，结果一命呜呼了……”孩子的幼小心灵是善良的，不过这位教师面对学生的课堂生成，不加考虑，使寓言的主题黯然失色了。

案例二

一位教师在教授《狐狸和乌鸦》一课。

师：学完了课文，你想对狐狸或乌鸦说些什么呢？请大家先在小组内讨论一下，尽量说得与别人不一样。

生：乌鸦，你真是太笨了，狐狸的话你还敢信？

师：说得真好，谁继续表达？

生：乌鸦你因为太爱听好话了，所以才落得这样下场，你可要接受教训啊！

师：这种想法也不错，还有不一样的说法吗？

生：狐狸，我喜欢你，喜欢你的聪明，因为你能想办法把自己想要的东西骗到手。

师：这种见解与众不同，还有更新颖的想法吗？

……

众所周知，《狐狸和乌鸦》的文本有其内在价值：光爱听好话，是很容易上当受骗的。怎能为了倡导所谓的个性化体验，而偏离文本内容的价值取向呢？

以上两个案例的共同之处是丢开文本，似乎学生越自由、自由气氛越活跃、观点越离奇越好，岂不知，这是把“个性化”变成“自由化”了。文本在教学中有三个重要特性：第一，这是课堂教学活动的依凭，是我们课堂赖以依存的一个特质基础；第二，文本具有前提性，这在我们上课以前就已经存在了；第三，我们的语文课决定学这篇课文的时候，文本就有了规定性。课堂是由教师、学生、教材三个基本要素构建的特定的空间，是以教材为凭借，通过师生双方的交流而实现教学目标的舞台。由此看来，除了学生和老师之外，文本就是首要的了。文本是作者独特思想和体验的载体，对它的价值内涵的发掘，在我们语文教学中占有极其重要的位置。我们没有理由不尊重它原有的意蕴。的确，在阅读创新的问题上，读者可以在阅读过程中调动个人的生活经历，渗透自我情感理念，从不同的角度、不同文化背景对作品作出不同的解读。“一千个读者眼中有一千个哈姆雷特”，但我们能从中读出“林黛玉”或“薛宝钗”吗？的确，学生是学习的主体，他们的独特体验是一种珍贵的教育资源，但这并不意味着学生怎么理解都是对的。

我们应该鼓励学生敢于发表个人见解，让课堂活跃起来，但这不是意味着学生可以任思维肆意驰骋而不受约束，教师作为引导者要把握住“多元解读”与“任意解读”的区别，不同学生对文本的理解可以在各自已有的生活经验上合理产生，但不是毫无道理的瞎想乱猜，更不是漫无边际的信口开河，否则就歪曲了“多元解读”，也无从培养学生的创造性思维了。因此，当学生对文本作出个性解读时，教师不要忘记及时提醒和纠正，要知道“真理向前一步就是谬误”。

（白金声）

延伸思考

“师也者，教之以事，而喻诸德也。”作为教师，我们应该成为学生价值生活的方向标与指南针。在纷繁复杂的生活现象面前，教育者不能放任自流，让学生们随波逐流，想做什么就做什么，没有坚持任何价值与信念，这样一来无异于放弃教育的真正的职责与使命。生命的点化就在于纷纭多歧之时的指点迷津。

教育名言

你面对的是儿童的极易受到伤害的、极其脆弱的心灵，学校里的学习不是毫无热情地把知识从一个头脑里装进另一个头脑里，而是师生之间每时每刻都在进行的心灵的接触。

——苏霍姆林斯基

“长大了想当新娘子”

我曾住过的那个小村庄，用“穷乡僻壤”来形容它的过去是再恰当不过了。村里的学校仅三间茅屋，最大的一间是幼儿园，两间小的则就读着一、二年级的小学生。学生到了三年级，就得翻过一座小山到乡里“继续深造”。

村里一、二年级的老师都是村长从外乡请来的代课老师。在我的记忆中，老师们像走马灯似的来了又去，大都没有留下任何印象，只有二年级教我的那位美丽的女老师，就像一弯温馨的月牙儿，时常出现在我的梦境里。

那是一个晴朗的夏日，老师像往常一样面带微笑地走进教室，不一样的是她在黑板上写下了几个大字：“长大了想干什么?”同学们顿时像炸了锅似的大声嚷嚷，使劲地把小手举得高高。老师一个个地问，同学们一个一个地回答：科学家、老师、医生、解放军……每个同学回答后，老师都会给他一句鼓励的话。轮到我了，我激动地大声说：“老师，我长大了想当新娘子。”同学们都哈哈大笑起来，我一下子愣在那里。新娘子在小小的我的心目中是美丽、圣洁的化身，我不知道想当新娘子有什么错，只好委屈地站着。老师一下子看出了我的心思，笑着对我大声说：“老师希望你长大了当一位美丽的新娘子。”接着带头鼓掌，同学们也跟着鼓起掌来，我就在掌声中洋洋自得地坐下了。

过了些日子，新来的老师告诉我们，女老师出嫁了，不能再来给我们上课了。那些天，我的梦里都是女老师成了美丽新娘子的影子……我是多么羡慕和向往她！而且耳边一回响起她对我说过的话，甜蜜就涌上心头，仿佛我也变成了一个美丽的新娘了。

后来，我长大了，一想起这件事，我就懊恼。一想起老师那句话，我就脸红，觉得自己真丢人，太没出息了，可是心里仍然对她充满了感激之情。

再后来，我也成了一名美丽的女老师，这才知道那句话是这么美。它倾注了老师对一个无邪孩子博大的爱，维护了一个无知孩子可贵的自尊。

所以，当我第一次走上讲台，面对那些八、九岁的孩子时，美丽女老师的形象就浮现在我眼前。当第一次上班会课时，我就迫不及待地在黑板上写下“长大了想干什么”。孩子们的回答已经跟我小时候的情况有所不同了。但我仍像我的老师一样，送给每位学生一句鼓励的话。在热烈的气氛中，孩子们的眼神散发着纯真的光彩……我的心被深深地感动了。虽然再没有孩子回答“长大了想当新娘子”，但是，也许会有那么一天，一个长大了的孩子在某个不经意的时候，突然想起一个美丽女老师对他说过的一句话：“老师希望你长大了饲养许多你喜欢的小白兔。”他一定会莞尔一笑，心中溢满温暖和感动……

（唐佩兰）

延伸思考

罗素先生说过，我们必须解放我们自然具有的仁爱之心，若有某种学说要我们让儿童蒙受不幸，那么无论它对我们何等重要，也定当拒之于千里之外。这正是我再三强调消除儿童恐惧心的原因之一。让我们彻底根除潜伏在我们灵魂深处的恐惧，用生命中的温情与柔情来消除恐惧之心，并且唤起生命中的仁爱、关爱之心。这是教育教学中最为深刻、最为细致、最为持久、最有生命性的影响力。

教育名言

未来的学校必须把教育的对象变成自己教育自己的主体。受教育的人必须成为教育他自己的人；别人的教育必须成为这个人的教育。

——出自《学会生存——教育世界的今天和明天》

教育，一种克制的艺术

在处理教育事件的时候，我们总是倾向于“两点之间直线最短”的数学原理，我们很少去深刻领会“以曲为直”的内在哲理。我们习惯于“投之以桃，报之以李”的思维；习惯于“以眼还眼，以牙还牙”的套路。总之，我们习惯于习惯性的反应动作：你说错了，我纠正；你犯错了，我批评；你捣乱，我惩罚。兵来将挡，水来土掩。确实，在日常教育工作中，我们时常沿着习以为常的模式，在固定的程序中运行，似乎也是通行无阻。可是，偶尔，我们也会感觉任凭我们怎样苦口婆心，怎样“威逼利诱”，学生们也会露出“不合作”的神态与眼神。所谓言者谆谆，听者藐藐。我们痛感自己教育教学的低效、无效、甚至负效，痛感日复一日的挫败与无助。为什么我们的教育教学行为与措施不但无作用，甚至还有副作用呢？我们的“好心”为什么没“好报”呢？我想根本的问题在于，我们在教育教学中求胜心切。

我们歇斯底里，我们怒不可遏，我们破口大骂，我们……然而，这一切只能让我们的教育教学陷于泥淖。教育如果是简单的直来直往，一触即发，那么，任何稍有知识的人都可以从事教育教学工作。教育教学更需要对人心灵的敏感与体悟，对精神世界变化的期待与召唤。教育教学的复杂性、丰富性、微妙性便在于此，我们必须从长计议，必须深思熟虑、深谋远虑，否则，就是“小不忍则乱大谋”。教育教学是一种克制的艺术，这种克制表现为一种明达与睿智：善于以静克动，以柔克刚，以智克躁。

加拿大著名的教育家马克斯·范梅南在《教学机智——教育智慧的意蕴》中说：“何时克制自己，何时忽略什么事，何时该等待，何时‘不去注意’某件事，何时退后几步，而不去干预、干扰、打断别人的工作，大人对于这些机智的领会对孩子的发展来说，是一个十分珍贵的礼物。”阿莫纳什维利在《孩子们，你们生活得怎样》中谈到这样的一件事，让我们深受启发。他写道：“今天在课间休息时发生的一件事促使我更严肃地思考关于儿童爱慕感的问题。邦多与吉哈突然吵了起来，由口角相争发展到互相拳打脚踢。我亲自把他们劝开了。我问他们：‘能告诉我你们为什么要吵架吗？’两个男孩都默不作声，互相虎视眈眈地站着。‘这是秘密吗？’我严肃地问他们。他们点点头说：‘是的，是我们的秘密！’‘那我们就这么办：现在离上课还有10分钟的时间。你们俩一起到教室里去，那儿现在没有其他同学，就你们俩，你们像男子汉与男子汉一样好好谈一谈，不过不能打架和侮辱对方。要记住，在你们走出教室的时候要成为比从前更要好的朋友。’说完这几句话，我还对在场的孩子们说：‘对吗，孩子们？’在他们吵架的时候，孩子们都在场，很多人都知道他们为什么要吵架。两个男孩子是为了埃拉而打起架来的，可是埃拉却一点也不知道她就是他们不和之因。孩子们把邦多和吉哈推进教室。‘别干蠢事！’伊利科提醒他们，接着就随手拉上了教室门。我常常采用这种方法。如果在哪两个孩子之间发生了误会、争吵，就让他们两人单独留在教室里，让他们面对面心平气和地弄清楚自己的态度，消除误会，握手言好，用自己的行动证明，两人已成为比从前更要好的朋友。要知道，孩子们很喜欢用这种方法处理他们之间的纠纷。”

面对学生的“爱情”问题，面对学生的“打架”问题，常规的处理方式不外乎“个别谈话”或“集体教育”，有的甚至是“当面批评”加全班“公开宣判”……这样一来，不但给全体学生一个坏的影响，而且还增强了“问题学生”的敌对情绪，结果是欲速则不达，欲益反损。在这里，阿莫纳什维利确实向学生赠送了一个成长过程中至为珍贵的“礼物”——克制自己，让学生们自己解决问题。明代洪应明在《菜根谈》中写道：“事有急之不白者，宽之或自明，毋躁急以速其忿；人有操之不从者，纵之或自化，毋躁切以益其顽。”（有些事在情急之中不能辨别时，宽缓下来，事情或许会自然澄清，不要急躁而引起更大愤怒；人有刚愎不听劝告的时候，放纵他或许他会自然而然明白而改正，不要太急切，否则会使他更为顽固）的确如此，一种必要的隐忍，一种必要的等待，一种必要的克制，让教育教学真正进入学生的心灵深处，让他们获得自内而外、彻里彻外的“触动”与“改变”，而此时此刻的教育才能表现出春风化雨、蕴涵久远的魅力。

有时当学生惹麻烦时，我们必须克制，不要横加干涉，妄加指责；而当有时学生在尝试着努力向上、向善时，我们是不是也要拥有克制的意识？

获得“全美最佳教师奖”的雷夫·艾斯奎斯先生给出了别出心裁的回答。他在《第56号教室的奇迹》中谈到一件事发人深省。有一次，雷夫去讲学，第二天回校上课。一位身材矮小的西班牙妇女手里牵着6岁大的孩子询问他一件事。原来，她的儿子昨天被人殴打了，还被抢了书包。许多人都袖手旁观，若无其事。只有一位小女孩将他扶到路边，并带他到喷水池梳洗，一路陪着他，确认他安全到家了，才离开。这位妇女当天走访各个班级，希望找到帮助她儿子的人，对她说声“谢谢”。

雷夫问全班是否知道此事，大家都说不知道，接着大家议论纷纷。只有布兰达低着头继续做着她的数学习题。布兰达之所以引起雷夫的注意，是因为她很讨厌数学。于是，雷夫就盯着教室后排角落弯着背盖住数学习题的布兰达看。在非常短暂的片刻，她抬起头，没察觉到雷夫正注视着她。她抬头是因为心中有个秘密，想知道别人是否知情。直到雷夫与她眼神瞬间交会，雷夫才望向别处。她眯着双眼，严肃地对雷夫摇摇头，要雷夫别插手。“什么都别问，也别把你心里想的事情说出口。”她的脸这样告诉雷夫，随后就低下头继续做功课。

是布兰达对小男孩伸出援手，但她的匿名计划因为早上的那对母子而露出破绽。雷夫要其他学生回去写他们的习题并继续上课，一天很快就过去了。布兰达已经到达道德发展的第六阶段（道德发展的六阶段：我不想惹麻烦—我想要奖赏—我想要取悦某人—我要遵守规则—我能体贴别人—我有自己的行为准则并奉行不悖），没人知道她做了什么。在往后的几年里，雷夫一直和她保持着很亲近的关系，但是他们从没聊过那天发生的事情。我想，这就是最美好的境界了。

在一般人看来，这件事一定要大张旗鼓地表扬，树立榜样，号召大家向做好事的布兰达学习。然而，雷夫的高明之处在于，看到了布兰达的道德修养与发展的第六阶段“有自己的行为准则并奉行不悖”，于是，他把美丽珍藏在心，同时，也成全了布兰达“为善无善名”的自我尝试与美好的体验。

在这一点上，孔夫子做得相当高妙。《论语》中载：“子曰：‘予欲无言。’子贡曰：‘子如不言，则小子何述焉？’子曰：‘天何言哉？四时行焉，百物生焉，天何言哉？’（孔子说：‘我想不说话了。’”子贡说：“你如果不说话，那么我们这些学生还传述什么呢？”孔子说：“天何尝说话呢？四季照常运行，百物照样生长。天说了什么话呢？”）确实，“不言之教，无为之益，天下希及之”。教育教学中的克制就在于善于把握分寸、掌握火候，似乎“无所作为”，然而却是“大有作为”，就是所谓的有所不为，而有所为。

（林高明）

延伸思考

斯宾塞先生在《教育论》中指出，正确地进行教育不是一件简单容易的事，而是一个复杂和困难的任务……需要钻研，需要机智，需要忍耐，需要自制。张扬的教育或许有的放矢，有错即改，给人痛快淋漓的感觉，但我们仍然相信教育是一种克制的艺术，它内敛而深刻，深入人心，绵延不绝。它传递的是一种无言之力，无言之美。正是这种克制给了学生自主发展、自由成长的时空，学生在这一时空中决定自己的成长的方向，并为之而努力。

教育名言

理性霸权所孵化的“知识暴力”，挤压着学生的心理空间和精神空间，而来自教师权威的压力会导致学生丧失自信，最终批判精神不能得以张扬和生发。

——余文森

站在儿子这边

——解放心灵的教育是真正的教育

他从小喜欢看闲书，上课不听讲，还捣乱。闲书看多了，见识大增。读小学的时候，他就已经能发现并指出老师的错误，以至于老师只要看到他举手，心里就发毛，后来干脆装作没看见。

一次，老师让学生写一篇关于校园的作文。第二天，看到他的作文，老师气得脸都绿了。别的同学都写“五星红旗飘扬在校园上空”，只有他写“五星红旗耷拉在校园上空”。老师朗读了他的作文，当众批评，说他又在哗众取宠。他站起来反驳：“老师，‘哗众取宠’这个成语您用错了！”老师说：“你给我坐下。”他说：“我说完就坐下。我的作文是交给您一个人看的，怎么能算哗众取宠？是谁把我的作文当众念给五十多个人听的，这才叫哗众取宠。”同学们哄堂大笑。老师面红耳赤，哑口无言。

结果，他被老师拎进办公室，教育了两个小时。他被迫承认错误：“老师，我改。”老师大喜，这孩子终于知道错了。他改道：“说来也怪，尽管校园里没有风，五星红旗依然飘扬在校园上空。”老师一听，简直气疯了，操起一把笤帚，揍了他一顿，然后使出杀手锏——通知家长。

父亲赶到学校，父子俩一起被老师教育了一番。回到家，他忐忑不安，向父亲道歉：“都是我不好，把你也连累了。”没想到，父亲笑了：“没什么了不起，不就是你想说几句实话，她不让你说吗?”父亲的宽容让他喜出望外。原来，自己没做错。

不久之后，他上课偷看课外书，被老师发现，又通知家长。父亲赶来，当着老师的面，大声训斥儿子：“你为什么不听老师的话?上课看什么闲书?”他战战兢兢地从书包里掏出一本书。父亲接过来一看，是《罗马帝国衰亡史》，忍不住赞道：“这真是一本好书啊!”老师觉得不对劲，提醒：“你怎么教育孩子的?”父亲立马改口：“那也不应该在课堂上看嘛。”他装作低头认错的样子，心里忍不住偷笑。

父亲始终站在他这边，支持他多看书。即便是他被学校定义为无可救药的学生时，父亲也觉得这没什么要紧的，孩子只不过爱读书，兴趣不在课堂上而已。

这个男孩叫罗永浩。他没上过一天大学，连高中都没毕业。这个老师眼中无可救药的学生，后来成为著名的英语教师，创办了牛博网，成为众多年轻人追捧的偶像。

“幸好我有一个开明的父亲。”每次谈起父亲，罗永浩总是心怀感激，反复提到“宽容”二字。如果没有父亲当年的“放任”，没有如此自由宽松的成长环境，也许世上又多了一个听话的好孩子，少了一个人才。他的自传《我的奋斗》被称为“三十年来最诚恳的励志书”，原本是写给涉世之初的年轻人的，其实做父母的也能从中得到启示。

《圣经》里说：“儿女都是上帝的孩子，我们只是代为抚养。”孩子不应该是上辈人的续集，更不应该是父母的私有财产。我们今天为孩子所做的一切，归根到底都是为了让他们将来不必再依靠我们，可以勇敢地独立面对这个世界。

延伸思考

真正的教育是一种心灵的解放与精神的自由，学生通过自由的智慧与判断来面对人生与知识，来探索知识与人生的意义。正是通过这种方式，人的生命意义与价值才得到最大限度的提升与开拓。然而，在现实教育教学中，我们常常是领受到教育教学的压制、钳制、强制的一面，很少能生发自然、自觉、自在的光辉。

教育名言

教育就是发展，教育就是引申，教育就是自我实现，教育就是由于人逐渐认识真理而使人变得富于人性。

——赫钦斯

对科学课的思考

我曾在上科学课时问学生：“我们为什么上科学课啊?”

学生们整齐地回答：“学习科学知识!”

我又问：“那么，学习科学知识是为了什么呢?”学生们沉默了一会儿，有几位小声说：“长大了当科学家吧。”

“上科学课就为了学习科学知识”，这其实是由于教师根深蒂固的观念影响了学生。虽然现在的科学教师都知道科学教育的多维目标，但是真正落实到课堂的往往是知识教学压倒一切。除了观念问题，另一原因是传授知识比较省事、检测知识容易操作。然而，只重视知识的科学教育培养不出具有良好科学素养的国民，培养不出杰出的科学家。我们的科学教育应该给予学生更多，特别是孩子们普遍缺少的那些东西，需要科学教师格外关注。

现在的小学科学教材中安排了一些需要长期观察记录的内容，如教科版教材中就有“凤仙花生长变化记录”“一个月时间的气温变化记录”等，但是大多数教师没有教学生完整地记录这些观察过程，有的学生只在上课那一天作了记录，有的学生捏造一些数据把记录表填满了事，教师也没有把持续记录当回事。很少有学生完成长期观察记录，也因为这样的观察记录只凭兴趣无法维持，长期的观察记录的确是单调而枯燥的，需要教师不断提醒、监督和激励。科学研究需要细心和毅力，有关长期观察记录的内容是培养这些品质的绝佳载体。有关自然奥秘的录像资料的作者大多是外国的科学家，如《鸟类的迁徙》《野生动物奇观》等，这些资料凝聚着研究者几年甚至十几年的心血，极为精彩，这使我想到，是不是我们的科学家不善于进行这种研究？这是否与我们的科学教育有着莫大的关系？

在教学“解剖油菜花”时，有学生汇报说他的花只有3个花瓣，那个学生平时比较马虎，同学们都哄笑起来。为了指出他的错误，我让他把油菜花放到实物展示台上。令我无比惊讶的是，这一朵油菜花真的只有3个花瓣！十字花科植物的花应该有4个花瓣呀！我仔细地观察这朵花，3个花瓣均匀地排列在花蕊周围，这是一朵完整的花。这时，我暗自庆幸刚才没有带着怀疑或讥讽的语气请他展示，我大声宣布：“这位同学说得一点都没错！他发现一朵不同寻常的3个花瓣的油菜花!”学生们鼓掌了，而他激动得涨红了脸。

这个班级的学生在后来的好长一段时间里，每当观察实验时都瞪大眼睛，渴望发现一些什么。事后，我也纳闷，怎么会有这样的怪花呢？查了资料我才发现，其实这是植物的一种变异现象，就如少数人生来就有6根手指一样。油菜花不但有3个花瓣的，还有5个花瓣的，只是数量极少。

还有一位学生在学完爬行动物的有关内容后找到我，他说：“蛇与鳝鱼长得那么像，怎么它们不属于同一类呢？是不是科学家分类的时候不小心分错啦?”我觉得他能够质疑科学的分类就很了不起，我向他解释：“关键是蛇用肺呼吸，而鳝鱼用腮呼吸。”可是他并不服气，说：“可是他们也有很多相似的地方啊！它们运动的样子也很像，我还去菜市场看过小贩杀蛇和鳝鱼呢，蛇和鳝鱼的骨骼也是非常像的!”对这样的学生，我不由得心生敬意，一个小学生为了证实自己的想法，竟然会跑到菜市场去观察。在他身上，我看到了现在的孩子特别欠缺的求真精神。追求真理和强调实证是科学本义，我们切不可为了“标准答案”而否定学生观察的事实。

在教学“放大镜”一课后，我发现学生们发明了一个残忍的游戏：一些金龟子掉落在地上，腹部朝天翻不过来，学生就比赛谁能在最短的时间里用放大镜汇聚阳光烧死这些金龟子，看着这些金龟子拼命挣扎，他们发出一阵阵笑声。看到这种情景，我心情沉重。我去阻止后，又觉得应该想办法触动他们的心灵，才能彻底改变他们的行为。在后续教学中，我安排了一个用黏土和火柴梗制作金龟子模型的活动，塑型、上色后，有学生嚷起来："我做得很仔细，可还是不如真金龟子漂亮！"我不失时机地播放了《精致的生命——昆虫》的录像，问学生："你们觉得烧死金龟子的做法对吗？"学生沉默了，有位学生举手说："可金龟子吸食树的汁液，它是害虫呀！"我摸着他的头说："是的，金龟子要吸食树的汁液，但是任何动物为了生存都需要吃食物。一般情况下，金龟子吸食一些树的汁液，并不会给树木带来大的危害。只有在它们泛滥成灾的时候，才需要捕杀一些。即使捕杀，也不赞成用残忍的方法。"他点头。下课后，我在走廊里看到几位学生弯下腰，伸手捉起掉在地里的金龟子，轻轻一弹，金龟子趁势飞走了，学生的脸上洋溢着温暖的笑容。生命世界的内容占了科学教材的很大篇幅，在指导学生了解生物的基础上，我们应该教育学生欣赏自然，珍爱生命，这是一个文明人应有的素质。

在科学教育中要多维目标协同推进，这对科学教师的素质提出了很高的要求，需要扎实的学科知识基础，还需要很好的组织探究活动的教学能力。而由于多维目标协同推进的成效不一定体现在考试成绩上，科学教师可能在教学中投入了很大精力却吃力不讨好。因此，科学教师还得有为提高学生科学素养而不计个人得失的奉献精神。我们要时刻勉励自己：这样的奉献是值得的，因为科学启蒙教育将影响孩子一生。

（任　洪）

延伸思考

杜威先生认为，因为这个事实，科学在教育上占有独一无二、无法估价的地位；也因为这个事实，产生了威胁着正确利用科学的危险。一个人没有养成科学的精神，他就没有人类为有效地指导思考所设计的最好的工具。这种人不但不能利用最好的工具从事研究和学习，而且不能理解知识的丰富意义。

教育名言

为爱所支配的知识是教育者所需要的，也是学生所应获得的。在人生早期，对学生的爱至关重要，以后，对所授知识的爱则变得日趋必要……但若缺少爱，这一切就不过是水中月，雾中花。现在知识并不匮乏，然而爱的缺少妨碍了知识的应用。有时因人们对儿童缺少爱而使我近乎绝望。

——罗素

做教师必上的第一课

崔永元写过一篇文章，题目是《老师》。每一位做教师的人，如果用心去读，都可以体会出文中的话是何等意味深长。

老师（节选）

崔永元

王老师教语文，也是班主任。我的第一篇作文被王老师大加赞赏，她尤其欣赏这一句：运动员像离弦的箭一样……后来才知道，这不过是个套路而已，但当时如果不是赞扬，而是一顿批评呢？孩子的自信心通常是被夸奖出来的。王老师教了我一年，移交给下一任老师时，她的评语是，该生至今未发现有任何缺点。这为下一任老师修理我留下了把柄。这位年轻力壮的女老师一接手，就咬着牙根对我说，听说你红得发紫，这回我给你正正颜色。我倒也配合，大概是到了发育的年龄，我整天想入非非，经常盯着黑板发愣，数学老师把教鞭指向右边又指向左边，全班同学的头都左右摇摆，只有我岿然不动，于是她掰了一小段粉笔，准确无误地砸在我脸上。数学老师说："你把全班的脸都丢尽了。""嗷！"全班一片欢呼，几个后进生张开双臂，欢迎我加入他们的队伍。从此我数学成绩一落千丈，患上数学恐惧症。高考结束，我的第一个念头是，从此再不和数学打交道了。38岁生日的前一天，我从噩梦中醒来，心狂跳不止，刚才又梦见数学考试了，水池有一个进水管，5小时可注满，池底有一个出水管，8小时可以放完满池的水。如果同时打开进水管和出水管，那么多少小时可以把空池注满？呸，神经吧，你到底想注水还是想放水？有一天，我去自由市场买西瓜，人们用手指指点点："这不是《实话实说》的主持人吗？"我停在一个西瓜摊前，小贩乐得眉开眼笑："崔哥，我给你挑一个大的，一共是7斤6两4，一斤是1块1毛5，崔哥，你说是多少钱？"我忽然失去控制，大吼一声："少费话！抱歉！"

对我来说，数学是疮疤，数学是泪痕，数学是老寒腿，数学是类风湿，数学是股骨头坏死，数学是心肌缺血，数学是中风……

当数学是灾难时，它什么都是，就不是数学。

所以我请求各位师长手下留情，您不经意的一句话、一个举动或许会了断学生的一门心思，让他的生命走廊中少开一扇窗户。

崔永元用调侃的语调写了一个并不轻松的话题。读后，有四个字异常鲜明地出现在我的脑海里：敬畏教育。

每次在新教师培训班上，我都喜欢讲这个故事，我认为，这是一个做教师的人必须上的第一课。作为教师，起码要懂得对职业的敬畏，要知道自己手中的权力有时候其实比国王还大，会不经意地伤害到一个少年的心灵，影响一个孩子的一生。因而，教师使用手中的权力必须慎之又慎。

美国著名教育心理学家吉诺特博士关于教师的作用和力量有这样的叙述："在经历了若干年的教师工作之后，我得到一个令人惶恐的结论：'我'是教学的成功和失败的决定性因素。我个人采用的方法和每天的情绪是造成学习气氛和情境的主因。身为教师，我具有极大的力量，能够让孩子们活得愉快或悲惨，我可以是制造痛苦的工具，也可能是启发灵感的媒介。我能让人丢脸，也能叫人开心，能伤人，也可以救人。无论在什么情况下，一场危机之恶化或解除，儿童之是否受到感化，全部决定在我。"

从吉诺特博士的深刻感悟中，我们还可以体会到，教师的一言一行，一个眼神、一个动作、一句话、一点情绪，都会对学生产生影响。

这样一份职业，应该以什么样的态度对待？我认为，康德有一句非常著名的话是一个很好的注解："有两种东西，我们愈是时常反复地思索，它们就愈是给人的心灵灌注了时时翻新、有增无减的赞叹和敬畏，这就是我头上的星空和心中的道德法则。"在生活中总有一些不可抗力在影响着我们，无论经历多少人和事，只要心中的道德法则在，便可无愧于心了。每一位教师，都应该在心中有一个职业的法则，才可以对得起自己的学生，不至于误人子弟。

教师的权利是基于一种职业角色，作为知识的传播者，教师似乎就是真理代言人，在孩子心目中，教师是伟大而神圣的，他们的言行举止会对孩子产生潜移默化的影响，这种力量是巨大的，可以影响孩子的一生。教师职业是一个特殊的岗位，因为是与未成年的孩子打交道而既神圣又难以把握。正是教师这种独特的地位，使得他们对孩子的伤害常常不被人们发现。有时，教师的一句话虽然既称不上体罚，也不是变相体罚，却往往会伤害学生的心灵。有时，教师不经意的言行就悄悄地扼杀了学生的求知欲、创造性、积极性。教师对孩子的伤害甚至是披着“对孩子好”“爱孩子”的外衣。我感觉，我们的中小学教育总体来说缺乏对孩子的真正尊重，缺乏对孩子错误的理解与宽容，缺乏深情而执著的期待。

教育是慢的艺术，孩子的心灵是正在生长的稚嫩的花蕊。为了孩子们的身心健康成长，教师，请敬畏自己的职业，慎用手中的权力！

（徐 洁）

延伸思考

正如苏霍姆林斯基所说：“其实在每一个孩子心灵最隐蔽处的一角，都有一根独特的琴弦，拨动它就会发出特有的音响，要想使孩子的心同我讲的话发生共鸣，那么我必须同孩子的心弦对准音调。”这里更多的是讲明了教师在教育教学中要小心翼翼、无微不至、关怀备至地保护学生敏感的内心世界，否则将给学生的心灵带来伤害。

教育名言

爱并不是原因，而是结果。它像一颗行星，得到了太阳的光芒。爱的动力就是本能，是生命的创造力，并在创造的过程中产生爱。儿童的心中充满了爱，并且他的自我实现也将受到爱的影响。

——蒙台梭利

一位教育者的反思日记

今天晚上睡觉前，我偶尔打开了电视，凤凰卫视正在放一段在日本小学课堂上拍摄到的视频。看着看着，我就被里面的情节深深打动，马上翻床而下，找来了纸和笔，认真记录起来，生怕遗忘或遗漏了什么。以下是我看到的几个主要片段。

镜头1：东郎老师刚走到教室门口，学生就欢呼起来，原来，这个学期，东郎老师仍然担任这个班的班主任，学生们非常高兴。东郎老师与班上的学生相互击掌庆贺。东郎老师问：“学生，你们到学校里来是为了什么?”学生异口同声地说：“Happy! Happy!”东郎老师说：“对，为了快乐，希望我们一起快乐地度过这一学期。”

镜头 2：全班学生被分成几个小组，每个小组内的成员合作制作一只竹筏。经过了几个月的努力，每个小组都完成了任务。今天下午，是竹筏下水的日子，每个小组成员都要乘坐自己小组所制作的竹筏，这是一个大家期待已久的日子。可是，活动开始之前，教室里发生了一件事。伊藤同学不顾东郎老师的一再提醒，在课上不停地讲话，老师忍无可忍地把他叫到了前面，狠狠批评了一番，并说：“下午乘坐木筏的活动你就不要参加了。”伊藤难过得低下了头。教室鸦雀无声。突然，坐在第一排的学生站了起来说：“伊藤讲话是不对，但是乘坐木筏与这件事情没有关系，老师不应该以此来惩罚他。”另一位同学随声附和：“对，老师，您没有权力这么做。”教室里的学生开始七嘴八舌地议论起来，纷纷为伊藤求情，一位女同学哭着站了起来：“伊藤是我们这一组的，为了制作木筏，他费了很大的力气，我们小组不能没有他，我们需要他。”渐渐的，教室里传来了一片哭泣声，伊藤也抹起了眼泪，东郎老师闭着眼睛，平静地听着学生的建议，终于缓缓地说道：“同学们说得对，老师的确没有权力这样做，好了，让我们一起到游泳池边开始活动吧。”

短片的旁白还介绍说：“东郎老师自己曾有过两个孩子，但都不幸夭折了。因此，他在教育中格外注重让学生学会珍惜生命，让孩子充分享受生活中的各种快乐，他经常带孩子到野外游玩嬉戏，让他们从中充分感受自己的力量。在教育孩子处理人与人之间关系的时候，‘相互关心是通往幸福的钥匙’这句话东郎老师经常挂在嘴边。在这个小小的课堂里，几乎每天都有令人感动的事情发生，学生们丰富的情感、善良的心灵让我惊讶，每一个学生都在感动、感激、相互关爱的氛围中接受着教育，享受着生活，经历着成长。”

这些教育片段深深触动了我，我不知道东郎老师的教育理念是否代表了日本的教育文化，因为这只是我看到的一些日本教育的片段，但是我至少可以说，他代表了一种与中国大多数教育不同的文化立场，而且这种文化取向与我们的新课改理念在深层次上是完全契合的。这反映出东郎老师的教育理念，这是一种真正的“以人为本”的理念，折射出东郎老师与学生间的民主平等、学生与学生之间唇齿相依的亲密合作伙伴关系。如果以之为镜，那么，新课改在中国遭遇的文化困境就显然一览无遗了。

我突然觉得，自己得到了某种启发，获得了一些灵感，一些模糊的东西开始在心里开始逐渐明朗。

（万 伟）

延伸思考

“真正的爱是夜里的花香，是黑暗中的宝石，是医生听到的第一声心跳。它是寻常的奇迹，是用柔软的白云织成而撒在夜空的满天星斗。”教育教学中的爱就是这样美妙而又细致入微。这种爱冲破了一切人为的规章制度，师生之间回到了类似于“亲情”与“家人”的关爱与信任之中。

教育名言

教育必须保护孩子们心灵中巨大的、无可比拟的精神财富——欢乐和幸福。

——苏霍姆林斯基

摇头与点头，教育的分水岭

2004年第7期《教师博览》上刊载了这样一则美国中学生修改国旗图案的故事：1958年3月，少年罗伯特刚14岁，正在美国兰开斯特市一所中学读初二。一天放学时，历史老师布置作业，要每人独立完成一项与历史有关的制作，内容、形式不限，要表达出自己的愿望，时间是一个星期。

罗伯特在回家的路上看到市政府门前高高飘扬的美国国旗，看到国旗图案上的星，想起报纸上正在沸沸扬扬地报道着阿拉斯加和夏威夷将很快成为美国第49个和第50个州，不禁杞人忧天：国旗图案中才48颗星，表示不了美国的50个州，怎么办？于是他决定把修改国旗图案当做自己的历史作业，将国旗图案上的48颗星增加到50颗，并且把它们重新排列。

罗伯特回家后立即用纸剪了50颗五角星，并开始排列。经过多次调整，他终于排出了自己满意的图案：单数的一、三、五、七、九行，每行6颗星，双数的二、四、六、八行，每行4颗星。他把50颗星端端正正地贴好后，于规定时间郑重地交给了历史老师。

对于罗伯特这么贸然地修改国旗图案，历史老师先是摇头，继而点头。他认为一个14岁的小孩修改国旗图案，虽然显得狂妄幼稚，但其心情真诚可贵，于是他给罗伯特评了最高成绩“A”。随后，在总评课上，历史老师又对罗伯特这项作业大加赞扬，并半认真半开玩笑地建议他把这国旗图案寄给美国总统。

见老师如此赞扬和支持自己，罗伯特当天就兴冲冲地将图案寄给了时任美国总统的艾森豪威尔。

1959年5月的一天，已经读初三的罗伯特收到了美国国会寄来的一封信，打开一看，原来是一张贺信，祝贺他修改的国旗图案获得通过。信中说美国总统艾森豪威尔签署了法令，把罗伯特修改后的国旗图案作为美国国旗图案。

看完这个小故事，我先是一乐，后是一怔，继而陷入了沉思：为什么一个初中少年竟然有修改国旗图案的突发奇想？为什么他竟然将自己修改后的国旗图案寄给了美国总统？为什么美国国会竟然会通过他的国旗修改图案？这其中究竟有什么值得我们思考借鉴的地方？

历史老师不拘一格的作业形式，为罗伯特完成这一历史创举奠定了思想基础。作业，即是教师给学生布置的功课。教师结合教学需要与课程进展情况给学生安排布置一定的作业，这在世界各国并无二致，但如何布置作业，布置什么样的作业，这其中恐怕就有区别了。从基本动因上来分析，大致有两种作业类型：一种是掌握型，即安排作业的目的在于督促学生加深对所学知识的印象，理解知识的基本内涵。这种类型的作业一般都有现成的题目、规范的格式、明确的要求、固定的答案和参考的例题，只要学生课堂认真听讲，再参照课本上的例题，完成这样照章行事的作业，对于学生来讲并不算是一件困难的事情。一种是发展型，即布置作业的用意在于培养学生的知识运用能力与迁移能力，检验学生的自主创造精神与实际操作技能，这种类型的作业一般没有既定的题目、固定的格式、统一的答案和参考的例题。若想圆满完成这种看似充满随意性、自由性的作业，并不是一件轻而易举的事情。因为布置发展型作业的指导思想并不仅仅停留在知识的理解与掌握的层面上，而是在重温知识、运用知识的基础上，充分留给学生实践探索、动手操作的空间，充分鼓励学生进行丰富多彩、灵活多样的作业设计，充分倡导一种别出心裁、自主创新的自由精神。两种作业类型中的后者更利于学生创造品质、发散思维、创新意识和实践能力的培养，这种发展型作业的设计安排，无疑为罗伯特萌发修改国旗图案的行为奠定了思想基础。

历史老师的赞许与鼓励，激发了罗伯特将国旗修改图案寄出的信心。一般而言，修改国旗图案是一个国家的国体大事和形象工程，具有敏感的政治性、高度的专业性、庄严的神圣性和严格的程序性，绝非随意儿戏之事。难怪历史老师初见罗伯特的美国国旗图案修改作业，首先表现出来的是摇头——不理解、不可能、不认同。尽管美国是一个崇尚自由、张扬个性的国家，但修改国旗毕竟是众所周知的一件政治大事，绝非学龄儿童指手画脚的范畴。因此，历史老师也认为这个想法是没有可行性的，但历史老师的可贵之处在于他紧接着又点头了：尽管想法不具备现实可行性，但没有理由否定学生关心国家发展的赤子情感、合乎情理的想象创意，更不能嘲笑讥讽，而应当积极地肯定与鼓励。因此他不仅给这项作业评了最高等级，而且还当众对罗伯特大加赞扬。这位历史老师点头的作用，传递出的不仅是对罗伯特的作业质量、作业价值的认同欣赏的信息，而且还充分体现出蕴涵其中的教育理念和精神：一个学生对他所认为是值得探索、研究、实践的想法与行为，都理所应当地得到充分的赞赏和支持。就是在这样的教育思想和学校氛围的影响下，罗伯特将修改后的国旗图案"兴冲冲地"寄给了美国总统。

民主平等的法制理念使国会通过了罗伯特修改的国旗图案。现代国家文明程度的一个重要标志——民主与平等，不管地位高低、权势强弱、名声大小，只要在法律许可的框架内，每一个人都可以自由表达自己的思想与心声，每个人都可以主动参与国家的事务与建设。只有这样，才能确保所有人的权益与尊严，凝聚所有人的智慧与力量，促进国家的兴旺与发展。正是在这样的民主精神和法制理念的支配下，名不见经传、姓不闻市井的中学生罗伯特的国旗图案修改才能进入法定程序，才能被国家立法机关批准，才能被国家首脑签署法令。对于这样一个积极热情的姿态、合理有效的设计、及时妥当的修改，一个国家对一个普通中学生庄严地点了头。

这既是一件趣事，也是一个案例。它使我们不断地反思拷问：教育的本质精神与真正意义到底是什么？传授知识、陶冶情操、培养技能是学校教育的基本内容；培养建设者和接班人是国家教育方针所规定的教育的目的；同化、控制、筛选是学校教育的主要功能。这些内容、目的和功能所显示的主要是教育的社会属性，即社会对教育的规范和要求。虽然教育不能脱离这些社会属性，但它们并不能取代教育的内在属性——基本精神与真正意义，即教育内在的、天然的基本价值与本真活力。教育的内在属性与教育的社会属性都是教育的重要属性，内在属性为社会属性的彰显提供了发展基点，社会属性为内在属性提供了发展条件。透过罗伯特的案例，我们更加清醒地认识到，教育的精神和意义就是培养人的发展欲望和发展能力。有了发展欲望，人就有了探索未知、追求进步的动因，就不会安于现状，不会踌躇不前；有了发展能力，人就有了变革旧颜、创造美景的智慧与力量，就不会临渊羡鱼、守株待兔。正如蔡元培先生早就告诉我们的："教育是帮助被教育的人，给他能发展自己的能力。"

然而，发展欲望和发展能力不是与生俱有的，它们既需要一个生理的成熟过程，更需要一个心理的成长过程，需要教育者有理性准确的判断能力、科学恰当的方法、宽容大度的胸襟、有效的激励手段；需要社会健康公正的秩序、平等民主的精神和不唯上、不唯权的创新自主意识。

日常生活中的摇头与点头，所表达的只是个体对生活现象的一种认可与否的态度。在教育过程中，教育者的摇头与点头所蕴涵的意义就不仅仅是其个人认可与否的价值取向，它还包含着国家的教育思想和办学理念、社会的基本秩序和公正规范、人类的美德精神和诗意情怀。假如当初历史老师对罗伯特的历史作业摇头不止，严厉训斥他的"狂妄"行为，恐怕罗伯特也许压根儿不会将修改后的图案寄给美国总统，因而也就不会发生后来的美国国旗修改的使命由一个14岁少年来完成的事情。由此可见，理解摇头与点头的分量与意义，判断把握摇头与点头的时机与场合，不仅是衡量一位教师教育水平和教育智慧的试金石，恐怕还是判断一个国家教育水平优劣的分水岭。

（裴跃进）

延伸思考

"个性的多样性、自主性和首创精神，甚至爱好挑战，这一切都是进行创造和革新的保证。”教育教学在承载传承知识功能的同时，也在不断地创生知识。没有意想不到的新知，没有意想不到的学习成果，课堂就缺乏生机活力。生成新知，才有新的好奇心、新的推动力、新的探索欲……学生的创新思维与实践是来自教师的鼓励与激励。美国著名的心理学家斯腾伯格先生研究指出，来自权威人物的激励是成功的三大因素之一。

教育名言

自古沿袭的无数恐惧阻断了通往幸福和自由的路，但是爱能战胜恐惧。如果我们热爱我们的儿童，那就没有任何东西能阻止我们将我们权限内握有的这份厚礼奉献给儿童。

——罗素

爱的教育意象

在阿根廷小学校的一间教室里，有几名学生。一个学生天真地问老师：“老师，什么是爱?”老师觉得这个孩子提出的问题十分有意思，值得好好回答。当时正是课间休息时间，于是老师要求学生到校园里去玩儿，并在重返教室时带回一样他们喜爱的东西。孩子们都迅速地跑到外面。在他们回到教室后，老师说：“我希望每个同学都拿出自己带回的东西。”一个学生说：“我带回了这朵鲜花，它好看吗?”而第二个学生说：“我捉到一只蝴蝶，你们看，它的翅膀多漂亮呀！我会把它收藏起来。”第三个学生说：“我抓到一只小鸟，它是从树上的鸟巢中掉出来的，你们看，多好玩儿啊!”

就这样，孩子们把自己带回的东西一个接一个地展示出来，但是老师发现有一个女生没带任何东西回来，而且在那里默不作声。于是，老师问她：“你呢，什么也没有找到吗?”这个女孩子不好意思地说：“请原谅，老师。我看见了花朵，嗅到了它的芳香，我也曾想把它摘下，但是我更愿意让它更长时间地散发香气；我也看见了蝴蝶，它们的颜色十分鲜艳又十分可爱，我不忍心把它们当成我的俘虏；我也看见那只从巢中掉出来的小鸟，在我试图上前去抓它时，我看见了鸟妈妈正注视着我，我只想把它送回鸟巢里。”这个女孩接着说道：“老师，我已经嗅到了花朵的芳香，感受到了蝴蝶对自由的渴望，同时也体会到了小鸟妈妈眼睛里流露出的伤心，所以，我什么也没能带回来。”老师非常热情地称赞这个女生。老师说：“爱是发自内心的感觉，爱不是摘取，不是抓到什么，也不是得到或失去什么。爱是自己享受自由，同时给他人以自由。”

这足以引起我们对爱的深思。爱不正是“爱是自己享受自由，同时给他人以自由”吗？“爱是自己享受自由”，道出了爱的基本条件——自由！家长、教育者在对子女、学生施教的过程中，往往会忘了这一点。有一位家长为了培养孩子，赶场似的强迫孩子参加花样繁多的各种兴趣小组活动、培训活动。孩子在过度劳累、烦躁、无奈之余给其家长写了一封信。他在信中写道：“如果我是一棵柳树，你别指望从我身上摘下松子！”是啊！当一个孩子除了学习之外，其余时间就全在家长为其设置的无穷无尽、无趣的所谓的兴趣培养泥潭中挣扎，可能的情况是，别说从“柳树”上摘下松子，就是能否长成一棵健康的“柳树”，都很让人担心。

“爱是自己享受自由，同时给他人以自由”，这是多么自然、清新而又生动的理解！一次，笔者在参加一教育杂志骨干作者笔会时，一位教师介绍了其学校一位小学男生写给小学女生的“情书”，让大家大吃一惊。这封“情书”的大意是：“×××，你是我的人，请你不要和×××说话，不要和×××微笑！”无疑，这位男生是喜欢这位女生的，但其展现出来的“爱”是占有的，是命令的，是权威的，是不可抗拒的。可以想象，若没有好好地开导，这种学生长大后思想会发展到什么方向，这是非常可怕的。

爱在左，自由在右。

（叶建云）

延伸思考

关于爱的话题及其理解可以说是千姿百态。如何对学生进行“爱”的教育，这是一个永恒的、富有意义的命题。完整地理解教育与学习是一个知识转化为智慧、智慧积淀为生命价值的过程，也就是“转识为智”“化智为心”的过程。

教育名言

在万物的秩序中，人类有它的地位；在人生的秩序中，童年有它的地位：应当把成人看做成人，把孩子看做孩子。

——卢梭

善待身边的“小豆豆”们

怀着对教师职业的憧憬与向往，师范毕业后，我到一所乡村小学任教。乡村的孩子安静、纯朴，对知识，对老师大多心存敬畏，但偶尔也有调皮捣蛋、品行顽劣的学生，小松便是其中的一个。

那时，我教五年级的语文，兼做班主任。开学之初，我便注意到这个特别的学生：那双小小的眼睛里不时会闪过一抹狡黠。当我注意看他时，他便会低下头，然后悄悄地用眼角的余光快速地瞟我一眼；当我不看他时，他便会肆无忌惮地环顾四周，高声喧哗，甚至趁着我转身写板书的瞬间去揪前桌女同学的头发。我忍无可忍，于是“罚站”便成了他的家常便饭。久而久之，大家赐给他一个绰号——“站神”，他似乎并不在乎，反而有些洋洋得意。

由于他常常搅得四邻不安，同学都不愿意和他同桌，正好教室里有张空桌子，我便把讲台前的位子腾出来，给他来个单人单桌。我心想，在我的眼皮底下，看你还能怎么样。

他果然安静了一阵子。然而好景不长，他又开始故技重演，有时故意把书翻得哗哗响，或是把抽屉开开关关，企图引起别人的注意。

也许是忍受不了孤单和寂寞，一天下课后，他跑到办公室找我：“老师，求求你，让我回原座位吧！小组讨论的时候，我没有小组。下课后同学也不理我，我好孤单啊！”

我心里一怔：我给他调座位以及有意无意流露出来的情绪都在向别的学生传递一个信息：“我不喜欢他！”而这种倾向也带动其他学生去孤立他，排挤他。如果小松不向我表达他的孤单，我还为自己的做法沾沾自喜呢！当学生出现问题的时候，我没有耐心细致地引导，却急功近利地加以遏止，给学生的心灵造成多大的伤害啊！想到这，我摸摸小松的头说："只要你下节课表现得好，我就把你调回去。"小松点点头。在接下来的一节课中，他正襟危坐，做出一副努力听讲的样子，我没有食言，把他调回了原位。

但我心里清楚，他并没有发生本质的变化。接下来的时间，他还将会延续他的表演，我该怎么办呢？就在这时，我读到了一本堪称教育经典的书——《窗边的小豆豆》。作者黑柳彻子，也就是小豆豆，从小就是一颗让老师头疼的"怪味豆"，这样一位让老师忍无可忍、一年级就因为淘气而遭遇退学的孩子，在小林校长的爱护和引导下，在巴学园中度过了一段快乐的时光，也就是这段时光奠定了她辉煌一生的基础。巴学园无疑是孩子们成长的理想乐园，而小林校长那真爱无痕的教育方式也深深地感染着我。"无论哪个孩子，当他出世的时候，都具有优良的品质。在他成长的过程中，会受到很多影响，有来自周围的环境的，也有来自成年人的影响，这些优良的品质可能会受到损害。所以，我们要早早地发现这些'优良的品质'，并让它们得以发扬光大，把孩子们培养成富有个性的人。"巴学园就是以这种自由、健康、快乐的精神培植了在其中学习的"小豆豆"们。

莫非一直令我苦恼不已的小松也是一个未进巴学园的"小豆豆"？他的那些怪异的举动不也是孩童的天性使然吗？于是，我开始用另外一种眼光来看他，努力去寻找他的闪光点。

我在一次批改导学练习册时，不经意发现小松的本子的封底竟然画着两位《三国演义》中的人物，关羽和张飞。那流畅的线条和栩栩如生的表情不禁让我大吃一惊，没想到这小子还有这等绝活。这不是最好的资源吗？要是能把他画画的天赋发扬光大，既能改变同学对他的印象，说不定还能让他在享受成功喜悦的同时改变学习的态度呢！

中午，我把他叫到办公室问他："你喜欢画画，是吗？"他点点头，眼里闪过一丝兴奋。"画得还蛮不错的"，我拿出练习册指着封底，"但是，最好不要在课本或作业簿上画。我在课堂上经常有需要画简笔画的时候，以后就请你代劳吧！""好啊！"看得出来，他很乐意接受这个任务。

此后，每当课堂上有画简笔画的任务时，我都尽量安排他来画。要让自己的画准确地表现课文内容，得先理解课文。这样课堂上他再也无暇说笑，有时课后还得多琢磨几遍课文呢！

那天上公开课《詹天佑》。文中第六小节是关于火车爬上陡坡的原理描述，课文对此描述得非常清晰，但也很抽象，对于五年级学生的认知水平，理解起来有难度。我决定采用简笔画的方法来突破难点。

教学到这一段文字的时候，我先请了一个平时学习有困难的学生，他上来后在黑板上画了个大大的立着的“人”字。“错了，错了，应该是倒过来的。”小松和其他同学在下面纷纷叫道。于是，我请小松上来纠正，并说明理由。“这个‘人’字应该躺下来，因为列车由南向北，青龙桥是一个转折点，在青龙桥南面，列车是向东北前进。”说着，他在旁边画了一个向右旋转 90 度的“人”字。

“你跟詹天佑一样善于动脑筋。铁路你已经设计好了，你能不能再画上一列火车，向我们讲清楚火车爬陡坡的原理呢?”在我的鼓励下，小松显得更胸有成竹了。他先在自己画的“人”字上将“撇”的起笔处进行横向的延伸，再沿着线路画出了一列火车，并利用课文的相关文字给大家讲述了火车爬坡的原理，讲得相当不错，同学们都纷纷点头表示赞同。就这样，一个原本的教学难点就轻松地迎刃而解了，我高兴地表扬了他。他挠挠头，显得有些不好意思，看得出来，他在努力掩饰内心的激动。

都说成功的欢乐是一种巨大的力量，在这种力量的带动下，小松慢慢地发生着改变。上课不再找同学聊天，更不会恶意捣乱，作业也渐渐跟了上来。期末测评时语文竟然考了 89 分，这可是他从来没有过的高分啊！看着小松身上发生的可喜变化，我由衷地笑了。

其实，在我们身边不乏像小松这样的孩子，他们犹如未进巴学园的小豆豆，总是被遗忘在无人问津的角落里，他们听到的更多是老师呵斥的话语，看到的更多是老师责备的眼神，他们的内心深处难道就没有被尊重、被认可的渴望吗？而作为老师，我们却吝啬于哪怕是一个赞许的眼神、一次无意的抚摸、一回淡淡的夸奖。我们总在不知不觉中做了摧残学生纯美的童年生活的刽子手，总在爱的名义下做着伤害学生感情的事情。而《窗边的小豆豆》之所以能够引起无数人心灵上的共鸣，就是因为在儿童教育的方式上，它给我们提供了深刻的启迪，那就是爱，是宽容，是尊重，是自由的快乐，是人性的关怀，是所有顺应孩子天性的教育方式。

每一个孩子的心灵深处都有一扇未打开的窗子，都有一个神秘的、单纯的个人世界。我们只有用那把智慧的钥匙去开启学生的心扉，用博大的爱去构筑一个同样美丽的“巴学园”，把更多的期待和宽容留给我们身边的“小豆豆”们，让他们在我们阳光般的博爱中沐浴，尽情地绽放出人性的美丽，书写生命的辉煌。

（颜梅蓉）

延伸思考

想起了洛夫先生《一朵午荷》中的一段对白：“真正懂得欣赏的人，才真正懂得爱。”“此话怎讲？”“爱荷的人不但爱它花的美丽、叶的清香、枝的挺秀，也爱它夏天的喧哗，爱它秋季的寥落，甚至觉得连喂养它的那池污泥也污得有些道理。”“花凋了呢？”“爱它翠叶田田。”“叶残了呢？”“听打在上面的雨声啊！”——这是我觉得迄今为止对“真爱”这个词语最好的解释。伟大的爱应该连对方的缺点也爱。花朵是色彩斑斓的，孩子是性情各异的。如果我们真的能够理解学生，那么我们就不会简单、武断地评判他们的种种不可理喻的行为，更不会对其本无心冒犯的错误进行惩罚；如果我们真的能够理解学生，那么我们就会去探寻种种行为背后的根源，就会去机智地捕捉教育资源，从而因势利导，激发每一个学生的潜能，赶走他们内心的自卑，让他们拥有被尊重被认可的快乐，只有这样，我们才能收获满园花开的美丽！

教育名言

即便科学知识，也是个人知识、人格化的知识，是参与性知识……科学的所有侧面，渗透着训练有素的人格的参与。

——波兰尼

跨越边界

——将情感态度价值观融入知识教学

近二十年来，我不知道究竟听了多少节观摩课、常态课、竞赛课，也不知看了多少节国外教师的教学设计文案和上课的录像光盘。在近千节课中，有两节美国教师的课给我的影响最深，一节是小学一年级的数学课，另一节是初中的科学课。

数学课讲的内容是“10 以内的数的认识和加减法”。上课了，只见一位和蔼可亲的女教师展示了 0～9 共 10 个阿拉伯数字图片，并把它们张贴在黑板上，反复和学生一起读数 3 遍后说：“这就是我们上一次课所学的 10 个数字，今天，我们一起运用它们来计算我们身边的事物。”简单的加减法运算练习 15 分钟后，老师发给孩子们一种掷骰子玩走棋的游戏玩具。棋子图由各种动物连接的方格多层环形图组成，许多方格上写着动物的名称，还有“勇气”“果断”“谢谢”“快乐”“挺胸”等词语，也有“前进 3 格”“前进 4 格”“后退 5 格”“后退 2 格”等内容。教师把孩子们每两人分成一组，开始玩掷骰子走棋的游戏，教师自己则在教室里巡视和观察孩子们的表现。只见孩子们不时做出勇敢、果断、挺胸的样子，不时按照所掷骰子的点数计算着前进和后退的格数。一会儿，一个小组的两个孩子表现出异常的情况，其中一个孩子手舞足蹈，另一个却是垂头丧气。教师凑过去看个究竟，才发现那个手舞足蹈的孩子所掷的骰子总是 5 和 6，且总遇上前进格，而另一个孩子几次都掷出了 1 或 2 的点数，棋子走得非常慢。这个女教师开始与两个孩子讨论开了。通过讨论，两个孩子明白了掷骰子是个机遇问题，无论掷出几点，其实都是一样的事件，并告诉那个手舞足蹈的孩子要照顾别人的情绪，鼓励垂头丧气的孩子不要灰心丧气。

科学课讲的内容是水的浮力。讲台上摆放着一个装满了水的透明玻璃缸、一大团橡皮泥和一把小刀。科学教师的这节课几乎都是在实验教学过程中完成的。教师操作实验过程，学生进行观察和思考。第一个实验：教师用小刀切下一些橡皮泥，捏成团，放入水缸中。学生观察发现橡皮团沉入缸底，而水略有上升。第二个实验：教师再切下同样重量的橡皮泥，把橡皮泥捏成小船，放入水缸中。学生观察发现，小船浮在水面，橡皮船与水接触的面积扩大了许多。为什么同样重量的橡皮泥，有的会沉入水底，而有的会浮在水面呢？经过更细致的观察、比较和推理，学生理解了水的浮力性质和浮力定理的计算公式。看到这儿，本以为这节课就要结束了，可教师接着进行了第三个实验：老师又切下相同重量的橡皮泥，依然捏成团，放在小船上，学生发现小船承载着第二个橡皮团依然浮在水面上。这时教师说：“同样是橡皮泥，为什么有的沉入水底，有的浮在水面？那取决于它们各自在环境中的存在方式。一个人的生活也是这样，是成功还是失败，取决于自己在生活环境中的生活方式、行为方式和思维方式。而且，当你是一只小船的时候，你能否为别的人做点力所能及的事情?”

这两节课在我的脑海里怎么也抹不去，因为它引发了我的许多思索。在课堂教学中，知识之后是什么？为什么数学老师所选用的玩具中写着“勇气”“果断”“谢谢”“快乐”“挺胸”等词语，学生为什么会情不自禁地表现出这些情感和行为？为什么老师要去与两个表现迥异的孩子讨论掷骰子的问题？科学老师为什么要做第三个实验？回答这些问题的答案只能是对单一知识教学局限性的超越，是潜移默化的价值观教育，是积极的情感体验，是理性的思维方式培育，是人对人的理解与尊重，是生命灵性的启迪！

这些年来，我们的许多课堂怎么也摆脱不了表层的知识教学的局限性，新课改所强调的“情感态度价值观”目标依然形同虚设，成为课堂教学改革的一个难题。即使考虑到了“情感态度价值观”的培育任务，也往往是狗尾续貂，生拉硬扯，打补丁贴膏药，没有那种潜入夜润无声、此地无声胜有声的感觉。我们很难跨越知识与美德的边界，知识教学与情感态度价值观培育的边界似乎成为一道鸿沟。作为一名优秀教师，应该在这一点上下工夫。

（郭元祥）

延伸思考

朱自清先生指出：“学生们既要学做人，你却单给以知识，变成了‘教’而不‘育’，这自然觉得偏枯了。为学生个人的与眼前浮面的功利计，这原未尝不可，但为我们后一代的发荣滋长计，这却不行了。机械地得着知识、又机械地运用知识的人，人格上没有深厚的根基，只随着机会和环境的支使的人，他们的人生理想是很模糊的，他们的努力是盲目的。”教育的核心就在于让学生在学习知识、获得能力的过程中养成良好的情感态度价值观。

教育名言

教育的目的并非传授或接纳已有的东西，而是从人的生命深处唤醒他沉睡的自我意识，将人的生命感、创造力、价值感唤醒。

——斯普朗格

莫把荒唐当崇高

《语文导报·高中版》总第2427期（2009年11月15日）头版“作文新视野”中有一篇题为《构制小说写出精彩》的大作，后面“佳作欣赏”选的是“广西一考生”的《最贵的捐赠》（以下简称《捐赠》）。这篇以“小小说”体裁写的“满分作文”，叙述了“5.12”汶川大地震后一位女孩到捐赠处“捐赠”母亲的事，读者不要以为我弄错了，真的是“捐赠”母亲。请看小说的结束部分——

到了捐赠点，母亲把被子拿给志愿者后，低头对小女孩说：“你的东西呢？”

小女孩抬头看着妈妈，过了好久，把妈妈拉了过去。

“叔叔”，小女孩对志愿者说，“我捐妈妈。”

全场哗然。

小女孩又一次低下头，小声地哽咽道：“地震了，好多小朋友没有了妈妈，她们好可怜啊。我想，她们最需要的是一个妈妈呀……”说着，眼泪掉在地上面，溅起的灰尘开成了一朵美丽的小花。

——世界上还有比这更荒唐的故事吗？

我说它荒唐，是说它的主题思想。虚构的作品，手法可以荒唐，情节可以荒唐，人物可以荒唐，唯独主题思想不可荒唐。安徒生童话《皇帝的新装》，故事够荒唐的，但主题思想却无比真实而深刻。爱尔兰荒诞派剧作家塞缪尔．贝克特的两幕悲喜剧《等待戈多》，其形式之荒诞，可谓登峰造极，然而它的主题令人思索，以至震惊。而《捐赠》呢，除了捐赠母亲这个结尾，情节人物都相当真实，然而正是这个“出人意料”的结尾，成了这篇“满分作文”的“卖点”，被某些“作文界”名师击节赞赏。我不禁要问这些“作文界”的名师：你们不是父亲就是母亲（或者将来就是），当你（或者你的妻子）被孩子“捐赠”给别人时，你有什么感想？

名师们一定会说：这又不是真的，这是在写小说，哪能当真？再说，正因为孩子幼稚、天真，有着超乎寻常的爱心，才会有这般不近人情的举动。关于小说的真假，前面已经说了，我不想重复。而写孩子超乎寻常的爱心，又为了什么呢？无非是反衬成人之小气罢了。作品的解读是多元的。

如果这样理解，名师还会给这样的作文满分吗？

大家知道，我们把生我养我的地方比作母亲，而当某国发生灾难需要我们捐赠时，我们是不是该把自己脚下的一方土地“捐赠”出去呢？按照逻辑上的同一律，就必须捐赠。然而谁都知道，这“最贵”的东西绝不能“捐赠”，因为她是我们的生命，或者说是我们生命的载体。皮之不存，毛将焉附？

孩子的世界是淳朴的，哪怕他们极其自私，也是坦诚的自私，绝不会有成人世界的“处心积虑”与“老谋深算”。看《捐赠》里的小孩子，为了表现自己的“崇高”，竟然聪明到“机关算尽”的地步，多么可怕呀！名师们为什么要给《捐赠》以满分？不就是号召每一个人都像小说里的孩子一样，千方百计地表现自己登峰造极的“崇高”吗？

如今的“作文界”，有太多的荒唐事。无论是作文指导、辅导还是评价，其中实在有太多的误导，《捐赠》只是一例罢了。

给孩子的世界留一块净土吧，请大家留情，别再把“崇高”往孩子们的心里“硬植”，让孩子们争相“捐赠”自己的母亲。

读书要有慧眼，写作要有独见，莫把荒诞当崇高——这是我对莘莘学子以及“作文界”某些名师的忠告。

顺便说明，我一直以为，媒体上出现的满分作文多是假的，《捐赠》的真实性也值得怀疑。

（许国申）

延伸思考

价值的引导不能有所偏颇，更多的是要立足于普适与普遍的价值诉求。任何狭隘的、别有用心的所谓的价值引领，都可能是一种愚民式的、自欺欺人的灌输，其结果就是引学生纵入歧途、执迷不返。如果不加辨析地以崇高的名义来施行褊狭的说教，这是反教育与反生命的。

老师的启示

许多年前，汤普逊老师对她的五年级的学生撒了一个谎，说她平等地爱每一个孩子，但这是不可能的，因为前排坐着泰迪·斯塔特——一个邋遢、上课不专心的小男孩，事实上汤普逊老师很喜欢用红笔在泰迪的考卷上画大大的叉，然后在上面写个不及格。

某一天，汤普逊老师检视每一个学生以前的学习记录表，她意外地发现泰迪之前的老师给的评语十分惊人。一年级的老师写道："泰迪是个聪明的孩子，永远面带笑容，他的作业很整洁、很有礼貌，他让周围的人很快乐！"二年级的老师说："泰迪很优秀，很受同学们的欢迎，但他的母亲罹患绝症，他很担心，家里的生活一定不好过！"三年级的老师："母亲去世，泰迪一定不好过，他很努力地表现，但父亲总不在意。若再没有改善，他将受到家庭生活的严重打击！"四年级老师："泰迪开始退缩，对课业没有兴趣，没有什么朋友，有时在课堂上睡觉。"

直到现在汤普逊老师才了解泰迪的困难，她深感羞愧。而当她收到泰迪送她的圣诞礼物时，汤普逊老师更觉得难过。别人的礼物用缎带及包装纸包装得漂漂亮亮的，泰迪的礼物却是用旧货店的牛皮纸袋包起来。汤普逊老师忍着心酸，当着全班同学的面拆开泰迪的礼物，有的孩子开始嘲笑泰迪送的圣诞礼物：一条假钻手环，上面还缺了几颗宝石，另外是一瓶只剩了四分之一的香水，汤普逊老师不但惊呼漂亮，还带上了手环，并喷了一些香水在手腕上，其他小朋友全愣了。

放学后泰迪·斯塔特留下来对汤普逊老师说："老师，您今天闻起来好像我妈妈！"一等泰迪回家，汤普逊老师整整哭了一个小时。就从那一天，汤普逊老师不再教"书"，不教阅读、不教写作、不教数学。相反，她开始"教育孩童"！

汤普逊老师开始特别关注泰迪，而泰迪的心似乎重新活了过来。汤普逊老师越鼓励泰迪，泰迪的反应越快。到了学年尾声，泰迪已经成为班上最聪明的孩子之一。虽然汤普逊老师说过她会平等地爱每一个孩子，但泰迪是她最喜欢的学生。

一年后，汤普逊老师在门边发现一张纸条，是泰迪送来的。上面写道：汤普逊老师是他一生遇到的最棒的老师！

六年过去了，汤普逊老师又发现另一张泰迪写的纸条，泰迪已经高中毕业，成绩全班第三名，而汤普逊老师仍是他一生中遇到的最棒的老师！

四年后，汤普逊老师又收到一封信，泰迪说有时候学校生活并不顺利，但他仍坚持下去，而不久的将来他将获得荣誉学位毕业！他再一次告诉汤普逊老师，她仍是他一辈子遇到的最棒的老师！

四年过去，泰迪又来了一封信，他在信里告诉汤普逊老师，他大学毕业后决定继续攻读更高学位。他也不忘再说一次，汤普逊老师还是他一辈子遇到的最棒的老师！而这封信的结尾多了几个字：泰迪·斯塔特博士。

故事还没结束！你瞧！该年春天泰迪又来了一封信，说他遇到了生命中最重要的女孩，马上要结婚了。泰迪解释说，他父亲几年前过世了，希望汤普逊老师能参加他的婚礼，并坐上属于新郎“母亲”的位置，汤普逊老师完成了泰迪的心愿。但你知道吗，汤普逊老师竟然戴着当年泰迪送的假钻手环，还喷了香水，那是泰迪母亲过世前最后一个圣诞节用过的香水。

他们互相拥抱，斯塔特博士悄悄在汤普逊老师耳边说：“谢谢你相信我，谢谢你让我觉得自己很重要。让我相信我有能力去改变。”汤普逊老师热泪盈眶地告诉泰迪：“泰迪，你错了！是你教导我，让我相信我有能力去改变。一直到遇见你，我才知道该怎样教书！”

遇到一生中的贵人时，要记得好好感激。因为他是你人生的转折点。同时，我们也要思考如何当孩子生命中的贵人。

延伸思考

教育是用爱作为唯一的方法的，离开了教师对学生生命的关切与呵护，教育不成其为教育，充其量不过是一种训练。所有的教育奇迹与人生奇迹的背后都是由充溢其间、让人为之眷恋不舍的爱的元素发生作用。

教育名言

头脑是生命里面最重要的东西之一，但唯有当它作为一个仆人而不是作为一个主人的时候才好。头脑一变成主人，问题就产生了，那么它就取代了你的心，取代了你的灵魂，完全占有了你。这样的话，它就不是在遵循你的命令，而是开始在命令你。……我是在说要小心，不要让仆人变成主人。记住，是你的灵魂第一，心第二，头脑第三——那是一个真实的人平衡的人格。

——奥修

第二章 Chapter 2 有效教学沟通生活

主题感悟

有效教学应回归生活

德国著名的哲学家叔本华先生在论教育时谈到，由于我们智力的本质所使然，概念应该来自我们对事物的直观认识，中间经过抽象这一过程，因此，直观认识是先于概念知识的。如果我们确实以这一顺序认识事物——就像那些自己的亲身经验就是自己的老师和教材的人一样——那么，我们就会很清楚地知道，我们的哪些直观认识隶属于我们所掌握的哪一个概念，并被这一概念所代表。我们就会对这两者都了如指掌，并因此能够得心应手地处理发生在我们身边的事情。我们可以把这种认识事物的程序和方法称为自然的教育。我想这就是生活化的教育，把知识与生活紧紧地联系起来，把教育与生活很好地沟通起来。

郭元祥教授认为，教育过程就是引导儿童的生活不断合理重建的过程，实施一种生活的教育。那种向儿童灌输知识，告诉过去模式化的经验，把儿童的现实生活与可能生活隔断，把儿童禁锢在被称为经典的“书本世界”之中而割断他们的个体生活和社会生活的活动，哪里配称得上有魔力和有生命感的教育？陶行知先生在《生活教育的创立与成长》中谈到，中国的教育太重书本，和生活没有联系。教育不经过生活是没有用的，需要生活的教育，用生活来教育，为生活而教育。

（1）洞悉学生的生活体验。生活在哪里，有怎样的生活，就会有怎样的视野，怎样的知识结构，怎样的阅读背景……这些都决定了学生学习的方式与学习的质量。正如杜威先生所说的，教育即经验的重组和改造。心理学中有一个“鱼牛的故事”。在一个小池塘里住着鱼和青蛙，他们是一对好朋友。他们听说外面的世界很精彩，都想出去看看。鱼由于自己不能离开水而生活，只好让青蛙一个人走了。这天，青蛙回来了，鱼迫不及待地向他询问外面的情况。青蛙告诉鱼，外面有很多新奇有趣的东西。“比如说牛吧，”青蛙说，“这真是一种奇怪的动物，它的身体很大，头上长着两个犄角，吃青草为生，身上有着黑白相间的斑点，长着四只粗壮的腿，还有大大的乳房。”鱼惊叫道：“哇，好怪哟！”同时脑海里即刻勾画出她心目中的“牛”的形象：一个大大的鱼身子，头上长着两个犄角，嘴里吃着青草……

在这个故事里，青蛙扮演的是教师的角色，而鱼扮演的是学生角色。鱼将从青蛙那里听来的新信息与自己头脑中已有的知识相结合，构建出了“鱼牛”形象。这体现了建构主义的一个重要观点：理解依赖于个人经验，知识是个体与外部环境交互作用的结果，人们对事物的理解与自己的先前经验有关，因而对知识正误的判断只能是相对的；知识是不能通过教师的讲授而传递的。要想让学生学到真正的知识，必须创设真实的情境，让学生在真实的情境中去自主探究，以实现个人的“意义建构”。

学生带着自己的感情色彩、生活感受、学习情绪、生命体验出入于知识，他们对大自然的一草一木有属于自己的谛听；对同伴的一喜一嗔有属于自己的感觉；对于家庭的一波一折有属于自己的体验；对来自于广阔无垠的书籍世界的知识有属于自己的理解……大千世界，事事物物，目有所触，耳有所闻，手有所及，思有所动……都无不忠实地映照于儿童的内心世界之中。他们不是一无所知、一无所有地参与课堂教学生活的。他们和生活中的一切融为一体并走进学校，他们在内心深处充满了扑朔迷离、复杂纷繁的情绪体验：快乐、迷惘、伤痛、无奈、悲哀、欢欣与期待……他们的知识背景、兴趣爱好、生活经验、家庭教养都在不知不觉地影响他们的学习体验，影响他们的智力生活的质量。从这个意义上讲，生活，是学生智力发展、精神成长的坚实根系与丰富汁液。就像陶行知所说的，接知如接枝，就是说，学习就是我们要以自己的经验做根，以这经验所发生的知识做枝，然后，别人的知识方才可以接上去，别人的知识方才成为我们知识的一个有机部分。

按照赞科夫的说法是，“零”起点的教学是不“灵”的。然而，我们常常对此视而不见、充耳不闻，或作为无关紧要的东西弃之不理。偶尔提及“教育即生活”之类的教育理念，也只是将其作为炫人耳目的标签。在课堂上，我们总是习惯于在自己的生活逻辑与思维轨迹中行走，我们缺少真正的倾听，倾听学生心波的动荡起伏，倾听学生思维脉搏的张弛涨落，倾听学生精力的聚散松紧……我们把学生当做“空心人”（没有一定的知识水平、思维能力、情感体验，无血无肉无灵魂无生活的人）。我们很少真心实意地关注学生具体的生活背景与生活感受，从未认真审视学生的生命感悟，从未以同情的理解来阅读学生的生活遭遇。真正的教育者，能站在学生生活的立场上，倾听其内心的秘密，巧为指引，通过艺术性的“精耕细作”来改良学生“生命的土壤”。在课堂中，敏感的教师会从学生的只言片语中透视孩子们生活的侧影，从学生的思考方式间发掘他们的阅读与精神生活的经历——只要能留心，就能够以一斑窥全豹，以一叶而知秋。倾听来自日常生活的气息与影像，是让过度抽象化的教育教学回到可触可及可感的家，是让一度被生活疏离与冷落的“心智活动”重新获得安妥的归宿。

（2）生活与文本的融通。文本来自于生活，是生活的再现，知识是生活的提炼与结晶。如果要深入地理解文本，必须回到生活的逻辑中去读、去悟。从教育角度而言，德国著名教育家福禄倍尔在批判当时学校脱离学生生活时曾说“通过生活和从生活中学习，要比任何方式的学习更深入和更容易理解”，“在生活中和行动中接受和理解事物，比之单纯地通过言语和概念吸收和感受事物，对于人的发展、形成和加强远为有力”。生活是知识的海洋，生活之中时时处处皆学问，因此，我们应当具备一双慧眼，寻找生活与知识的结合点，让生活成为学生学习的教材。

不以生活为中心的课堂往往造成教学的阻隔与交流的障碍。如有位教师在教后记中写道：“《司马光砸缸》是一篇经典的小学课文，讲宋代文学家司马光在孩童时砸破水缸智救小孩子的故事。这是一篇学生应该喜欢的课文，但是在课堂上，我看不到学生兴奋和活跃的表现。我想知道究竟，拉上几个学生闲谈。我先问：‘你们原来知道司马光吗？知道他是古代的一个文学家吗？’学生都说不知道。我又问：‘你们家都有水缸吗？’一些孩子点头，一些孩子摇头，不知道什么是水缸，但我听见旁边一个学生小声告诉另一个学生：‘水缸就是家里的水窖。’最后，针对‘孩子们在假山后面玩耍’的课文内容，我又问：‘你们知道什么是假山吗？’多数孩子茫然地看着我，只有一个孩子自信地说‘知道’，我有些诧异：‘你是怎么知道的？’孩子没有回答，拉着我走出教室，指着学校墙外遥远的黄土高山说：‘那就是假山。’我一时间哭笑不得，一时间我也悟到‘经典的未必就是普遍的’，没有与儿童文化背景和经验系统发生联系的教材或课文，在乡村课堂既为难教师，更是为难学生。”

有位教师在教《可贵的沉默》的教学片段时就着眼于把课堂学习当做学生情感及生命活动的场所，引导学生在潜入生活的同时去提炼生活、体验人生、感悟生命。教学片段如下：

师：同学们，这节课老师不给你们提很多的学习要求，我们来聊天，好不好？

生：好。（回答迟疑，气氛有些紧张）

师：你们每年的生日是谁给庆祝的？

生：家长啊。（气氛缓和）

师：一定很热闹吧？家长给你庆祝生日的请举手，老师看看有多少幸福的孩子。

生：我！我……（气氛活跃起来）

师：一、二、三……十六，后面的同学举好手，要不老师数不清楚，十七……哇，真多！哦，还有你，三十五……（学生举手，大声说着，后面的部分学生怕老师看不见，索性站了起来，教师也不制止，学生显得很兴奋）

教师选择与教材内容贴近的生活实践为切入点，引导学生融入教学情境之中。学生回忆父母为自己庆祝生日的温馨时刻，品读被关注的满足，感受被爱的幸福。老师在清点人数时留意用赞赏、羡慕、惊叹的语气，这是为了让孩子意识到自己被父母爱着，几乎所有的学生都融入浓浓的幸福中。沉浸在幸福中的小精灵们表现得特别兴奋。教师通过引导学生温习难忘的时刻，帮助他们挖掘心灵深处的、被忽略的而又是最宝贵的东西。余文森教授认为，体验性是现代学习方式的重要特征之一。体验是指由身体性活动与直接经验而产生的情感和意识。体验使学习进入生命领域，因为有了体验，知识的学习不再是仅仅属于认知、理性范畴，它已扩展到情感、生理和人格等领域，从而使学习过程不仅是知识增长的过程，同时也是身心和人格健全与发展的过程。

（3）在生活中学以致用。教育教学如果不以真实的生活作为土壤，那么学生所得的知识必然会很快枯萎；如果教育不从生活中汲取营养的话，那么学生所得的东西必然是干瘪的；如果知识不运用于生活，那么就是一些无活力的概念，只能增加学生的负担。要让学生的知识活起来，运转起来，唯一的道路就是让知识与生活相互交融。学校课程绝对不能局限于系统化的书本知识，而要关照个体作为具体生动的存在的生活经验。

余文森教授在《为什么往煤里洒水》案例中谈到，一天早晨，他在一家点心店吃早餐，对面坐着一对母女。正吃着，对面的小女孩拉拉她妈妈的衣角，指着正在给煤炉加煤的服务员，奇怪地问：“妈妈，你看那位阿姨怎么往煤里洒水？加湿的煤，炉火是要灭的呀！你快去跟阿姨说一声。”妈妈看了服务员一眼，说：“不用担心，炉火不会灭的。”“为什么呀？”“因为湿煤加下去以后会燃烧得更旺。”“这不可能，湿柴不是不会燃烧吗？”“因为湿煤中含有水分，在高温燃烧时会产生一氧化碳和氧气，这两种气体都能燃烧。”“一氧化碳是什么样的？氧气是什么样的？那阿姨为什么只加一点水，而不多加些水，那样炉子不是会烧得更旺吗？”孩子似乎想打破沙锅问到底。“好了，好了，小孩子管那么多干什么，你不好好读书，长大后没出息，就跟她一样当服务员！快吃！吃完我还要上班。”这位妈妈终于失去了耐心。顿时，这个孩子被妈妈的斥责弄得惶惶不安，再也不敢说话。

我们的教育教学对于生活经验往往就像上述的妈妈一样视而不见，甚至弃如敝屣，学生们的学习基本上处于“无土栽培”的真空状态，学习效果自然就不好了。

智慧的教师就可能开放心态，从“细枝末节”的语脉中倾听到“枝繁叶茂”的生活。于是，他就不会作居高临下的评判，不会作无关痛痒的敷衍，不会作自以为是的解释——他更多的是能将自己的心放在学生的心中，潜入学生的生活，并积极引导学生的智力发展。离开了学生的生活经验然后一味奢谈学习，正如杜威先生在《明日之学校》中指出，学校最大的浪费是由于儿童在学校中不能完全自由地运用他在校外获得的经验，同时，他又不能把在学校所学的运用于日常生活。生活化的关键在于学以致用，将知识通过运用融化于生活之中，并使之化为学生的思维方式、生活方式的一部分。

著名特级教师邱学华在一次外出讲学中碰到过一个被教师称为“笨得像石头”的小学生，该教师说这个学生练了多次还是学不好多步计算题。邱老师马上找来这名学生，对他说：“我有两元钱，请你帮我买两本作业本、两枚铅笔，要便宜的。”小孩高兴地买来了本子和铅笔，还找回4角钱。邱老师故意说少找了一分钱，小孩申辩道：“本子一本5角钱，二五得十；铅笔3角一支，二三得六；2元减1元6角还剩4角，怎么会少呢?”得到邱老师的连连夸奖后，他还在邱老师的启发下，很快列出了算式，这类算式恰是他平时经常出错的问题。为什么原本聪明的孩子被训练成了“笨蛋”？一个重要原因是我们的教学和训练有问题，教学不是从学生的自身经验出发，也没有注意选择适量的富有生活气息的问题让学生来解决，学生的潜能被抑制。而邱学华老师的精妙之处就在于让学习世界还原到生活世界中，把生活世界与学习世界连接在一起。倾听学生的生命体验并让生命与学习合二为一，这是一种高境界的生命化的学习！

在现行的学校教育中，“脱离生活，脱离实践，脱离行动”的教学使得学生知行不一，文本无法真正进入学生的心灵深处，知识无法真正地在学生的精神世界中落地生根。《学会生存》一书中指出：“小学教育的共同趋势是必须把理论、技巧和实践结合起来，把脑力劳动和体力劳动结合起来，学校不能和生活脱节，儿童的人格不能分裂成为两个互不接触的世界——在一个世界里，儿童像一个脱离现实的傀儡一样，从事学习活动；而在另一个世界里，他通过某种违背教育的活动来获得自我满足。”教师在教学中要将生活与语文融会贯通，唯有这样，我们才能塑造完整的丰富的和谐的人。

教育名言

远离学生生活和社会现实的课程教学所体现的只是单一的生活模式和图景，缺乏生活意义的课程迫使学生在课程实施中戴着面具做痛苦表演，学生没有真实生活的愉悦体验，更没有生活的激情。学生的生活世界被忽视了，学生——一个社会情境中的具体的人变成了一个单纯表演的认知者，从而造成学生生活的“殖民化”。

——钟启泉

有效教学智慧

为什么青蛙和蛇没出来

1998年5月，中国教育学会中青年教育理论工作者研究会第九次年会在山西太原召开。会议休息期间，听湖北大学教育学院斯辉教授讲过一个耐人寻味的教育故事。故事的情节大致是这样的：在小学低年级的一节语文课上，教师正在带领学生学习“小画家”一课。该课文的主要内容是说，下雪了，大雪将整个原野都覆盖起来。清晨，小鹿、小鸡等小动物们都出来了，纷纷用自己的足和爪子在雪地上画出美丽的图画。教师在完成了教学任务以后，向学生提出了一个问题：“为什么青蛙和蛇没出来?”不一会儿，一个学生站起来回答：“老师，因为青蛙和蛇没有毛衣服，怕冷，所以待在家里没出来。”老师听了以后很不高兴，用非常严厉的口吻说：“不知道就不要乱说!”在让这个学生坐下以后，老师又问全班同学：“谁知道?谁能告诉大家正确答案?”这时候，教室里静极了，再也没有人回答。看到这种情形，老师说：“我告诉你们，青蛙和蛇是冷血动物，冬天需要‘冬眠’，所以不可能出来。这个道理等你们上了初中以后就明白了。”

这个故事引起了我对自己受教育历程的回忆。说实在话，除了研究生学习阶段，在我受过的16年（小学5年、初中4年、中师3年、本科4年）教育中，这样的故事不是偶然出现的，而是时时发生的。在这些故事中，我所扮演的还不是那个善于思考的孩子的角色。我既没有他那么聪明，也没有他那么勇敢。在绝大多数情况下，我都是低头不语。然而，老师有时还是能够叫到自己的名字。每当这个时候。我的心里真是害怕，不知道自己能否回答出老师所希望的答案。因为这种害怕，面红耳赤、语无伦次甚至结巴口吃都是时有的事。我记得，每当我没有回答出“正确答案”，或根本就不知道答案时，老师就让我站在那里，听别的同学回答。此时，我心中不知多么尴尬和羞愧。受着这种尴尬和羞愧的折磨，站在那里的我甚至听不见别的同学的发言，尽管她/他事实上正在发言。别的同学如果也回答错了，老师就会像上面故事中的那位教师一样把正确答案告诉我们；如果别的同学回答对了，老师就省了自己的事，但总是语重心长地嘱咐我们向那位同学学习。但是，除非我私下重新将老师的问题和答案思考一遍，否则我根本就不明白为什么一种答案是正确的，而另一种答案是错误的。当我念初三的时候，我偶然惊奇地发现，老师的问题和答案原来来自“教学参考书”。离开了教学参考书，老师也不敢说是正确答案。后来，我更加惊奇地发现，那些在课堂上总是能够回答得“非常正确”和“一贯正确”的同学不少都受惠于教学参考书。从此以后，为了不再体验那种难以承受的尴尬和羞愧，我就想方设法地弄来各种教学参考书，并将上面的问题及答案背得滚瓜烂熟。我终于不用害怕老师的课堂提问了，但与此同时，我也失去了从前独立思考的习惯，因为我发现，独立思考得出的往往都是“错误的”答案。

伴随着对自己受教育的回忆，我开始思考：为什么会存在这种教育现象？为什么这种教育现象会普遍存在？为什么我们的教育体制那样热衷于“正确答案”？为什么它那么容不得学生在回答课堂提问时犯的“错误”，哪怕是一丁点儿的“错误”？为什么它不鼓励学生独立和多样性的思考，不关注学生独立思考的过程？这难道只是一个教学方法或教学艺术的问题吗？其中会不会有着一些更为深层的认识论问题？就上面故事中那个小学生的回答来说，尽管没有“说到点子上”，但是，他得出这样的答案是多么不容易啊！细细想来，要得出那样的答案，他至少需要知道：第一，出来的每一种动物有什么“个别特征”；第二，出来的所有动物有什么“共同特征”；第三，没出来的每一种动物有什么“个别特征”；第四，没出来的动物有什么“共同特征”；第五，没有出来的动物与出来的动物之间有什么“类的差异”；第六，对照自己的生活经验，将这种“类的差异”解释为造成青蛙和蛇没有出来的原因；第七，用合适的语言将自己的思考结果清晰地表达出来。看看，这是一种多么丰富、复杂、严密和连贯的思想过程！就其性质而言，真可以说与一个科学家在解决问题时的思想过程没有实质性的区别。

可是，就因为他没有回答出“正确答案”，所以他的“思想过程”就没有一丁点儿的价值，就不会受到教师的鼓励和表扬。思想至此，真不知道这样的教育到底在追求什么，是在培养思想的主人呢，还是在养成思想的懒汉，是在造就知识的创造者呢，还是在训练知识的奴隶。

上述故事不仅引起我对自己受教育经验的回忆和反思，而且还引起了我对自己教育经验的回忆和反思：我是不是也是一个只重视“正确答案”而不重视“思想过程”的老师？答案是肯定的。1985年至1987年，当我在安徽省寿县石集镇三关村三关小学工作时，我也曾像许多其他的老师那样，因为学生没有回答出“正确答案”而“冷落”他们，让他们站在那里听别人的发言。对于那些总是不能回答出“正确答案”的学生，我甚至对他们生气、发火。从心里说，我爱他们，我希望他们个个都能考上初中。要知道，当时，这所小学的初中升学率只有30%左右，大多数的孩子小学毕业后甚至没毕业就回家务农了。由于这种爱和希望，我对学生们的要求是严格的。由于我的严格，我更希望我的学生们能够“正确地”回答课堂提问。也正是由于我对于“正确性”的强调，在我的课堂上不少学生也像我当年那样一听到我提问，就将头深深地低下去。很久以后，有个成绩始终落后的学生告诉我，一听到我提问他，心里就感到一阵“发抖”。听到他的这番话，我深深地感到了自己的罪孽。为什么会如此？他究竟在恐惧什么？是恐惧我这个惯于严格要求的教师，还是恐惧那个难以切中的“标准答案”？

记得有一次，我评改这个学生的作文，发现其中运用了大量的方言，如“打皮汗”（“疟疾”）、“娘和舅舅”（“妈妈和爸爸”）、“请先生”（“请医生”）、“瞧病”（“看病”）、“捏点药”（“买点药”）等。看着满纸的方言，我心里又好笑又好气。我耐着性子用红笔帮他一一改过，并嘱咐他以后写作文一定要用“普通话”，否则升学考试时就得不了高分。谁知，他并不体会我的用意，在下一篇作文里又出现了许多方言，其中有些方言我都不知道该怎么用文字表达。由于这个问题是所有学生作文时一个“普遍的问题”，所以我就在一节作文课上拿他的作文“当靶子”，告诫全班学生要努力学习用普通话写作。此后，就出现了意想不到的现象：一是这个学生开始拖交或不交作文；二是作文课上，学生为了解决方言问题，总是在问同一个问题“普通话里怎么说”，有的时候连我也给他们问住了，只好要他们“换一种说法”。就这样两年训练下来，绝大部分学生的作文语言比较规范了，但与此同时我发现，他们的作文越来越雷同，越来越缺乏真实性、趣味性和可读性了。

语言是存在的家。毫无疑问，在我过去的写作教学中，伴随着方言而在的是学生们真实、丰富而新鲜的生活经验，是他们赖以成长和自我认同的乡村文化，是他们从内心深处对于自己从小熟悉环境的真切观察、思考和感受。其实，这种情况又何止发生在写作教学中？在数学教学中，在历史教学中，在地理教学中，在思想品德教学中等不都存在着同样或类似的情况吗？由于对教材知识或专家知识的强调，学生的视线始终被集中在教材知识之上，而不是被集中在自己的日常生活经验上，不被集中在自己所属的本土知识体系上。不仅如此，在教学过程中，教师总是要不断要求学生甚至训练学生抵制个体知识和本土知识的“干扰”，就像我训练我的学生在写作练习中努力抵制方言而使用普通话一样。这种教学过程中个体知识和本土知识的被冷落、被压抑，最终使得整个学校变成了一种压抑个人独立思想而不是发展个人独立思想的机构，变成了一个歧视和排斥本土社会而不是认同和重建本土社会的机构。实在地说，这样的学校，除了为了个人的升学提供机会以外，对于个人思想和人格的真正成熟，对于本土社会的不断重建和发展，究竟有多大的益处呢？一个非常明显不过的事实是，当乡村中的青年——像我这样的幸运儿，一个个考上大学、远走高飞以后，留在他们身后的依然是那个似乎永远也跟不上时代节拍的乡村……

（石中英）

延伸思考

杜威先生认为，最好的一种教学，是牢牢记住学校教材和实际经验二者之间相互联系的必要性，使学生养成一种态度，习惯于寻找这两方面的接触点和相互的关系。沟通生活与学习的联系，这是激发学习力、增强知识活力的灵丹妙药之一。当我们的知识教学过分地沉溺于“去生活化”的抽象之中时，我们就剥离了知识的根系，使之成为无本之木，它自然就容易枯萎、容易凋零。

教育名言

知识原来就拥有来龙去脉，带有生命性，能同儿童生命活动相结合，而在学习中，儿童只要把生命活动和知识生命结合起来，就可以触类旁通，举一反三，灵活应用，在问题解决中心清似水，“冰雪聪明”。

——郭思乐

司马光砸了我的公开课

你有过类似的课堂经历吗？如果你遇到了，怎么办？

有一次我上全校公开课，给学生讲《司马光砸缸》。

“缸是什么？”学生颇有兴趣地问。“装水用的。”有问必答，我用手比画着缸的形状。“真像发福的肚子。”学生想象力够丰富的，我称赞了一回。“老师，缸放在什么地方？”唉，现在城里的学生！这问题我没有想过，不过当了十多年的教师，处理课堂突发事件的机智还是有的。

“放在私塾——也就是现在的学校的厅或场上。”我想当然地说。“那——小孩子怎么会掉进缸里？”现在的学生什么事都想问个究竟。“大概是爬上去后，不小心摔下去的……”我有点语塞。“小孩子掉下去时，老师在什么地方？”我想改口说司马光当时还没有上学，但课堂情境不容我反悔，只好硬着头皮坚持，我的额头开始冒汗了。

“司马光的老师没有尽到监护的责任，应该赔偿！水缸放得不是地方，学校也该赔偿！”学生的语气颇像威严的法官。“应该赔偿，应该……”我感受到了教室后面听课的教师投来的同情目光，我的舌头打结了。

“司马光砸坏了缸，是损坏公物，也要赔偿。”又一个学生站起来，义正词严。听课的教师开始低声议论了，我真想马上刹住跑开的话题。“这个问题留给同学课后……”我话音未落，又有一个学生“腾”地一下站起来。“老师，缸这么高，小孩子怎么刚好掉进去？是不是有人推了一把？”说完，他得意地扫射全班同学几眼。我还得帮千年前的古人缉查“真凶”？听课的老师有点坐不住了。“这个……这个嘛……”我的腿开始打战了。“是司马光干的！推下去，再救出来，想得到老师表扬！”现在的孩子怎么这么早熟，用现代社会的人和事来印证古代的人？豆大的汗冒出额头，我来不及擦拭。

看来孩子们思维的野马一放开，就再也收不拢。“老师，司马光家里是卖缸的，他砸缸是为他家里的产品做广告。”这个孩子的思维够超前的。“错了，司马光救同学出了名，四处演讲，还出了书……”这啥年代的事情？“不对。是司马光砸缸，缸主人索赔，赔得他倾家荡产，他父亲气得骂他：‘你再砸缸，我砸你！’”课堂上飘着一股火药味。“错！是司马光救同学出名了，官府推荐他上大学，保送他做官……”

学生分成两派争得不可开交。我直懊恼：这司马光不仅砸缸了，把我的公开课也砸了！

几天后，校长在教工大会上表扬我充分调动学生的积极性，推进课程改革，真正实施素质教育。在会场里，我恨不得挖个地洞钻进去。

（王清铭）

延伸思考

钟启泉教授提出，按照联合国教科文组织的解释，所谓学习权，是指每个人天生就有的“阅读、写作的权利，提问深思的权利，想象、创造的权利，读懂自身世界和书写自己历史的权利，分享教育资源的权利，发展自己的智慧以及所在集体的智慧的权利”。这个解释意味着每一个学生不仅是学习的主体，而且是学习的主权者。尊重学生的独特的体验与生活经历，在此基础上进行引导与对话，才可能诞生真实的教育。

教育名言

因此，教育是生活的过程，而不是将来生活的预备。学校必须呈现现在的生活——即对于儿童说来是真实而生气勃勃的生活，像他们在家庭里、在邻里间、在运动场上所经历的生活那样。

——杜威

童心的觉醒

在不断阅读苏霍姆林斯基时，我强烈地感受到童心的魔力。教师要作童心世界的守护人，以儿童的视角去观看世界。尤其是在张文质老师的《保卫童年》中我真正地感受到童年在人生及教育中的重要位置。我曾经无数次地诵读过洛克的这么一句话：“我们幼小时所得的印象，哪怕极微极小，小到几乎觉察不出，都有极重大极长久的影响。”正如江河的源泉一样，水性很柔，一点点人力便可以把它导入他途，使河流的方向发生根本改变。从根源上引导一下，河流就有不同的趋向，最后就流到十分遥远的地方去了。珍惜童心，保存童年，是教育的一个永恒的主题。儿童文化是基础教育学校的主旋律，以赤子之心，赤子之眼来阅读孩子、阅读课堂，我们的教育教学就会有令人意想不到的发现。

听过这样一节课。一位教师上的是北师大版的《妈妈，不要送伞来》，这是一首浅显有趣的儿童诗：

不要送伞来，妈妈，
我喜欢在小雨中
慢悠悠地走回家。
我喜欢细细的雨丝
对我悄悄说话。
不要送伞来，妈妈，
我喜欢头上顶着
外衣裹住的书包，
变成大雨里机灵的小鹿，
在五彩的伞群中奔跑。
妈妈，
我懂得你的爱，
但我不是小糖人，
雨点不会把我淋坏。
我像街边的小树，
风雨中更加勇敢、欢快。

读了这首儿童诗，我的心仿佛被童年的雨淋湿了。一种久违的近乎野性的欢乐在记忆的闸门中活蹦乱跳。赤着的小脚丫如敲击的鼓点在一摊摊小水洼中溅起调皮的水花，留下一个个浅浅的小涡；采一扇芭蕉叶轻轻地举在头上，任水珠沿着叶脉淌到眉梢嘴角，然后如被挠痒痒般地爆出笑声，几个小伙伴们都笑得浑身发抖；笑声惊醒了我被尘埃与生活掩埋的神经，以至于在课堂上，我看着这几个活泼泼的文字还情不自禁地微笑；采一朵芋头叶让它“倒立金钟”，将小脑袋柔柔地藏在它的腋窝里，有一种鸟儿归巢的感觉……

老师提出了这样一个问题：“读了这首诗你想到了什么？”孩子们七嘴八舌地说，想打水仗、想数雨点、想让细雨淋湿全身……老师耐着性子皱着眉听着，（也许，有我们在听课，她也不好横插一脚，因为新课程强调老师要认真倾听，要顺学而导，如果不让学生们说，就会显出自己还是墨守“一言堂”的老教法。所以她抱定了暂且听之任之的态度，似听非听，心不在焉）课堂上孩子们正眉飞色舞地交流着自己在雨中怎样游玩逗乐。终于，她觉得不能如此“浪费时间了”，便再次提示：“大家再想想，要想出一些有意义的事来！”我们听了有点莫明其妙，学生们也是稀里糊涂的。她发觉自己的“敲山震虎”这一招震得学生昏头昏脑不辨东西，就来个“引蛇出洞”：“这首诗与昨天学过的《小狮子》属于同一组课文。它们的主题都是自立。现在大家想想，我们应该怎样呢？”一些学生们总算恍然大悟了，又是一阵汇报声，“自己叠被子”“自己洗袜子”“自己擦桌子”“自己洗碗筷”“自己收拾书包”……老师面有喜色，看来是孺子可教，稍加点拨，学生就心领神会。不偏不倚地完成了“情感、态度、价值观”的教育。老师才觉得心安理得，还念念不忘地表扬一句：“大家真聪明，我们从现在起就要学会自立自强，自己能做的事自己做！”她向全班学生做了个圆满结束的笑脸。

其实想想，雨中漫步，多么浪漫的情怀，多么有生活的情趣，但是因为与“主题思想”无关就不能让孩子们“想入非非”了；雨丝的悄悄话，听得让人多神往，多陶醉，但是“无关宏旨”就要修枝剪叶，小鹿般在细雨中奔跑，童年的影子如此清晰，欢乐的体验是如此触手可及，但是，不能“旁逸斜出，节外生枝”只好来个敷衍了事。袁振国先生在考察众多的课堂后深有感触地提出，我们的许多教学是“去问题”式的教学！而在我看来，我们的许多语文课堂是“去情趣式的”，什么理趣、妙趣、乐趣、风趣、童趣在课堂中是“自讨没趣”!

学生在课堂中时时迸发的童真、童趣、童心让我们为之喝彩，并沉醉不已。只要拥有一颗细腻的感知与聆听的心，我们就拥有了一个丰富生动的世界。曾经听过黄丽英老师上《七颗钻石》一课，其中老师引导学生展示自己为母亲节准备的礼物：在回报母爱活动中有个孩子画了一幅画作为妈妈的生日礼物，妈妈依偎在她的怀里，她给妈妈讲故事、读儿歌，并且还送给妈妈一束康乃馨。老师大加称赞：“你真乖，真孝顺!”由此可见孩子的想象力，按常理是她躺在妈妈的怀里，可这位学生居然出人意料地转身一变，妈妈在她怀里享受原本是妈妈给儿女的乐趣！曾听陈蜜老师上《葡萄沟》一课，有位学生说了这么一句话：“葡萄架上的一粒粒葡萄就像一个个穿着绿衣裳的小孩子在荡秋千。”我为之绝倒!

诸如此类让我们成人觉得不可理喻的奇思妙想可谓是数不胜数，有时我们进入课堂便如同徜徉在童话的世界里。孩子们的心冰清玉洁，晶莹剔透，往往能够照出俗世的卑琐与无味。正是孩子引领我们重新学习那些“被遗忘了的价值”，这些价值是人类永恒的归宿——爱的真谛与纯明的心灵。是一个个天真无邪的孩子让我们以最初的心在茫茫尘世中找回黎明般新鲜的感觉。常常是在星辉般的眼眸里，我眺望着无限的未来。心头涌起王小波的这么一句话：“我时常回到童年，用一片童心来思考问题，很多繁难的问题就变得易解。”也许教师拥有童心，教育教学的许多问题也会变得易解。无怪乎陶行知倡言教师要变成小孩子!

（林高明）

延伸思考

阿莫纳什维利认为，儿童的童年生活经验愈是丰富多彩，就愈能顺利地使他长上最丰富的人类经验的翅膀。丰富多彩的童年生活经验犹如一块最肥沃的土壤，在上面可以播下最美好的人类经验的种子，以期获得最稀罕的收成——独一无二的个性。课堂教学就是要引学生从童年生活中去汲取营养，从而不断地灌溉属于他们的独特思维与心灵世界，使之芳草鲜美。

教育名言

教育必须以从心理学上探索儿童的能量、兴趣和习惯开始。它的每个方面都必须参照这些考虑加以掌握。

——杜威

老师的腰围

曾在《教育文摘周报》中读到这样的一节课：

在一所小学听数学课。数学老师是个女的，40来岁，胖胖的。讲完厘米、分米和米的概念后，她让学生们测量桌子、铅笔和手臂的长度。两分钟后，被点名的学生报出答案，都得到了表扬。那些没被点到名的学生着急了，有的站起来，有的跳着脚，有的甚至站到凳子上，高举着手："老师，快叫我，快叫我!"

桌子、铅笔和手臂的长度都量过了，老师说："我们再找找别的东西测量一下。"老师的话刚完，我旁边的那个一直没得到机会的瘦个子男孩"噌"地站起来："老师，我想测测你的腰围。"教室里一下静了，同学们都转过头或侧过身看着这个瘦男孩，数学老师对那个学生笑道："好啊，你来测量吧。"小男孩拿着尺子，飞快地跑到黑板前。他用手按住尺子的一端，让尺子在老师的肚皮上翻着跟头，翻了好几趟，他说出了一个答案："87厘米。""不错，他量得很认真，答案也比较接近。但是，其他同学有没有更好的办法、测得更准确一些?"老师的话音刚落，一个胖乎乎的女孩站起来说："老师，我有，我用手。"小女孩已开始往黑板前跑了。老师问："你用手怎么量呢?"小女孩说："我一掌是11厘米，我看是几掌就知道了。"老师笑了。小女孩的手在老师的腰围上爬，刚爬了一圈之后，她就报出了答案："89厘米。"

"有没有更好的办法?"笑容在老师的脸上绽放。教室里静悄悄的。片刻之后，前排的一个学生站起来："老师，你把裤腰带解下来，我们一量就知道了。"我没想到，我看见她在大笑，真正地开怀大笑。老师一边笑，一边真的解下裤腰带。学生量出的是90厘米，这当然是最准确的一个答案。

老实说，那位老师并不算漂亮，但这节课却是我听过的最漂亮的一节课。

这样的课堂，童趣浓浓，意趣溶溶，情趣种种，理趣重重。在这里，我们常能在各种各样的课堂中为自己日渐贫乏的内心积储丰富的精神食粮，我们能真切地发现师生的成长，这是一种怎样的惊喜！

（魏振强）

延伸思考

阿莫纳什维利的《教育者的十条“箴言”》提出，人对人们的信赖、人对自己的生活立场的信心是人与人之间富有人生乐趣的交往和使个性升华的本源。因此，我们必须爱护和发展儿童对我们——自己的教育者、对自己的同学、人们的信任感及对自己的信心。

因此教师要善于创设这种学习情境，促进学生积极学习。在充满趣味、宽松、愉悦的情境中，学生的心灵就会放松，精神就会舒展，灵性就会焕发。

教育名言

学习者一旦丧失了“体验性知识”，学习对象本身就会被“抽象化”，学习者面对客体就会处于“被动状态”，甚至不敢有丝毫的怀疑，最终导致死记硬背的学习。这样，就不能获得学习的喜悦，“乐学”只能被“苦学”替代。

——钟启泉

从“捧杀”与“棒杀”看中外教育差异

在某校组织的“科研沙龙”活动上，主持人给每位参与者发了一份题为“性格拼图”的课堂实录，让参与者阅读后谈谈自己的感受。

这是加拿大埃德蒙顿市一所小学的拼图课。一个月前，老师布置了拼图作业。今天，孩子们都把自己的作品带到学校来。老师先用赞赏的目光浏览了孩子们的作品，然后请大家谈谈对拼图作业的体会和感受。

生：我拼图的时候，先看一下包装上的图案，心中有一个轮廓，然后把外框拼好，再从外向内拼，这种方法拼得比较快。

师：很好。认识一个问题先从总的概貌入手，然后去了解细节，就像我们面对一个陌生的城市，通过一张地图来了解比一条街一条街去走要快得多。

生：我拼了很长时间也拼不好，所以请爸爸、妈妈和奶奶帮忙完成了拼图任务。

师：很好。这是一种 team work（团队合作），记住，如果你遇到自己一个人难以解决的问题时，可以求助别人，大家共同完成。

生：我最高兴的时刻是把最后一个图片放进拼图的时候。

师：很好。享受成功是一种非常愉悦的感觉。

生：看着面前一大堆杂乱无章的拼图片，我怎么也找不出它们的规律，试了很多次也无法拼出图案，我心情很急躁、烦闷，干脆把它装起来，再也没有打开。

师：很好。有时放弃也是一种选择。

生：我拼了一部分拼不下去了，看着剩下的 200 多个拼图片，我再也不想拼了。不过，我觉得包装纸上的图案很漂亮。

师：很好。谁也不可能事事都成功。你没有亲手拼成，但你懂得去欣赏别人的成果，这也是一种“迂回的成功”。

生：我拼的时候很气恼，有时候刚拼好这一块，一不小心碰着了另一块，图画就又乱了。

师：很好。你拼的每一块图与周围的图都是和谐、默契的，这说明成功与你周围的环境因素是分不开的。

……

接下来，教师们开始交流自己的看法。

“这篇实录真实反映了中西文化的差异和教育方法的不同，很值得我们认真思考。文中每一个孩子都真实地表达了自己的情感，喜悦、无奈、失望……不管什么样的结果，我们都看到了孩子真实的一面。更了不起的是这位教师，他总能从孩子的经历中总结出值得他们在今后的生活中珍惜和体会的哲理，真诚地和孩子们一起分享拼图过程中的喜、怒、哀、乐。而我们的教育、我们的孩子呢？”市级学科带头人张老师首先亮出观点。

“我想，同样的情况如果发生在国内，老师肯定会批评那些没完成作业的孩子。”年轻的高老师说。

“难道那些没完成作业的孩子不应该受到批评吗？我认为，我们应该客观地来评价这位加拿大老师。”德高望重的李老师说：“在新课改深入实施的今天，不是有许多专家、学者阐述了‘捧杀’与‘棒杀’的危害性吗？对学生‘一棒打死’或‘一味迁就’都不是好的教育方法。”

年轻的高老师又说：“加拿大的孩子能这样畅谈自己的所思所想、所作所为，而我们的孩子常常不能或者不敢说出自己心中的真实感受，总是有意无意地迎合老师的用意、揣摩老师的心理，这难道不是一种悲哀吗？”

……

最后，受主持人之邀，我谈了一点自己的肤浅认识。

大多中国教师总是鼓励孩子在尽可能长的时间内专门做好某一件事，以培养儿童的恒心、耐心，多强调儿童自我意识的社会性发展，多引导儿童逐步学会适应和控制自己的情感，而国外教师常常鼓励孩子在一段不长的时间内从事多项活动，以培养孩子的灵活性、创造性，多注重儿童自我意识的自然发展，多鼓励儿童自由且自然地表达自己的思想与情感。

对于表扬与批评，不少中国教师喜欢采用横向比较法，为纠正孩子不良行为，常常采取表扬一个孩子给其他孩子做榜样的方式，国外教师则不同，一般对孩子不表扬也不批评，理由是批评一个孩子会刺激这个孩子、表扬一个孩子会刺激其他孩子，他们注重儿童自身的纵向发展，较少对儿童进行相互比较。

其实，这些教育方式孰优孰劣，恐怕难以一概而论，它是不同的价值观念、不同的文化背景、不同的教育理念所带来的差异。在新课改深入推进的今天，我们更应该保持清醒，不能完全抄袭外国的教育模式，要在保持自己优势的基础上，借鉴别人的长处，探索出适合中国文化背景和国情的独特的教育模式。

（徐吉志）

延伸思考

余文森教授认为，体验性是现代学习方式的重要特征之一。体验是指由身体性活动与直接经验而产生的感情和意识。体验使学习进入生命领域，因为有了体验，知识的学习不再仅仅属于认知、理性范畴，它已扩展到情感、生理和人格等领域，从而使学习过程不仅是知识增长的过程，同时也是身心和人格健全与发展的过程。行是知之始，知是行之成。

教育名言

对理论知识的顶礼、科学世界的独尊和学生生活的冷漠，迫使学生沉浸在各种符号的逻辑演算和知识的被动接受之中；课程缺乏相应的生活意义和生命价值的体现，不能关照学生的生活世界，于是课程世界里学生的“失我化”使“人”被隐藏起来。

——钟启泉

贴近生活学地理

接手新一届学生，又一次给他们讲解正午太阳高度的变化规律。在以往的教学中，尽管自己想了一些办法，做课件、用挂图、画图分析等，但通常是课讲到一半时学生就集中不了精力了。究其原因，一是因为按教材书面语言的直接表述，使得空间关系太抽象，难以与学生所处的实际空间位置建立起联系；二是教师过于注重教法，忽视了学生的主体作用。

新课程倡导自主学习、合作学习、探究学习等学习方式，但以前我总认为这些学习方式浪费时间，难以完成教学任务，因而很少尝试。可如果按过去的方式进行教学，学生肯定还是难以掌握正午太阳高度的变化规律。如何才能转变学生被动接受的局面呢？我决心做一点新的尝试，结合学生的生活实际，设计“以生活中的问题带动难点突破”的教学思路，力图通过探究使学生自己思考和解决问题。

我首先向学生抛出一个问题：“小时候，我们最爱做的游戏之一就是踩别人的影子。请大家思考：中国共产党生日那天，学校早上升旗，操场上旗杆的影子朝向什么方向?”

影子问题立刻引起了学生的兴趣。大家很快确定了讨论的时间——7 月 1 日，但对影子方向问题的意见就不一致了，有说朝东方，有说朝西方，有说朝西南方，有说朝西北方。

一番争论后，学生首先排除了“朝东方”这个选择，但其他几个方向还是争执不下。究竟谁是谁非，我让他们各自阐述自己的理由。

沉思了一会儿后，有学生说：“太阳东升西落，所以早上旗杆的影子朝西。”

话音刚落，马上就有学生质疑：“东升不等于日出正东方。我们每天早上做操，明显地感到冬夏日出方位是不同的，既然日出不是正东方，早上旗杆的影子肯定不是朝西。”

“那么，7 月 1 日日出不在正东方，又该在什么方位呢？”我顺着学生的思维继续发问。相当一部分学生认为 7 月 1 日这天日出应该在东南方，理由是这天太阳直射点在北回归线附近，而武汉地处 30 °N，位于北回归线以北，太阳直射点在武汉的南边，所以这天武汉的日出肯定在东南方向。

见学生们陷入了思维定式，我走到教室北边的窗户旁，佯装看贴在窗户上的报纸。马上有学生醒悟过来：“老师，这天日出应该是东北方。因为早上有阳光从北边的窗户射进来，所以坐在教室北边窗子旁的学生要用报纸将窗子遮起来。”此时正值六月上旬。

问题似乎得以解决，不料又有学生提出了新的质疑：“那只是现象，不能说明本质。坐在南边窗户旁的同学不也一样有用报纸将玻璃贴起来的时候吗？太阳应该在我们的东南方向升起才对。”

一石激起千层浪，学生们不由得再次陷入深思，互相讨论起来。

“老师，我能在黑板上画图说明吗？”一学生问道。

“当然可以呀。”

那位学生走向黑板，一边画图一边解释道：“由于太阳光线是平行光，只要太阳直射点在赤道以北，武汉的早晨肯定日出东北方，早上旗杆的影子朝向西南；太阳直射点在赤道以南的时候，武汉的早晨，日出东南方，早上旗杆的影子朝向西北；春分日和秋分日，太阳直射赤道，武汉日出正东方，早上旗杆的影子朝向正西。”

至此，问题终于得以解决。但我并没有仅仅停留在学生理解的层面上，而是又向他们出示了与生活紧密相关的材料：“去年 6 月，李明的父母在‘水晶花园’购买了一套位于一层的住房。今年 1 月，全家入住后，发现阳光全被前排楼房挡住了。他们感到很疑惑，那天看房时，小院内阳光充足，怎么才过了几个月，阳光就被挡住了呢？”

学生们一看到这个材料就议论开了，思维的火花再一次被点燃……

通过这节课，我深深体会到，课改不仅需要理念的更新，更重要的是行动。

这一内容，我以前讲过许多次，但每一次讲授，我考虑最多的是自己如何教，很少考虑到学生该怎样学，所以每次课堂效果都不尽如人意。

这节课，我利用学生们司空见惯的影子问题作为切入点，来引发学生讨论。在这一问题争论的过程中，我没有讲多少话，而是主要关注学生对问题的解答过程。在问题解决的过程中，学生们积极思维，陈述、倾听、交锋，不仅动脑，而且动手，一步一步，最终找到了问题的答案。

此时，我没有停留在让学生掌握知识这一层面上，而是进一步引入生活材料，激发起学生更大的探究热情，使学生的思维活动向深层次发展。这也充分体现了地理新课程所倡导的"学习生活有用的地理，尝试从学习和生活中发现地理问题"的教学新理念。

（冯青林）

延伸思考

著名的教育家怀特海先生说："我所极力主张的解决办法，是要消除扼杀我们现代课程活力的各学科之间互不联系的严重现象。教育只有一种教材，那就是生活的一切方面。"生活是我们最直接、最有效的教师和教材，任何弃生活而去的教育都是轻浮无力的，无法在学生的智力生活与精神生活中留下深刻的烙印。

教育名言

教育就是经验的改造或改组。这种改造或改组，既能增加经验的意义，又能提高后来经验进程的能力。

——杜威

追求价值的平衡

曾听吴老师上了一节主题为"家乡莆田知多少"的综合实践活动成果

展示课。孩子们从传统文化到风景名胜到田径之乡到家乡的名人到家乡的变化再到家乡特产等各方面对家乡莆田进行了综合的描述，各项资料令人大开眼界。其中孩子们在交流家乡的变化时，孩子们争辩的场景让我一直难以忘却。有个孩子大声地夸赞说："奶奶说，以前全村只有村长家里一台黑白电视机，现在我们家有二十九寸的大彩电呢!"旁边的一个孩子得意地说："我们家有三十一寸的彩电呢!"一个孩子"嗤"了一声说："这算什么，我家有了三十六寸的彩电!"另一个孩子更是迫不及待地嚷道："我家有了家庭电影院……"有几个同学附和："对，对，屏幕有墙壁那么大!"他们眼里流露出无限的羡慕。"怎么样，够气派吧?"这个孩子扫视了全班同学一眼，骄傲地补充了一句。后边有个孩子不甘示弱地说："这有什么了不起，今年春节我家买了一部小轿车，我爸自己开回来的!"老师插了一句："看来我们班的同学一个比一个厉害，家乡的变化可真大啊!"该男生的同桌一听，满脸鄙夷不屑地说："这算什么！他们家的小轿车才几万块，我家的车是宝马的，好几十万呢……"老师最后总结道："从大家的交流中，我们就可以真真切切地感受到我们的生活是芝麻开花——节节高，社会的进步一日千里。"

在我看来，价值是多元的，面对多种多样的价值取向，我们常常只取其一而不及其余。世界是丰富多彩的，是整体复合的，任何简单的单线突进或单一性的强调某种价值目标，常常是有失偏颇的。这种厚此薄彼、顾此失彼的方式，与其说是坚守某种特殊的价值，不如说是损害其他的价值。如何使各种价值融为一个有机的整体和睦共处、和谐共生呢？在任何一种教育情境中，我们都要持有敏感的价值判断力，以海纳百川、兼容并蓄的态度来体会其中积极的价值取向的无限可能性，并善加保护与培育。我们绝不能在不遗余力地倡导一种价值观的时候，不知不觉地滋生出另一种有害无益的价值向导与暗示。知识、能力、方法、思维、情感、态度都是与价值合而为一，浑然一体。如果知识、能力、方法、思维、情感、态度与价值发生矛盾、产生抵触之际，我们不能用生命价值来涵照上述诸多要素，生命就会发生畸变、扭曲、偏执。如上述课堂中，老师的原意是让孩子们交流家乡翻天覆地的变化，感受社会一日千里的进步，让学生为自己的家乡感到骄傲与自豪，同时培育孩子们热爱家乡的情感，也培养孩子们建设家乡、服务社会的愿望，但在学生讨论的过程中，交流蜕变为互相攀比、互相炫耀的“财富论坛”。教师面对学生你不让我、我不让你的夸耀，不置一词，只是轻描淡写地用“我们就可以真真切切地感受到我们的生活是芝麻开花——节节高，社会的进步一日千里”这句话一笔带过。这其中，许多孩子可能会从教师的总结中读出了正面评价的意义。也就是，无形中可能助长了他们“比阔争富”的心态，有了钱就飞扬跋扈、趾高气扬，并且可能产生“有钱便有一切”的人生价值取向。

诚然，教师及整个学校教育在面对社会风气与成人社会的心照不宣的畸形的“价值文化”时，总是不无痛心地感到，谁也无法挽狂澜于既倒，障百川而东之，甚至总有一种大厦将倾独木难支的无奈与辛酸。甚至我的一位朋友在交流这一案例的感受时感慨万千地说：“如果在二十年前，听了这节课，我会毫不犹豫地指出老师的不是，责备他对生活变化一词的曲解，我会告诉他和孩子们，家乡的每一点变化都蕴涵着许多人的艰辛劳作，我会告诉他们，小家的变化微不足道，大家的改变才是理所当然，我会让他们懂得，穷且益坚，富而不骄，这才是为人的根本……可是，时至今日，多年从事这个职业所带来的贫穷与苍白磨尽了少时的锋芒，原先的对教育的未来充满伊甸的理想恍惚间已渐去渐远，甚至消失殆尽。潜意识里，我也如孩子一般，对宝马车的主人心中涌起莫名的妒忌和向往……站在教育悬崖边缘的自私的我，明知该何去何从，却是行不理直，言不气壮。”

从朋友的一番感叹中，我了悟了价值敏感与导引的最为困难与关键就在于教师内心深处是否有清晰明朗的价值维度？早在古希腊时期，柏拉图就提出，教育只是一种“灵魂转向的技巧”，“一种使灵魂尽可能容易尽可能有效地转向的技巧”。这种“技巧”，“不是要在灵魂中创造视力，而是肯定灵魂本身就有视力，但认为它不能正确把握方向，或不是在看该看的方向，因而想方设法努力使它转向”。教师能不能恰如其分、恰到好处地启导学生灵魂的转向，首先在于教师有没有灵魂，其方向是否正确与坚定，其次在于教师引导的方法与技巧。而在纷繁复杂、光怪陆离的社会生活中，教师常常也是身不由己、心不由己地迷失了自己与方向。我们怎能企求置身于迷茫与模糊中的教师能够如此迅捷、如此正确地确立人生的风向标并为学生导航？于是，教师在芸芸众生、茫茫人海中，注定不能随波逐流与世沉浮。他必须拥有一颗清明的心，一种超物质的价值判断，一种明朗的人生追求。这并非在排斥教师多样化的人生追求，多元化的价值生活，但当他面对课堂、面对学生时，他要有明确的主流价值意识及正面价值意识，这是作为教育者的道德底线与伦理要求。道德教育需要教育的道德。坚持普遍的道德引导，这是任何一名教师必备的教育道德。就如我的朋友坦陈，虽然内心深处交织着困惑与矛盾，“站在教育悬崖边缘的自私的我，明知该何去何从，却是行不理直，言不气壮”，但是如果面对学生，我们就需要旗帜鲜明地坚持正面价值与方向，否则，就是对教育天职的背弃与亵渎。联合国教科文组织在提交的报告《教育——财富蕴藏其中》中提出，教师和学生要建立一种新的关系，从“独奏者”的角色过渡到“伴奏者”的角色，从此不再主要传授知识，而是帮助学生去发现、组织、管理知识，引导他们而非塑造他们，但在那些指引终身的基本价值方面，则始终要有极大的坚定性。

应该说，在上述的课堂中，学生在教师的组织之下，他们表达与交流的欲望被激发了，畅所欲言、各抒己见，但是不加疏导的“谈话”，可能是一种言不及义的海阔天空的“漫谈”。如在上述的教学中，教师一听到孩子们有攀比心理倾向时，应该敏锐而果断地引导比较家乡或家庭的变化，是着眼于以前与现在相比，而不是东家与西家相比。这样，孩子们的注意重心就不会陷于庸俗的“竞豪奢，比富贵”。在课堂教学中，学生的主体性与教师的主导地位之间的矛盾如何平衡呢？学生主体并不是意味着教师可以放任自流，可以让学生纵入歧途，迷不知返。假若不深刻地洞悉这些，我们的课堂教学生活就会存在诸多像日本学者佐藤学先生所谓的“虚假的主体性神话”，看似自由自主，实则自生自灭。缺乏教师高瞻远瞩的主导，学生自由学习的精神与实质都可能如镜花水月，看起来很美，实际上是可望而不可即。

（林高明）

延伸思考

教师的主体性引导可以从知识、情感、思维、价值四个方面着手。如在孩子们海阔天空地聊及许多知识时，教师应善加引导使谈话围绕“课堂核心知识”，而不是离题万里；在孩子们千姿百态的情感体验中，教师不但要欣赏其多样性，同时也要点明教师或普通人的情绪态度；在学生的思维旁逸斜出、信马由缰之际，教师要有简化思维、优化思维的思想；在学生的价值取向混乱喧杂、节外生枝之时，教师不能模棱两可，必须有转迷为悟的手法。教师作为教育生活价值的守望者，如塞林格所描述的："有那么一群小孩子在一大块麦田里做游戏。几千几万个小孩子，附近没有一个人——没有一个大人，我是说——除了我。我呢，就在那混账的悬崖边。我的职务是在那儿守望，要是有哪个孩子往悬崖边奔来，我就把他捉住——我是说孩子们都在狂奔，也不知道自己是在往哪儿跑。我得从什么地方出来，把他们捉住。我整天就干这样的事。我只想当个麦田里的守望者。"教育中的任何一种失衡，都可能导致学生孩子的人性变得庸俗、畸形、僵化，并走向万劫不复的沉沦。教师应该是学生成长过程中各方面价值平衡的守望者。

教育名言

（传统的课程）外在于生命个体，外在于学生丰富的现实生活，以其所代表的知识的绝对性乃至神圣性成为个体生命顶礼膜拜的对象，认识过程就是把热情的、个人的、人性的成分从知识中清除出去。在教育领域，这意味着个人见解在给定的课程知识面前没有意义，它只能被搁置甚至被否定、被杜绝。

——钟启泉

好一朵茉莉花

——音乐课上的青春期教育

随着学生性成熟的提前，令家长、老师头痛的"早恋"现象在初中已是屡见不鲜，特别是初三的学生，尤其是女生，即使是没有亲身体验"早恋"的学生对这一话题也是很有兴趣。

在似有若无的《茉莉花》背景音乐下，我给学生展示了它的歌词，学生发出了"哦"的声音，表示无奈的抗议，我微微一笑，环视教室后，说明这是一首"情歌"，此时，教室里开始出现笑声、小声的谈论声，更多的学生则莫名其妙地看着我，想知道我的葫芦里究竟卖的是什么药。我告诉他们，其实很多民歌都是跟谈情说爱是分不开的，不管是中国还是外国，爱情是永恒的主题，只是在民歌当中，爱情表现得很含蓄，不像现在的好多流行歌曲，一唱就是赤裸裸的我爱你啊，你想我啊。（学生开始小声议论）我等议论声渐渐平息后说："请学生来分析一下《茉莉花》的歌词，看它表达的是怎样的情感。"学生开始分析讨论，得出的结果是要保护环境，爱护花草树木，表现了"我"在美丽的茉莉花的诱惑下控制住了自己的行动，从而体现了"我"以集体利益为重，以自己利益为轻的爱国主义精神。我哑然失笑，在肯定了他们的想法后，我请他们从另一个角度去想：茉莉花就是美丽的姑娘，"我"就是帅帅的小伙子。同学们发出会心的大笑。接下来的分析就很快了。

第一段歌词：好一朵茉莉花，好一朵茉莉花，满园花开香也香不过它，我有心采一朵戴，看花的人儿要将我骂。

分析：情人眼里出西施，其他人再好，也是"我"的茉莉花好，可是她被看得很紧，我去招惹她的话，她的家长、老师都会找我的不是，要狠狠地批评教育"我"。

第二段歌词：好一朵茉莉花，好一朵茉莉花，茉莉花开，雪也白不过它，我有心采一朵戴，又怕旁人笑话。

分析：她是越来越好了，只要是她的，就是最好的，可是我不敢跟她好，怕别人（主要是同学）笑话"我"癞蛤蟆想吃天鹅肉，或者被看不起，被看做不务正业。

第三段歌词：好一朵茉莉花，好一朵茉莉花，满园花开，比也比不过它，我有心采一朵戴，又怕来年不发芽。

分析：看来"我"是越陷越深了，"我"是真的好喜欢她啊，可是"我"现在也知道了，不能轻易地跟她说"我喜欢你"，要不，可能她再也不理"我"了，即使她现在跟"我"好了，这段感情也容易夭折。

接下来我给了学生相当长的一段讨论时间，让他们在辩论中感受中学生现在谈恋爱的利弊，模仿《人生 AB 剧》进行座位调整。结果，我发现，有少许学生认为现在谈恋爱没有关系，只要学习好就可以了。我认同了他们的观点："现在要谈也不是不可以，但是首先要保证成绩，如果你在恋爱的同时，爱情给予你学习的动力，使你的成绩不降反升，同时你所交朋友的成绩也能如你一般只升不降，我想，我们老师、家长倒很愿意你们现在就都恋爱了。”学生都哄堂大笑，有几个学生脸红了，头低了，我知道，说到地方了。

我没有继续刚才的话题，而是请学生开始学唱。在背景音乐的熏陶下，学生学得非常快，而且都异常认真，连平时经常取笑民族歌曲的几个学生，今天也表现得非常卖力，不一会儿，都能将歌词背出来了。我笑着说：“看，民歌也很好听，很有意思吧？而且也不难唱啊，你们不是一下子就掌握了吗？”学生也对我笑笑。我又问：“那你们知道什么是真正的恋爱吗？什么是真正的爱情吗？”学生愣了一下，连忙摇头，问我是否知道，能不能给他们说说。我给他们朗诵了《普罗旺斯的熏衣草》，然后问他们：“你们说呢？”学生陷入沉思，既而纷纷发表意见，我笑而不答，要他们自己去好好体会，并请学生在课后写一篇关于这方面话题的议论文，答应课后再与他们进行口头或书面探讨。

接下来我给他们分析了他们现在所处的情况，告诉他们，他们现在这个年龄和所有的经历，会经常把好感当成是相爱，这是每个人都要经历的人生阶段，不用为自己有这种暗恋、单恋的迹象和倾向担心，只要能认清自己现在所担负的责任，不偏离学习的方向，明确自己的奋斗目标，就可以像《茉莉花》中的“我”一样，在行动之前就预见可能产生的后果，这不但是对别人负责，也是为自己着想。

我说我知道其实许多女孩男孩都患“单相思”，学习打不起精神，既不敢和父母说，更不敢和老师说，有了误区也没人能替他们纠正。其实所谓的“男朋友”“女朋友”，不过是见面说说话，送一点小小的生日礼物，打打电话而已。老师在这个年龄阶段，也有一样的想法，中学生十四五岁，心理上有了异性交往的需求，这是正常的事，只不过现在他们表现得更为大胆一点。这个时候去找一个信得过的比自己年长的朋友或老师或哥哥姐姐倾诉一下，听听他们的过去，得到些心理安慰，从而相信自己并不是在真正的恋爱，把精力和心思都用到感兴趣的学习活动上来。

最后，在《茉莉花》的背景音乐下，我把“爱花更做护花人”送给学生，结束了本节音乐课。

（张腰蜜）

延伸思考

杜威先生认为，即便在教室中，我们亦应认识到：在仅是教科书和教师才有发言权的时候，发展智慧和性格的学习便不会发生；不管学生的经验背景在某一时期是如何贫乏和微薄的，只有当他有机会从其经验中做出一点贡献的时候，他才真正受到教育；启发是从授受关系中、从经验和观念的交流中得来的。

教育名言

真教育是心心相印的活动。唯独从心里发出来的，才能达到心的深处。

——陶行知

董老师的剪刀

我师范毕业后，应聘到这所学校，很幸运地和董老师在一个办公室工作。新学期第一天，我一进门就看见好多孩子围在董老师的身边。我好奇地走过去，只见她正捧着孩子的小手，拿一把小剪刀，仔细地在修剪着学生的指甲。她的神情专注而慈祥，仿佛那一双小手就是精致的艺术品。

董老师一边修剪一边叮咛："要讲卫生，指甲长了会藏细菌的，要及时修剪。自己剪指甲时要注意安全，别弄破手指。"

孩子们静静地听着，是那样温顺，那样乖巧。

有一次课间，有个学生来报告："董老师，有两个学生在教室里打架呢。"董老师赶紧跑过去，一会儿，就领着两个"肇事者"进来了。只见他们满身是灰，一个耷拉着脑袋，另一个昂着头。董老师语气严厉地说："把手伸出来。"看这架势，两家伙要挨板子了。

两位学生不敢违抗，乖乖地伸出了手。让我惊讶的是，董老师从抽屉里拿的不是板尺，而是剪刀。她拉过学生的手，把他们那长长的指甲都修剪整齐。再看两个学生，他们都惭愧地低下头，眼里含着泪。

指甲剪完了，董老师没有一句批评的话，只是淡淡地说了一句："回教室吧！"

我不由得暗自赞叹。一个看似无心的举动，却让两个孩子惭愧地流泪了，比多少批评都有效。

董老师常说：“教育学生，只能像春雨一样‘润物细无声’，绝不能像暴风骤雨那样，更不能如山洪暴发，那样只会使学生害怕，绝对得不到尊重。”

一把小小的剪刀，潜藏着深刻的教育智慧。我想，学生们也许都会记住这样一位母亲般的老师，记住老师为他们剪指甲这个动人的情景。

教育不仅仅是一种教化，更是一种感悟。董老师就是让学生感悟到了“爱”，受到了触动心灵的教育。在教育过程中，我们应该少一点浮躁，少一点功利，多一些富有灵性的方式和方法。让我们用春雨般的爱去浸润学生的心田，哺育他们茁壮成长。

（成　平）

延伸思考

教育教学如何打动人心，如何拨动心弦？重要的地方在于从学生的生活出发，从学生的生命体验出发。什么人、什么地方、什么时候尊重孩子的生活，设身处地地去体察与同情学生的心境，教育的意义就诞生了。请记住英国教育家斯宾塞说过的一句名言：“野蛮产生野蛮，仁爱产生仁爱，这就是真理，待儿童没有同情，他们就没有同情，而以应有的友情对待他们就是一个培养他们友情的手段。”

教育名言

学校最大的浪费是由于儿童在学校中不能完全自由地运用他在校外获得的经验；同时，另一方面，他又不能把在学校所学的运用于日常生活。

——杜威

“我不喜欢老师永远都拿着一本教科书”

穿过仍然沾着泥点的廊道，躲过孩子们欢笑打闹的丛林，我们走进灵武市二中初一（5）班的教室。正值课间，两名学生正在给大家的桌上摆放各种各样的蔬菜。这是我们第一次看到那么多绿色植物走上课桌，与书本摆在了一起，这样的新鲜感，也同样地写在了孩子们的脸上。一声上课铃，让各色衣着、神态各异的一群学生瞬时归入座位。“今天的科学课，我们要与蔬菜‘交朋友’。大家看见桌子上摆放的蔬菜了吗？现在就4人一组，认识各种蔬菜，把他们的名字、子叶类型、食用部位等填在你们课本的第64页那张表里，4人填的东西不能相同。”老师微笑着给学生布置任务。安静的教室立即热闹起来，按捺已久的好奇心一下子爆发了。大家纷纷拿起他们熟悉的蔬菜，有带绿叶子的白萝卜，有大葱，有土豆等，真的是太熟悉了，但如果要说出它们的学名、可食用部位甚至双子叶还是单子叶，还是有点难。“老师，这是什么?”一个女孩的声音。我们转过头，却是四双好奇的眼睛。“菠菜。你们没见过吗?”我们笑道。“哦，对了，对了，是菠菜。”他们非常高兴。耳边又传来有趣的对话：“这是土豆。”“不对，是马铃薯。”“土豆就是马铃薯。”接着是一阵欢快的笑声。

因为每个人都要写与小组其他成员不同的植物，所以，大家必须互相帮忙、互相请教才能完成任务，而且没有人可以偷懒。

半个小时过去了学生仍然沉浸其中，老师则轻松地徜徉在学生中间，听他们的讨论，给他们个别指点。

“现在，请小组代表发言，把自己认识的蔬菜给大家讲讲。”

一个被老师观察已久的小组代表被首先叫了起来。

“韭菜的食用部位是根、茎、叶子。”话音刚落，周围的小手立刻踊跃地举了起来。

“不对，根不能吃。”

“能吃。”

一个全班性的讨论开始了……

在当时，这样的课是很新鲜的。多少年了，我们的课堂主要是传授知识，而且是抽象地传授知识，教学与现实生活的联系微乎其微。这样的科学课在以往最多是教师出示图片，然后介绍有关“蔬菜”的知识。学生也许学到了“科学知识”，但是很难将这些“科学”知识与现实生活中的具体对象有机地结合起来，也就是说，不能将书本知识与自身的直接经验发生联系，结果，“科学”知识始终是外在的，与生活无关，更与生命无涉，成了死的知识。

新课程希望改变这一点，强调教学要与生活相联系。于是就有了“蔬菜”进课堂的现象。当然，教学与生活相联系，不是要把课堂等同于现实生活，其目的是要让知识内化，成为学生“个人的知识”，只有“个人的知识”，才会催生思想，真正与人的生命成长相关。因此，新课程的课堂教学不是要生活化，而是要找到知识与现实生活、学生的生活相联系的部分，借由生活因素的激发，学生能够生动地、鲜活地学会知识、内化知识。这当然需要高超的教学艺术。把“生活”引进课堂，一不小心容易让“生活”变成主角，“知识”则成了陪衬甚至影子。如果这样，学科教学就迷失了方向。许多人批评新课程教学的生活化，正是担心“生活化”的课堂不见了知识，学科教学效率无从谈起。什么样的教师才能保证课堂既能与生活相联系，又不耽误知识的学习（甚至是更为高效地学习知识）呢？笔者以为，这样的教师必须对学科的基本知识有深入的把握，同时对儿童心理、学科教学规律也有深刻的认识。这是一个难题。很少有一线教师能够达到这样的水平。其实，即使是那些号称某学科专家的人，也未必就对本学科的基本知识有完全的、深入的理解。如对“把一个球抛向空中，这个球受哪些力的影响”这个看似简单的问题，连学物理的大学本科生也未必能回答正确。希望所有教师都成为课程、教学理想完美的实践者，是不现实的。

教学从来都不是完美的，不可能全面照顾学科知识的学习，也不可能完全转向生活化或者生活的现实运用。最重要的是在两者之间取得一个平衡，既要完成知识教学的基本任务，又尽可能把知识的学习置于生活或者学生的直接经验的土壤之中。对新课程课堂教学，不能总是从完美主义的角度来评判。有了这样的认识，我们对教学中的其他热点话题如预设与生成、合作探究与课堂效率、知识学习与人格精神培养等的讨论就不会钻进死胡同。

（赖配根）

延伸思考

陶行知的“生活教育”理论指出：“全部的课程包括了全部的生活，一切课程都是生活，一切生活都是课程。”“教育要通过生活才能发出力量而成为真正的教育，生活是教育的中心，因而教学不能脱离生活。”学生是带着“昨天、今天、明天”进入课堂学习的，课堂教学要回归到学生的生活世界，没有生活作底色的教学是苍白无力的，是索然无味的。教育力的最重要的方向应该归结为生活力。

教育名言

交往——是人们生活的主要之点，使儿童得到与我们交往的快乐：共同认知、共同劳动、游戏、休息的快乐——这是人道主义教育的主要方法。

——阿莫纳什维利

英语课，将快乐进行到底

当要我这个略显臃肿、看上去有些老而丑的男人走进教室的时候，我明显感到了孩子们的失望，我甚至听到了低低的惊呼声。在他们看来，英语老师都是女的，年轻、漂亮、时尚，而我却是个男的，虽然只有三十出头，却看上去既不年轻也不漂亮更别谈什么时尚，这大大超出了他们的想象，所以，他们如此“莫名惊诧”也就不难理解了。

先来一番自我介绍。我微笑着说道：“大家好，从这个学期开始，我们有了一门新的课程——英语课，而我就是你们的英语老师。”我在黑板上写下自己的姓并说道：“我姓刘，你们可以叫我——”“刘老师——”“很好，不过我是英语老师，你们最好用英语的方式称呼我，谁知道?”“米斯刘——米斯刘——”他们七嘴八舌地说道。我叫了一个小男孩，他怯生生地说道：“米斯刘。”“请坐。”我转身在我的姓前面写上“Miss”，说道：“Miss是小姐、女士的意思。”孩子们笑了起来。我笑着说道：“你们叫我Miss Liu，那我就变性了，成了刘小姐、刘女士了。”孩子们笑得前俯后仰，那个小男孩更是一个劲地拍自己的头，一边“嘿嘿”地笑着。“到底该怎么称呼我呢?”我问道。零零星星有几个举手的，我叫了一个挺精神的小女孩，她大声说道：“米斯特刘!”“Very good!”我说道：我示意她坐下，转身在“Miss”一边写下“Mr”，说道，“跟我读，米斯特。”他们就一起读：“米斯特——米斯特!”“那么，你们应该叫我——”“米斯特——刘——”他们一字一顿地说道。“听不见，大声一点——”“米斯特刘——”他们大声喊道。“Good!”我说道，“以后可千万别再喊错了，老师我可是纯爷们!”

“哈哈哈——”他们乐开了花，从他们开心的笑容中，我能感觉他们开始有点喜欢我了。我说道：“好了，我们从今天开始上英语课了，那么你对英语了解吗？谁能说一下？”“英语是主课，要考试!”“英语都是字母组成的!”“英语很好玩!”“英语不好学!”“英语很重要，外国人都说!”他们七嘴八舌地说道。

我接着问道：“你们喜欢英语吗？”“喜欢——”孩子们的声音响彻教室。“很好”，我说道，“有些同学对英语课不是很了解，我听他的声音有点假，不过，我告诉大家，我的英语课很好玩，很有意思！你一定会喜欢的!”

“哦？”孩子们睁大眼睛好奇地看着我。

“上英语课，我们可以做游戏!”“哦？”

“还可以唱歌!”“哦?!”

“还可以演小品!”“耶!”孩子们欢呼起来。

“Now，let's play games!”我说道，“现在我们就开始做游戏!”“好耶——”他们兴致勃勃地看着我。

“我说‘open your books’，你们就打开书，我说‘close your books’，你们就合上书。”

我笑着做手势说道：“听好了，open是打开，close是合上。OK?”“OK!”

“Open your books!”“Close your books!”“Open your books!”“Open your books!”……“老师他做错了!”“哈哈哈——”

“好了，我们继续做新游戏，我喊‘straight’，就是坐直的意思，你们跟着喊，然后迅速坐端正，OK?”“OK!”“Now，let's begin! Straight!”“Straight——”“Straight!”“Straight——”孩子们玩得饶有兴致。

“接下来，我给大家介绍几位朋友，以后他们每天就和我们一起学习英语了。Now，listen to me，Open your books!”孩子们齐刷刷地把课本打开。“我们翻到这一页”，我让孩子们看我的书，说道：“第一个是来自英国的小男孩，他叫——”“Sam——”“Good!”我在黑板上写下“Sam”，说道：“跟我读，赛姆——”“赛姆——赛姆——”

“他有什么特点?”“头发!”“头发是红色的!”“很短!”“Good!”我说道，“Sam的特点是一头红色的短发，记住了吗?”“Yes!”

“这是一个来自英国的小女孩，她叫Amy！她有什么特点?”“头发是黄色的!”“有两大团!”“像棉花!”“哈哈——”“OK，Amy 的特点是头上有两团金黄色的棉花!”“哈哈哈——”孩子们笑得东倒西歪。

“这是来自我们中国的小男孩，他叫大明，他有什么特点?”“头发是黑色的!”“头发刺刺的!”“像刺猬!”“爆炸似的!”“那么我们说，大明有个很酷的发型，爆炸似的刺猬头!”“哈哈哈哈——”

“这是来自我们中国的小女孩，她叫玲玲，她有什么特点?”“头发是黄色的!”“不对，是棕色的!”“应该是黑色的，稍微有点发黄”，我说道：“可能有点营养不良，零食吃太多了——”“嘿嘿嘿——”孩子们笑着。我继续说道：“还有呢？发型呢?”“也是短发。”“不对，是半头发!”“这叫齐耳短发，比如她的”，我叫起一个女孩：“和她的发型差不多。”“噢?!”孩子们的目光全部集中在她身上，她感到不好意思了。

“Now，let's play a game! 现在我们来做一个游戏，Straight!”“Straight——”孩子们迅速地坐端正。

“我说谁的名字，你就迅速地指出来，看谁指得又快又对，OK?”“OK!”

“Sam!”“Daming!”“Lingling!”“Amy!”“Daming!”……

“然后，看课本，我指到谁，你就迅速喊出他的名字，看谁反应最快，OK?”

“Lingling——”“Amy——”“Sam——”“Daming——”

……

一个月下来，孩子们已经喜欢上了我，而我也深深地爱上了这些可爱的孩子们。无论是在校门口、走廊里，还是操场上，只要是三年级的孩子，他们都会笑眯眯地对我打招呼：“Hello，Mr Liu!”我也笑着跟他们打招呼。教室里，我跟他们一起表演课文，我扮演 Tweet—Tweet，扇着翅膀，按着孩子们的命令指向窗户、门、课桌、黑板，每个与“胖鸟”合作的孩子都乐开了花。我跟孩子们一起唱 *hello hello*，*good morning sam*，一边做着动作一边唱着“Please stand up，Please sit down. Point to the window and point to the door”……

没有什么比这更快乐的了，人生至此，夫复何求？希望我们每个人都能发现并享受这种快乐，快乐地工作，快乐地教学，将快乐进行到底!

（刘延川）

延伸思考

在游戏中，每个人得以放松与舒展身心，在语言感悟中获得愉悦与审美。游戏与语文学习的有机交融是孩子们生长性灵，放飞想象，培育生命的敏感与敏锐的心灵的最好的方式。著名的教育家马卡连柯指出："儿童非常爱好游戏，我们应当满足这种爱好，不仅仅应当给儿童游戏的时间，而且应当使儿童的全部生活充满游戏。儿童的全部生活，也就是游戏。"孙云晓认为，没有游戏就没有童年，因为玩游戏是最适合儿童发展的认知方式和娱乐方式，玩游戏的过程就是学习的过程和成长的过程，其意义如在孩子心里埋下创造的种子和幸福的种子。我们在教学中要注意开发课程中的游戏资源，使课堂教学充满欢声笑语。

搭建科学世界与生活世界的桥梁

美国小学科学课堂上的科学故事

这是一个非常寒冷的早晨，因为两天前下了一场大雪。低温使一切都变得冰冷，冰雪覆盖了所有的一切。

住在本地的威尔森先生一早就起来，准备好以后，就向他任教的小学走去。他看到许多冰棒挂在屋檐下，在初升的太阳的照射下放出光辉，很让人喜爱。于是他伸手打断了其中几根较长的冰棒并将其带入他的三年级教室。

学生们在厚厚的冬装之外还另加了丝巾、手套和棉帽，陆续来到教室。他们都坐在自己的位置上。完成学校早上的例行事务以后，威尔森先生来到教室外的窗台前，他把早上拿来的冰棒放在那里。

他把这些冰棒拿给学生们看。问道："你们猜我是从哪里找到这些东西的?"

孩子们大叫着说早上他们到处都看到过这些东西。有的学生注意到曾在树枝上看到倒挂的冰棒，有的学生说曾在屋檐上和遮阳棚上看到过，还有一些学生说今天早上似乎没有看到任何冰棒。让大家都感到兴奋的是威尔森先生已经把这些冰棒带到了课堂上。他描述了他如何伸手去较低的屋檐下慢慢地将其弄下来，试图不让它们断裂。

接着，威尔森问道："你们在这些冰棒上都看到了些什么？

学生的回答各种各样，"它们很长"，"它们是冷的"，"它们是坚硬的"，"它们是尖的"，"当它们融化时就要开始滴水"，"如果你用它刺人，就可以对人造成伤害"……

威尔森说道："现在，让我们趁它还没有融化之时对它进行探索，你们的问题是什么？从这些冰块中你们想要发现什么？"

一些学生想要知道它融化之后的水能流多长，另一些学生则想要解决下面的问题：

"如果现在让它融化掉，那么它的重量是否发生变化？"

"它们融化后，颜色是否会发生变化？"

"它们融化后，我们能否把它们再恢复成现在这个样子？"

"它们的味道是怎样？"

……

然后，具有同样兴趣的学生便三五一组地组织起来，找相关的研究工具，积极地投入对所提问题的探索中去了。

……

新课程主张"科学世界回归生活世界"，其理由是我们当下的教育过于重视科学世界的活动而忽视生活世界的基础。长期以来，我们的教育往往只重视知识的传承，教师采取"告知"的方式把学生当成知识的容器，当成考试的机器。学习内容固定，学习方式单一，问题和答案标准统一，忽视学生个性，忽视学生的认识、体验和感悟，这样的教育无意中剥夺了学生思考、体验、发现和创造的权利。孩子只会服从、接受，不会探究和创造，迷信权威，迷信书本，压抑自己内心的感受，教育成为共性的教育，缺乏个性的风采。

把"回归生活世界"作为打破科学世界禁锢、张扬生活世界的旗帜的口号，在一定历史时期是必要的，但是，把它作为我们新课程追求的目标则是不科学的。因为，教育确实需要科学世界，我们不能从科学世界跳到生活世界中去。正确的做法应该是搭建科学世界与生活世界的桥梁。

那么，如何搭建科学世界与生活世界的桥梁呢？以下几点是必要的。

（1）精心设计教学活动。教师要彻底抛弃上课就是讲课的陈旧观念。

在传统教学活动中，教师往往把备课理解为写教案，或者抄教案，更有甚者把教案当成了“负担”。这样的备课就如同作秀，把备课理解成为设置课堂预案、规定程序。这样的备课，往往是以教师对课文的理解代替学生的心灵感悟，甚至是教师把自己的阅读感受设置为教学目标，从而把它们强行灌输给学生。这同新课程所提倡的“自主、合作、探究”的学习方式相冲突。上课是有组织教学活动，备课要设计师生活动。“焕发出生命活力的课堂才是理想的课堂”，这样的课堂也是我们新课程所追求的课堂。一堂好课应该体现在师生的共鸣、学生有新的体会与感悟等方面。新课程的出现改变了教师不顾学生反应只顾自己满堂灌的风气。新课程的理念是，一个平凡的教师应该把自己的生命和学生的心灵相融，课堂应该是师生互动、心灵对话的舞台，而不仅仅是优秀教师展示授课技巧的表演场所。课堂教学的互动性要求教师在备课时应充分考虑到这一点。无论是在设计教学环节还是在教学提问的设置上，都应该有充分的师生互动的内容，如果教师下在备课上下工夫，不多思考，那么他在实际教学活动中必然是一言堂或“填鸭”式。

(2) 教学的内容设计要充分联系学生的生活实际。教育的内容和形式必须贴近学生的生活，反映学生的需要，让他们从自己的世界出发，用自己的眼睛观察社会，用自己的心灵感受社会，用自己的方式研究社会。学生是自己生活世界的主人，我们成人虽然曾经历这一世界，但一旦离开这个世界，就认为学生世界里的行为或想象幼稚、好笑了，甚至感到荒诞离奇、不可思议了，于是便以成人的想法、规则去要求、训练甚至是束缚学生。教师只有尊重学生的人格，尊重其认识、体验和感悟，尊重他们的喜、怒、哀、乐，才能成为学生的朋友，才能引导他们更好的成长，成为成人世界派往儿童世界的“大使”。

延伸思考

卢梭先生认为：“这些知识和成人生活相隔已如此之远，和儿童的生活就相隔更远了，假如儿童能利用其中的任何部分，那真是一桩奇事呢！”要想真正贴近儿童生活，有两个途径：一是从内容上选取符合学生心理特点和接受能力的、贴近儿童生活，富有生活情趣的教学内容；二是教育教学的组织形式要灵活、多样，有艺术性，富有生活情趣，符合儿童的认知特点。有位名人说过："教育的内容和形式必须贴近儿童的生活，反映儿童的需要，让他们从自己的世界出发，用自己的眼睛观察社会，用自己的心灵感受社会，用自己的方式研究社会。"学生最终要走向社会、走向生活，新课程唯有反映社会及生活的需要，帮助学生了解社会生活，使学校成为社会生活的一部分，才能真正体现课程的本质功能。

教育名言

学习是主动的，它包含着心理的积极开展。它包括着从心理内部开始的有机体的同化作用。毫不夸张地说，我们必须站在儿童的立场上，并且以儿童为自己的出发点。

——杜威

第三章 Chapter 3 有效教学发展思维

主题感悟

有效教学应启思开智

古人云，读书以治愚。读书本来的目的就是为了去除愚妄，求得聪慧，然而，不少人到学校读书、受教育反而致愚。就如不少有识之士所抨击的“学生被越教越傻”。著名的特级教师于漪在《我和语文教学》中指出，教师要做一个开窍人。开窍之道在于一个“灵”字，教师讲课的关键在于一个“点”字，点在学生的心扉上，洞开学生的心窍，使学生能独立地进行学习、独立地思考问题、孜孜以求地寻找正确的答案。教学中做“开窍人”最不容易，然而又最重要。如若得法，师生之间就会出现“心有灵犀一点通”的佳境。由此可见，课堂教学非常重要的使命就在于启发人的思想智慧，而不是“锢聪明，闭智慧”。

1. 启思开智是课堂教学的重要而长远的使命。教学就是通过开凿智窍，增进学生生命的智性、理性和灵性，使其灵机触动、灵明焕发，从而促发生命“内在地成长”。

朱永通老师在一次交流中谈到他某次去某中心小学听课的一件事，让我深受启发。他去听一位一年级的教师上《两只狮子》一课。《两只小狮子》是一篇童话故事，主要讲述了两只小狮子的不同生活态度：一只小狮子非常刻苦，整天练习滚、扑、撕、咬的生活本领；另一只却整天懒洋洋地晒太阳，什么也不干，他认为凭着父母是林中大王的地位就可以生活得很好。狮子妈妈知道后，教育懒狮子，父母会老，不能依靠父母的本领和地位生活，应该自己学会生活的本领，做一只真正的狮子。在课堂教学最后一个环节，教师问学生："你们是喜欢哪一只狮子呢？"学生异口同声地说喜欢那只勤劳的狮子，不喜欢那只懒狮子。教师非常满意地总结道："对，同学们真是好孩子！勤狮子天天练习滚、扑、撕、咬，懒狮子却懒洋洋地晒太阳，什么也不干。我们要向勤狮子学习，从小刻苦学习，学会生活的本领。"后来，朱永通老师回家去问他上一年级的女儿。他女儿还没学到这篇课文，朱老师就让女儿读了这一故事。之后，他问女儿喜欢哪一只狮子。他女儿说："如果是人类，就不喜欢那只勤狮子，因为他练的本领越高，人就越会被咬伤；如果是狮子，当然喜欢那只勤的……"朱老师问："那么，如果你是狮子呢？"他女儿回答："那也说不准啊，我都喜欢啊。学习的时候学那只勤快的狮子；累的时候可以学学懒狮子……"

孩子的思想真的是千奇百怪，作为成人也许永远不能理解其丰富与微妙之处。教育者要做的事是任其疏枝横斜，情思激越，而不是修枝剪叶，横加删节，对其进行横平竖直的"规驯"，使之平庸甚至愚笨。

美国要素主义教育家认为，蕴藏在儿童身上的智力和道德力量的资源不应该被浪费，这是学校教育的真正的根本利益之所在；学校要提高"智力标准"，注重思维能力的严格训练。贝斯特强调说："真正的教育就是智慧的训练。""思维也许不是生活中最重要的技能，但对学校来说，却是最重要的；同时，智慧的训练也许不只是学校的职责，但归根结底是学校存在的理由。"

对于学生而言，也许学了多少知识，学了什么知识会随着时间的流逝而不断流逝，而当他们丢掉了课堂笔记、作业、课本，忘掉了为考试而识记的内容后，在他们脑海深处留下刻骨铭心的烙印的，就是思维方式与思想习惯。哲学家黄克剑认为，教育通过三个相互贯通的层次来完成陶冶人的使命：即知识的授受、智慧的润泽、生命的点化。而在我看来，智慧的润泽是知识的授受与生命的点化的核心枢纽。知识的授受须仰赖于开启智慧；智慧的润泽又是生命点化的基点与元气。没有智慧的开启，知识的授受就成了一种沉重、机械的堆积；没有智慧的开启，生命的点化就成了一种不切实际的痴人说梦式的妄想。

2. 启思开智是教师教学的功力及智慧的指向及凝聚。束手束脚的教育只能教育出呆头呆脑的学生。启思开智融汇教师全身心的精、气、神、灵、技、法，自然而然，教师便可以在胸藏万壑中显出云淡风轻的潇洒。同时，学生也因之而思如泉涌，奇思妙想异彩纷呈。

美国著名的教育家布鲁纳认为，学习的最好状态就是思维，而思维的核心要素是思维方式。要建构有生命活力与思想活力的课堂教学生活，重要的是要关注学生的思维状态与思维方式，教师应以灵妙的智慧金钥匙来开启学生的心扉。那么，课堂教学中怎么开启学生的思维呢？

（1）教师在课堂教学中要有充满智慧的预设意识。预设与生成的关系如同根系、枝叶与花果的关系，只有根深须旺，才有枝繁叶茂，才有花香果甜。我们在课堂教学预设中要有儿童意识，要有尊重精神生活的虚灵性的时空意识，不能将设计定为一成不变、满满当当的填表程序。

如何使教学充满磁性与魔力呢？如何让学生们兴味盎然地投入课堂教学的积极脑力劳动与智力生活中呢？瑞士著名的心理学家皮亚杰认为，当感性输入与学生已有的认知结构之间具有中等程度的不合适时，人的兴趣最大。无独有偶，美国著名的心理学家奥苏伯尔也提出，教师的职责就是使学生对学习本身感兴趣。要使学生对学习本身感兴趣，最好的办法就是让新知识与学生已有的知识结构之间有适当的距离。这两位心理学家不约而同地倡导学生在学习时应有中等程度的“新旧矛盾”或“内外差异”。因为，如果学习的知识内容与原有的知识结构及基础太一致了，就容易导致“熟悉的地方无风景”。对充满智慧的教学设计的思考也可以从维果茨基的“最近发展区”理论中吸取智慧与营养：跳一跳摘果子，捡的果子、别人赠送的果子、随手可摘到的果子都是不甜的。跳一跳，摘到的果子才甜。教师在教学设计时要通过一定的方式来刺激、引发学生产生认知不协调，使学生的思想、观念、看法与新的知识结构产生矛盾与不和谐。善于设疑，让学生有困惑与矛盾才是教师的可教学时刻，学生才会情不自禁地“卷人”学习，才会情不自禁地“卷人”思考。

《通书》曰：“思曰睿，睿作圣。”“故思者，圣功之本。”伊川曰：“人思如泉涌，汲之愈新。”曾国藩有言：“不深思则不能造于道，不深思而得者，其得失易……”教育教学设计就是要有发人深省，引人深思的力量与功效，否则，课堂教学生活就会显得平淡乏味，如同温开水，没有灼人的烫，也没有刺骨的冰，只是一味地“不冷不热、不温不火”，学生的思想感情也就常常处于“不生不死、不咸不淡”的地带。正是，平淡无趣的教学设计导致平庸的教育，产生了数以万计的不会思考的“庸人”。

（2）课堂教学要倡导倾听与宽容“另类”的意识。印度著名的哲学家克里希那穆提提出，为达到生命的智慧与光明就要努力消除内心的恐惧。课堂不能成为增加孩子恐惧与痛苦的场所。从这一点上讲，教师的意义就在于创设相互信赖、鼓励分享、富有心理安全感的和谐的课堂。这就意味着课堂成为“倾听”丰富与宽容“异端”的中心。唯有这样，才能让各种各样、多姿多彩的思想如野花野草般自由生长、自由舒放。

著名作家龙应台曾在文章中大声呼喊：“中国学生……完全没有独立思考的能力……要知道，不敢质疑、不懂得质疑是一种心灵残障；不管是谁，用任何方式，也不管是有意或无心去禁止质疑、阻碍思考，就是在制造心灵残障……”考之以现状，我们的教育教学在无形中确实以循规蹈矩为准则，以整齐划一为律令，将学生与众不同的、特立独行的想法“教导”成人云亦云的应和与附庸。不鼓励学生进行思想冒险的课堂教学是精神生活与智力生活的失败与沉陷。思想的课堂需要清新的空气。

只有课堂充盈着自由、民主、开放的气息，学生才能在自由自在的氛围中成长，在浸染中滋护天性发展个性，在人性化的学习中获得独特的体验。

也许张中行先生对于教育的看法更能引发我们更深的思考。张中行先生在回答有关记者“什么是成功的教育”之类话题时说：“我想起了一个故事，德国的小学教科书说打败拿破仑完全是德国人的力量；英国的小学教科书说打败拿破仑是英国人的力量。罗素主张把这两种小学教科书放到一块儿让孩子念。有人就担心，说你这样让孩子信什么呢？罗素说，你教的学生他不信了，你的教育就成功了。”成功的教育最重要的就是在培养一颗永葆怀疑精神的心，就是在培养一个学会独立思考的人。

著名的教育家赞科夫在《和教师的谈话》中非常精到地指出，教师竭力要使一切都显得有条不紊，无懈可击，但是年龄那么小的学生不可能把一切都做得完美无缺，于是成年人就提供现成的格式，学生只要记住这些格式，然后照做照写就行了。有时候，教师把每一个步骤都告诉学生，儿童充当执行者的角色，只是偶尔加进去一点自己的东西。在现实课堂教学中，如果教师的教学仅是为了按程序让学生按格式来照搬照做，那么，教师就无暇也不愿理会学生的任何与教师心中标准答案无关的信息。为了顺利起见，教师甚至还会封闭和阻隔学生的表现与表达。而上述作文描述的案例中，我们看到了一幅课堂教学的美好图景。

教师要在教学中尊重学生的问题意识。教学过程是孩子的自我保认、自我发展的过程。教育者应关注儿童的声音，对孩子即使是微不足道的发现都抱以惊奇和新鲜感并投之以激赏与赞许。因为今天的课堂创见将引发明天的发明创造！教师要营构容纳“异端”尊重“叛逆”的心态与氛围，为每个人的问题意识喝彩，视课堂为思想的发源地，为心灵的启辉器，为情感的发电站，为思绪的推动力……于是，学生不唯上、不唯书，敢于挑战权威，勇于张扬自性。教师要善于导引学生进行创造性学习。北京师范大学的王策三先生认为，课程知识中的“珍宝”不会自动地呈现出来，也不能简单而直接地拿来，所谓将知识打开，就是把知识原始获得的实践认识活动方式和过程加以还原、展开、重演、再现……使学生个体“与人类总体‘相遇’”。在这一课例中，教师就是让学生个体与“课本知识”短兵相接，同时，在学生的思维火花一闪而过时，教师不是泼冷水而是以赞赏之风来助长思维的火势，使学生燃起心灵之火照亮探索之路、智慧之路。孩子在个体性的摸索与思索中获得了与众不同的答案，取得了令人意想不到的成功，这在无形中已为其终身发展奠定了坚实的基础。个性化的学习、创造性的学习正是我们所倡导的。

马丁·布伯认为真正的对话是“每一位参与者都真正心怀对方或他人的当下和特殊的存在，并带着他自己与他们之间建立一种活生生的相互关系的动机而转向他们”。真正的“对话”来自于真切的“倾听”；真正的倾听其实质上就是一种真诚自由平等的“对话”。正是教师在听到异己、异样、异常的声音时，非常友善、非常坚定地转向学生，站在学生的立场上来进行教育教学，才迎来学生满心热情的探究性学习。

（3）课堂教学要创生让学生自由思考的时空。思想从来就没有壁垒森严的界限。如果思想有边界，那么，它的边界就等同于宇宙的边界，它的边界就是人类心灵与大脑的边界。课堂是人类思想的最原初的、最活跃的实验室。我们渴望在思想的大海中看到千姿百态的浪花；我们渴望在思维的广阔的天空中有舒卷自如、千变万化的云朵。作为一名教育者，要深知不支持开放思考、不鼓励自由思想就无异于囚禁光明、囚禁文明。

课堂教学不仅要诱发学生主动思考，不仅要倾听学生个性化的思考，而且还要想方设法创生让学生自由思考的时空。苏霍姆林斯基讲得十分深刻——真正的学校应当是一个积极思考的王国。

我们的许多课堂教学与思考都无一例外地有一个独一无二、绝对正确的标准答案。学生受到表扬的重要原因就是把课本中写的、教师教的内容一字不差地在提问、作业与考试时复制出来。因为，只有这样才能猎取高分，才能让家长高兴，才能显示出教师的高明。正如我曾经在一篇文章中写道："我们的课堂教学更多地呈现出这样的形态：不注意课堂提问的质量，不注意问题的序列，不注意问题的开放区间……"教师提出来的问题制约了课堂教学的有效生成，如问题过于狭窄，无法进行多向思维，问题过于浅白，无法进行深入的思考。《学记》中谈到教学要"导而弗牵，强而弗抑，开而弗达"，但是现在课堂中的一些问题设计恰恰是牵着你的鼻子走，名为循循善诱，实是引君入瓮；名为开启心智，实为和盘托出；名为循序渐进，实为越俎代庖。设计太满了，不为学生的思维稍留余地。我们给孩子思考保留的空间太窄小了，它只能窒息灵性与慧根的发展，自由的思想无从呼吸。生命没有预留喘息的空隙，学生的思维的开阔性、灵敏性、独特性、深刻性久而久之将消失殆尽。

课堂教学中，教师甚至没有给学生腾挪回旋的余地。许多教师想在每时每刻都要使学生及课堂的一切细节尽在掌握之中，要知道，在思想的探险中，墨守成规者往往一无所获，在小径分叉的地方才可能有一座令人心驰神往的神秘的花园，无数的分叉小径通向无数的美妙风景。自由的思想总是诞生于开放的时空之中。

教育名言

凡是教师能够讲述、能够传授的知识，多半是死的、凝固的、无用的知识；只有学生自己发现、探究的知识，才是活的、有用的知识。

——罗杰斯

有效教学智慧

《松鼠》的结尾是不和谐的音符吗

学习法国作家布丰的《松鼠》时，在指导学生反复朗读课文的基础上，我让他们提出自己的疑难问题或是自己感兴趣的问题。

一个学生说：“老师，我认为文章最后一个自然段的最后两句话是这篇文章中的一个不和谐的音符。”

我笑着问：“为什么你会得出这样的结论呢？”

“我没有亲眼见过松鼠，读了这篇文章，了解到松鼠原来是个漂亮、驯良、乖巧的小动物，我感觉自己很喜欢它。可是，文章最后却说：‘松鼠也是一种有用的小动物。他们的肉可以吃，尾毛可以制成画笔，皮可以制成皮衣。’我在读到此处时，感到很别扭。如果我们真心喜欢一个小动物，比如说小狗，我们在夸奖它一番后，会告诉别人它的肉可以吃，皮可以制成皮袄吗？”

或许，以前的学生也有这一想法，只不过作为老师的我从来没有给他们这一机会，让他们畅所欲言。课改后，正因为我们在教学中关注学生，关注学生的问题，尊重学生读书的感受，学生才敢于提出问题，乐于提出问题，能够大胆发表独立的见解。作为老师，我欣赏学生独立思考的精神，喜欢他们读书时的鲜活感受，也在努力为学生营造宽松、和谐、民主的学习氛围。于是，我进一步鼓励道：“你敢于向课本挑战，很了不起。同学们，你们当中有没有人同意这位同学的观点，认为这是不和谐的音符呢？”

陆陆续续有几个学生举手。

“那就请你们继续说说你们的理由吧。”

一学生说：“本单元的单元主题中有这样几句话：‘你一定很喜欢动物吧？动物和人类一样，是地球这个大家庭的成员……了解这些动物的外形、特点、习性，将唤起我们对动物世界生存状态的关注，激发我们关爱动物、保护动物的热情。’我认为课文的结尾与本单元的主题是不吻合的。”

另一学生说："布丰生于1707年，死于1788年。可能人们在18世纪还没有环保的意识。今天我们读这篇文章的时候，读到松鼠可以吃时感觉别扭，可能是我们在感情上已经把松鼠当做了朋友。"

又一学生："《松鼠》是本单元的第一课，《松树金龟子》是本单元的第二课。在单元预习课上，我曾经比较着阅读两篇文章的结尾，坦率地说，我更喜欢后一篇文章的结尾：'松树金龟子的危害，照我看来，成不了灾……如果我是松树林主人的话，我对它造成的小损失不会太放在心上。茂密的松林被吃掉些树叶，损失点松针，算不得重大事件。别去打扰它吧！它是暑天暮色的点缀，是夏至那天镶在天幕上的漂亮首饰。'"

这位学生读得很动情，他读完后，教室里爆发出一阵热烈的掌声。

突然，一个学生把手高高举起。

我问："你有话要说？"

一学生说："我不同意以上几位同学的观点。今天刚开始上课的时候，老师就告诉我们，这篇课文是一篇科学小品。我想科学小品属于说明文，说明文是给人以知识的。这样结尾，既照应开头的'很讨人喜欢'，又点出松鼠的用途，加深人们对可爱的小松鼠的了解，首尾呼应，结构严密，介绍完整。"

另一学生说："我想，有些同学认为这篇课文的结尾是不和谐的音符，可能是因为他们太喜欢小松鼠了，担心人们一旦知道松鼠的肉可以吃，就会去捕杀松鼠。如果仅仅是因为这个原因而不愿让作者说实话，那不是在搞愚民政策吗？其实，当我们了解到松鼠不仅漂亮、驯良、乖巧，而且它还是一种有用的小动物时，你不觉得更喜欢它们了吗？"

教室里静下来了，学生热切地望着我，他们在期盼着老师的"答案"。

我深知，在课堂上常常会遇到这种对同一个问题"公说公有理，婆说婆有理"的情形，大多数时候，到底谁说得更好，在以往，教师是需要有明确的态度的，对学生而言，老师的表态便是一个"权威"的答案。面对学生热切的目光，我深情地说道："如果有一天，你们做了课本的编者，认为结尾是不和谐的音符，在编教材时可以将最后几句话删掉；认为结尾是和谐的，就继续保留这种结尾吧。"

下课了。我的这种做法是否合适呢？我不止一次地问自己。虽然至今没有明确的答案，但有一点是可以肯定的，那就是无论是赞同还是反对，他们关心松鼠的命运、喜欢松鼠的感情都溢于言表，而这不正是本课的情感目标吗?

这一节课上完后，开头的那位学生提出的问题引起了我深深的思考。显然，在实际生活中，我们是不会在介绍小动物之后，说它的肉可以吃，皮可以制成皮袄的。可是我在备课时怎么就没有这种“别扭”的感觉呢?怎么压根儿也没想到学生会有这种感觉呢?是因为这篇文章我已经烂熟于心，我闭着眼就说出这一段写了什么，一切都熟视无睹的缘故吗?看来，教师尊重学生读书的独特感觉，教师本人也应该走出习惯思维的束缚，拥有自己的读书感受，进而尊重自己的读书感受。

（单咏梅）

延伸思考

雅克·德洛尔先生在《教育的四个支柱》中说：“最后，教学形式本身不应与这种对他人的承认相违背。一些教师由于教条、武断，扼杀学生的好奇心或批评精神，而不是反复培养他们的好奇心或批评精神，他们这样做可能害多益少。”尊重学生独特的思维方式，有时不仅仅是培养思维问题，还可能是心灵与思想自由的问题。

教育名言

立言但论是非，不论异同。是，则一二人之见，不可易也；非，则千万人所同，不随声也。岂惟千万人，虽千百年同迷之局，我辈亦当以先觉觉后觉，不必附和雷同也。

——颜元

重新解读“程门立雪”

语文书上有一个成语故事，叫“程门立雪”。它说的是宋朝有一个叫杨时的人，读书遇到疑问，就去请教老师程颐。杨时来到程颐的家门口时，得知老师午睡还没有醒，他不想惊醒老师，就站在院子里等待。那时正下着大雪，等程颐午睡醒来，杨时身上已经落满厚厚的雪花。程颐非常感动，赶紧把杨时让进屋去。这个成语故事后面附有一个问题："请同学们想一想，这个典故中包含什么道理?"

张老师已经看过教参，知道答案是什么，但是故意不告诉学生，他要让学生开动脑筋，自己找到正确答案。他照例请学生们先想想，想好的就举手发言。他的话音刚落，就有个学生举起了手。

这个学生叫王威武，是全校有名的打架大王，没少给班级抹黑。张老师不相信"打架王"能找到正确答案，就叫他再想想。王威武却说已经想好了。张老师不得不让他发言。王威武站起来，大声说："这个成语故事包含的道理是，杨时是个伪君子，我们不能像他那样装模作样。"全班同学哄堂大笑。张老师脸色铁青，喝令王威武坐下。学生看见老师生气了，赶紧收起笑，课堂上鸦雀无声。接下来，任张老师怎么鼓励，也没有人发言了。张老师只好把教参上的答案直接告诉学生："这个成语故事说明，读书应该像杨时那样，尊重老师，虚心求教。程门立雪是尊师的典范，而不是王威武同学说的装模作样。"

下课后，王威武跑过来说："张老师，杨时确实有毛病，我……""是你自己有毛病!"张老师打断他的话说："你要好好向杨时和同学们学习，不要往歪门邪道上想。"王威武讨了个没趣，就不敢吱声了。

此后，王威武经常翻看"程门立雪"这个成语故事，整天皱着眉头。张老师怕他憋出什么病来，就问他有什么心事。王威武说："老师，你会不会讲错啊?"为了打消王威武的疑虑，张老师破例把教参拿给他看。没想到，王威武竟然怀疑那上面也写错了。张老师很耐心地开导说："课本和教参都是很多专家集体编写的，出版后更有千千万万的专家、老师、学生看过、教过、学过，即使是小错误，也早就发现更正了。我敢保证，这个答案肯定是正确的。从宋朝到现在一千年来，人家都说'程门立雪'是尊师，难道古人今人都错了，只有你王威武一个人正确?你不要钻牛角尖了，免得耽误了学习。"

经过这次长谈后，王威武终于不再看"程门立雪"了，张老师以为自己的开导起了作用。没想到，有一天中午，张老师在房里休息，正睡得昏昏沉沉，有人拍打他的房门喊："张老师，快起来，你们班的王威武被晒晕了。"

张老师从床上跳起来，开门一看，王威武果然躺在烈日下，口吐白沫。

张老师吓坏了，立刻抱起王威武，飞奔去医务室。校医给王威武打了一针，过一会儿，王威武就苏醒了。

校长闻讯赶到医务室，得知王威武是站在张老师的门口被晒晕的，就严厉批评张老师不应该罚学生晒太阳。王威武有气无力地说："是我自己晒的，跟张老师没关系。"

校长问他为什么要站在烈日下，王威武说："我去向张老师请教问题，看见张老师睡午觉了。我不想惊醒张老师，就站在门外等他。"

张老师哭笑不得地说："你为什么不站在屋檐下，偏要站在烈日下，你脑子有毛病吧？"

王威武一本正经地说："张老师，杨时也是放着屋檐下不站，偏要站在院子里让雪淋，你说他那样做是尊重老师，我向杨时学习，怎么就成了脑子有毛病呢？"

张老师这才明白王威武站在烈日下的用意，他本想说，杨时被雪淋和你王威武被太阳晒是不一样的，可张老师实在想不出它们不一样在哪儿。

校长不知道王威武的用意，训斥道："故意让雪淋怎么是尊重老师？不懂不要乱讲。"

张老师拉拉校长的衣袖，小声说："教科书上确实是这么写的。"他顺便把王威武对"程门立雪"的质疑给校长说了，校长想了想，郑重地说："肯定是教科书写错了。我赞同王威武同学的意见，故意让雪淋和故意让太阳晒和尊重老师无关，只是作秀而已。就这件事来说，杨时毫无疑问是个伪君子。"

这看起来有点搞笑，有点夸张，有点荒诞不经。也许，生活中很少有像王威武这样不屈不挠、寻根究底的学生，然而，课堂中多的是像张老师一样死守一书，不敢、不能灵活变通的教师。没有怀疑精神和批判意识，阅读成了画地为牢，作茧自缚，读书而不辨粗细精劣，不识真伪善恶，不分良莠是非，一直食而不化，囫囵吞枣。这样的教学说严重一点是误人子弟。朱熹先生在谈到读书时，提出读书要一鞭一道痕，一掴一掌血，学习须如酷吏断狱直是推勘到底。否则，作为灵魂的出口的阅读，可能是生命的枷锁，可能是人性的萎缩，也可能是内心的自闭。

汉代王充提出要获得真正的知识，必须要打破唯师是从、唯书是从的心理。"学问之法，不唯无才，难于距师，核道实义，证定是非也。"要打破崇拜古人，崇拜权威的心理。对于古人，如果他们的言论与事实不符或前后自相矛盾，也要敢于提出质疑，对于错误要敢于否定，敢于批判。在独尊儒术、罢黜百家的汉代，人们对于孔孟敬若神明，而王充则是绝不迷信，在其著作中有《问孔》与《刺孟》这样的文章，他认为“迢难孔子，何伤于义”，“伐孔子之说，何逆于理”。学习文本只知一毫不差地拾人牙慧，那就是死读书、读死书，其结果只能读书死；教学文本只知脚随步跟、了无新意地老生常谈者，其结果就只能是死教书、教死书、教书死。正是这样，导致原本如此迷人而丰富的精神生活沦落为一种人生的桎梏与磨难。难怪德国著名的教育家第斯多惠先生在《德国教师培养指南》中指出，教师最不该照本宣科，要开动脑筋灵活教课，学生的真正课本就是教师的灵活思想。

文本的选择虽然是深思熟虑、精挑细选，但并不意味着它是尽善尽美、无懈可击的。文本需要追问，需要批判，需要鉴别，需要探求——否则，文本就会僵化死亡。同时，如果不假思索地阅读文本，大脑也会僵化糊涂。如果不加省思与究察，个人常常会在弥漫而来的文字中被淹没，被吞噬，被遮蔽……

笛卡儿强调“我思故我在”，而我们更强调“我在故我思”。尤其是在阅读中，“我思”可能成为叔本华所说的头脑成为别人思想的跑马场，看似欢腾热闹，结果仍是一无所获，甚至践踏摧残自己的一点慧根。这样就成了自我流放，阅读就无助于灵魂的自我成长与壮大。只有“我在”用我的情感、体验、经历去充实、唤醒潜沉在字里行间的生命，文本才能复活，思想才能被激活。一切有“我”在，阅读变得更精彩。阅读是思想的自我挣扎与建构，个性阅读能够出奇制胜，产生出人意料的惊喜，也能够平中见奇，常中出新，时时有灵光一闪的激动。发人所未发，见人所未见——六经注我非我注六经。阅读拒绝人云亦云的人形鹦鹉，也摒斥不思创造的两脚书橱，真正的阅读就在于涵育个性，淬炼独创性，葆育自性。其实，对于文本，师生都要有一种重估的勇气与信念，如颜元一样，不轻易地偏听偏信，不轻易地随声附和，而是用自己的眼光与脑髓来衡量来考察……

（杨汉光）

延伸思考

尽信书则不如无书，同样尽信师则不如无师。在书本权威与教师权威的压力之下，学生思维的空隙渐渐地越变越小，生命自由呼吸的时空也越来越狭小。教育是一种智慧的启蒙，不能成为一种使人蒙昧、僵化、不懂灵活与变化的木偶人与机器人的工具。

教育名言

教学的主要任务不是积累知识，而是发展思维。思维的训练，有助于学生拓展思路，培养创新精神。

——裴斯泰洛齐

学习的不仅仅是知识

这是我在别的学校借班上的一节公开课。内容是沪科版8年级物理实验教材（新课程标准）的第九章第二节“看不见的运动”。这一节旨在引导学生对物理现象进行分析，进而总结物理规律。

在验证气体分子的运动时，教材采用观察有色的二氧化氮气体和空气之间的扩散的实验。这个实验我觉得有三处不妥：第一，二氧化氮是有毒气体，操作中不可避免地会有部分泄漏，非常不适合在一间挤满了学生的教室里做；第二，这些气体必须在课前临时配制，这对同时带了几个班级的教师而言，非常不方便；第三，由于集气瓶自身体积的关系，实验的可视性也不强。

我在教学中改变思路，彻底对这个实验进行了改造，变视觉刺激为嗅觉刺激。取一瓶清新剂，瓶身事先用红色的即时贴包裹起来。我利用身边的人试验过，几乎所有人看到这种警戒色包装，第一个想到的就是杀虫剂。为了强化效果，我甚至还在瓶身上画了骷髅标记，给学生一个先入为主的“这是危险品”的概念。

当教学进行到这个环节时，我从仪器篮中取出这瓶特制“杀虫剂”，将骷髅标记对着学生，冲他们摇了一摇，学生看清楚后吓了一跳，可以明显地听到他们在下面小声说："是不是杀虫剂啊?"我当然立刻顺水推舟，承认是一种杀虫剂，而且告诉他们，为了实验效果明显，我还特别选择了一种杀虫效果好、气味比较明显的杀虫剂。面对明显开始显示出不安的学生，我要求他们将所有窗户关掉，自己又将电风扇关掉（上这节内容时已经临近暑假）。学生躁动更加明显，因为不知道我要干什么，所以纷纷猜测我的动机。当我告诉大家我会在教室中喷洒"杀虫剂"时，引起学生一片哗然，甚至立刻捂鼻子以示抗议。

我安慰大家："老师是要保护未成年人的，不会直接对着同学们的方向喷洒。"

学生立刻大声说："老师，我们还是会能闻到味道啊!"

我很惊奇地问："为什么呀? 我对着教室黑板方向喷，你们会闻到什么味道?"我摆出一副你若不能有相当的理由说服我的话，我当然还要进行下去的架势。

有学生指出："味道是会到处传的。"

我追问："味道怎么传过来呢?"

另一个学生立刻说："是被风吹过来的。"

但是，马上就有学生反驳："老师把电风扇都关掉了，窗子也关上了，哪来的风?"

又有学生说："气会跑，气跑到我们这儿，我们就闻到了味道。"

我又问："气为什么会跑?"

这时，已经有学生想到前面才学到的物质由分子构成的内容。于是说："气体是分子构成的，是分子会跑。分子在到处跑，所以才能闻到味道!"

这句话一说，立刻引起大家的共鸣和认同。此时，已经达到了我的教学目的了，但是我还要板上钉钉，加深学生的印象。于是，我强调，这个理由虽然看起来很合理，但是不是我对着黑板喷药，同学们真的就能闻得到，这个结果还没有得到证实。我再次强调实验在物理中的重要性，"循循善诱"："不入虎穴，焉得虎子?"直到此刻，还有学生以为我只是逗逗他们玩，不会真的在教室里喷洒这"有毒的杀虫剂"的，没想到我真的是要求他们放下手来配合我的这个实验，几乎都傻了眼。

愁眉苦脸的学生们只好眼睁睁地看我对着教室的前方进行了喷洒。5 秒钟，10 秒钟，15 秒钟……渐渐地，从前排到后排，学生纷纷笑了起来，后面的学生不知道怎么回事，急得大声问前面同学："怎么啦，怎么啦?"课堂气氛达到了高潮。

幽默和新鲜的知识结伴而行，气体分子是在不停不的运动中的这个知识点非常轻松地得到了全班学生的认同。学生的情绪也已经完全放开，非常有利于后面内容的学习。这时，我再将话题稍微延伸，请他们思考如果仍采用课本的方式教学，有什么利弊，能不能改进，如果让他们自己课后再设计一个实验来替代，那又该有什么好的方法。将课堂教学很轻松地延伸到了学生的课余生活中去。这节课，我不仅希望学生能掌握相关的物理知识，还希望他们能知道，创新其实离他们很近。江泽民同志说过："创新是一个民族的灵魂。"学生的创新程度与老师也有很大的关系，一个保守的、只能照搬课本的老师，很难想象他（她）的学生会有多大的创新。所以，我希望用自己的身体力行作为示范，激发学生的创新意识。

（黄　伟）

延伸思考

创新是一个民族的灵魂，作为灵魂的工程师，我们应该充分利用不同年龄段的学生的心理、生理特点，精心设计每一堂课，充分挖掘学生的兴奋点，不要按部就班，照本宣科。传统的教育方式在一定程度上扼杀了学生思维的创造性，因此，我们不能穿新鞋走老路，更不能对学生的不同见解一票否决，即使学生的一些观点听起来很不可思议，但一些在过去看似不可能的事都一一在今天实现了。学生就像是一株株幼苗，我们倾注给他们的不应当仅仅只是所谓的"肥料"，更多的是阳光、空气、雨露……

教育名言

大自然希望儿童在成人以前就要像儿童的样子。儿童有他特有的看法、想法和感情，如果想用我们的看法、想法和感情去代替他们的看法、想法和感情，那简直是最愚蠢的事情。

——卢梭

童言无忌

（一）

有一次，我在河南讲课的时候，对父母说要允许孩子表达自己的想法，应该让他们童言无忌。课后，一位年轻的母亲找我说："怎么能让孩子童言无忌呢？"她对我说，她的儿子6岁，上小学一年级。上课时，老师提问："同学们，你们想想看，人的身体哪儿是对称的？"小朋友一听乐了，纷纷举手，说了眼睛、鼻孔、眉毛、耳朵、手、脚等。她的儿子坐在后排，手举得特别高，老师让他说。她的儿子腾地站起来，大声说："老师，人的两个屁股是对称的，男孩的两个小蛋蛋是对称的，我妈妈的……"老师大怒，吼道："你坐下！"同时，狠狠地瞪他一眼，不知他还要说什么呢。下课后，老师马上找了男孩的母亲，激动地说："你可得好好管管儿子，不得了啊！"这位母亲一听急了，马上找儿子训话，说："儿子，你上课怎么能说这些呢？"儿子听不懂妈妈的话，答："哼，他们都不知道，我才知道呢！"这位母亲急得不知所措："您说，我儿子6岁就这么乱七八糟，长大了会不会变成流氓啊？"我说："6岁的孩子不会产生你所担心的问题。我们不能用成年人的思维揣度孩子，更不能用道德的甚至政治的标准评价儿童的某些言行。其实，你们应该表扬孩子观察得很准确，童言无忌才能健康成长。"

还有一次，我到湖北某地讲课。讲完了课吃中午饭，坐在我前面的女老师老想说话，可又欲言又止，最后终于向我提了问题。

她小心地说："孙教授，你讲课的时候说过，孩子从小要与父母分床睡觉，独立睡觉对孩子的心理、生理发育都有好处。可我的孩子都九岁了，非要跟着我睡觉，手还非要放在某个位置。我跟他讲了很多次道理都不行。我先生有点不高兴了，就找儿子谈话：'儿子，你都九岁了，是男子汉了，男子汉应该自己睡觉。'我儿子眼睛突然一亮，指着爸爸说：'你更是男子汉，更应该自己睡觉了。'他爸爸一听急了，说：'你懂什么，这是我老婆！'儿子想了想说：'那我现在跟你老婆睡觉，将来你跟我老婆睡觉……'他爸一听说急了，这不是乱伦吗？非要揍孩子。这可怎么办呢？"

大家冷静想一想，这个孩子黄吗？其实孩子天真无邪。孩子说的这些话表明了儿童的一种推理方式，我把它叫做“顶针式”推理：你怎么说过来的，我怎么说过去。孩子的见解有时候跟大人完全不同。所以我们很容易冤枉孩子。

我的女儿八九岁的时候，也常常说出一些让人紧张的话，至今难以忘却。

一次，家里来了两个女记者采访。吃饭时，女儿突然想起什么，问道：“爸爸，流产是怎么回事?”那两个女记者很年轻，一听这话有些不好意思，只好低头吃饭。我也不明白女儿怎么会提出这样的问题，想了想，说：“流产就是一件本来挺有希望的事变得没有希望了。”女儿听了，连连点头说：“哦，就这么回事呀。”于是，餐桌上的尴尬无影无踪了。

其实，我本可以作更科学一些的详细解释，但因为两个年轻姑娘神态紧张，便采取了艺术的讲法。总之一个原则，成年人不宜把孩子复杂化，更不能以道德判断或成人标准评价孩子的言行，因为那可能冤枉孩子。

（二）

这个故事是教育部原总督学柳斌先生讲的。当时，我坐在他的身边，听他讲自己的亲身经历，感受格外深切。一天，柳斌先生到北京光明小学考察工作，临时决定听听四年级的课。

四年级某班正在上语文课。一位年轻的女教师正在讲第 17 课《麻雀》。这是俄国著名作家屠格涅夫的一篇作品，大意是：一个猎人带着猎狗走在森林中，发现一只刚出生不久的小麻雀从树上掉了下来。猎狗想吃掉小麻雀，却突然飞来一只老麻雀，一边发出凄厉的叫声，一边用身子掩护着小麻雀，并最终吓退了猎狗……讲完了课文，女教师微笑着启发学生：“你们想想看，这只老麻雀的行为表现了什么精神呢?”“表现了伟大的母爱!”一些学生脱口答道。这是课文的标准答案，书上写得明明白白。可是，一个男生却提出了几乎无人想到的问题：“你们怎么知道这只老麻雀是母的呢?”

大家一愣，旋即爆发出一阵笑声，似乎在嘲笑他思维的怪异。那个男生并不为之所动，坚持说：“课文中没有任何文字说明这是一只母麻雀，怎么就归到母爱了呢？为什么不可能是父爱呢?”这时，大家不笑了，将目光集中在教师身上。这位年轻的女教师兴奋地点点头，说：“这位同学独立思考，发现了一个大问题。我们应当把答案改为：这只老麻雀的行为表现了伟大的亲子之爱!”

全班响起一片热烈的掌声。

柳斌先生曾当过江西省副省长，又当过国家教委副主任，长期致力于推进素质教育。这次，他应中国青少年研究中心之邀，出席素质教育研究实践基地的授牌仪式，心中感慨多多。他讲这个小小的故事，或许是为了唤起教育工作者的思考：怎样对待学生的创新精神?

这位小学生敢于质疑的精神是值得敬佩的。他非凡的勇气向人们提出了一个重要问题：许多标准答案并不标准，而突破某些所谓的标准答案，正是创新的起点。

（孙云晓）

延伸思考

杜威先生指出，脱离深思熟虑的行动的知识，是死的知识，是毁坏心智的沉重负担。因为它冒充知识，从而使产生骄傲自满的流毒，它是智力进一步发展的巨大障碍。持久地改进教学方法和学习方法的唯一直接途径，在于把注意力集中在促进思维和检验思维上。思维就是明智的学习方法，这种学习要使用心智，也使心智获得酬报。

教育名言

像填鸭般地用那些诸如形而下之“器”的东西塞满学生的头脑，而对本真存在之“道”却一再失落而不顾，这无疑阻碍了学生通向自由精神的通衢。

——卡尔·雅斯贝尔斯

历史题该怎么考

儿子正在读高二，遇到一道历史题：“成吉思汗的继承人窝阔台，公元哪一年死？最远打到哪里?”第二问儿子答不出来，我帮他查找资料，所以到现在我都记得，是打到现在的匈牙利附近。一次偶然的机会，我发现美国世界史这道题目不是这样考的。它的题目是这样的：“成吉思汗的继承人窝阔台当初如果没有死，欧洲会发生什么变化？试从经济、政治、社会三方面分析。”有个学生是这样回答的：“这位蒙古领导人如果当初没有死，那么可怕的黑死病就不会被带到欧洲去，后来才知道那个东西是老鼠身上的跳蚤引起的鼠疫。但是六百多年前，黑死病在欧洲猖獗的时候，谁晓得这个叫做鼠疫。如果没有黑死病，神父跟修女就不会死亡。神父跟修女如果没有死亡，就不会怀疑上帝的存在。如果没有怀疑上帝的存在，就不会有意大利佛罗伦萨的文艺复兴。如果没有文艺复兴，西班牙、南欧就不会强大，西班牙无敌舰队就不可能建立。如果西班牙不够强大，意大利不够强大，盎格鲁撒克逊会提早200年强大，日耳曼会控制中欧，奥匈帝国就不可能存在。”教师一看，说：“棒，分析得好！”他们没有分数，只有等级，A！其实对这种题目，老师是没有标准答案的，可是大家都要思考。

不久前，我去了趟日本。日本总是同我们在历史问题上产生纠葛，所以我在日本很注意高中生的教科书。他们的教师给高中生布置了这样一道题：“日本跟中国100年打一次仗，19世纪打了日清战争（我们叫做甲午战争），20世纪打了一场日中战争（我们叫做抗日战争），21世纪如果日本跟中国开火，你认为大概是什么时候？可能的远因跟近因在哪里？如果日本赢了，是赢在什么地方？输了是输在什么条件上？分析之。”

其中有个高中生是这样分析的：“我们跟中国很可能在台湾回到中国以后，有一场激战。台湾如果回到中国，中国就会把基隆与高雄封锁，台湾海峡就会变成中国的内海，我们的油轮就统统走右边，走基隆和高雄的右边。这样，会增加日本的运油成本。我们的石油从波斯湾出来跨过印度洋，穿过马六甲海峡，上中国南海，跨台湾海峡进东海，到日本海，这是石油生命线，中国政府如果把台湾海峡封锁起来，我们的货轮一定要从那里经过，我们的主力舰和驱逐舰就会出动，中国海军一看到日本出兵，马上就会上场，那就打！按照判断，公元2015年至2020年之间这场战争可能爆发。所以，我们现在就要作对华抗战的准备。”

我看其他学生的判断，也都是说中国跟日本的摩擦，会从东海开始，从台湾海峡开始，时间判断是2015年至2020年之间。

这种题目和答案都太可怕了。撇开政治因素来看这道题，我们的历史教育就很有问题。翻开我们的教科书，题目是这样出的：“甲午战争是哪一年爆发的？签订的什么条约？割让多少土地？赔偿多少银两？”每个学生都努力记答案。结果我们一天到晚研究什么时候割让了辽东半岛，什么时候丢了台湾、澎湖，赔偿二万万银两，1894 年爆发甲午战争，1895 年签订《马关条约》，背得滚瓜烂熟，都是一大堆枯燥无味的数字。那又怎么样，反正都赔了嘛！银两都给了嘛！最主要的是将来可能会怎样！

人家培养的是能力，而我们灌输的是知识。

不能完全责怪孩子，应该反省的是我们大人。

（张寿卿）

延伸思考

这则故事确实该引起教育者们的注意了，我们的传统课堂教学的确是太过注重客观知识和理论知识的传递了，远离了学生的真实生活。这主要由于传统的课堂教学过分依赖理论和记忆，“表现出对抽象思维的偏爱”。的确，我们都知道“不能忘记历史”，但我们要清楚，我们不能忘记的重要部分应是“历史的教训”，而不只是为了记住历史而背诵历史，那将是毫无意义的，只会造成课堂教学与现实生活的严重脱节。学生的人格似乎在这种教学中被分裂成为两个互不接触的世界——“在一个世界里，儿童像一个脱离现实的傀儡一样从事学习；而在另一个世界里，通过某种违背教育的活动来获得自我满足。”

教育名言

思想可以自由地飞翔，环境不一定能限制思维；而当接受信息的环境长时间被封闭，自由意识长时间地受到压迫，人们习非成是，畸形的世界观变为主流时，人的思维也会逐渐扭曲、怪异直到僵死。

——吴非

讳疾忌医就死不足惜吗

有教师在执教寓言《扁鹊治病》（人教社小学语文第 8 册）时，概述主要情节后，提出了这样一个贯穿教学全过程的问题：“蔡桓公死得可惜不可惜?”

全班学生立即分成了两派。教师因势利导，要学生从课文中找出理由。随后各派代表发言陈述——

“可惜派”的理由是：“这么一点小毛病，由于不听医生的劝告，没多久就死了，实在可惜!”

“不可惜派”的理由是：“这么一点小毛病，本来完全可以治好的。谁叫他一而再、再而三地不听名医的劝告？还猜疑扁鹊，死得活该!”

经过一番激烈的争论，最后教师总结说：“我觉得双方都有道理。那么，这个故事究竟要告诉我们什么道理？请同学们想一想。”

“都有道理”，就是说，蔡桓公死得不可惜也可以成立。我以为，这个结论值得重新认识。蔡桓公的死，他自己确实有着不可推卸的责任，但是他毕竟是属于非正常死亡，而且也没有危害或伤害他人呀！假如我们就此断定蔡桓公的死是咎由自取，一点也不可惜，甚至活该，那么，我们的心肠是不是太硬了一些？我们的性情是不是太残忍了一些？我们的人性是不是过于冷漠了一些?

人的生命理应得到最高规格的尊重，即使这个生命十分卑微和渺小，即使这个生命有斑点或污点！人应该以慈悲和宽容为怀，应该有博大的爱，只有这样，我们的世界才会充满阳光，我们的社会才会和谐发展。

2007 年 4 月 16 日，美国弗吉尼亚理工大学发生重大校园枪杀案，32 人遇难，凶手赵承熙自杀身亡。在停课的一周里，学校举办了多场悼念活动。令人感到意外的是，凶手赵承熙和 32 名遇难者一起被列为悼念的对象。据媒体报道，在 20 日中午举行的遇难者悼念仪式上，放飞的气球是 33 个，敲响的丧钟是 33 声。33 块半圆的石灰岩悼念碑被安放在校园中心广场的草坪上，其中一块碑上写着“2007 年 4 月 16 日赵承熙”，旁边放着鲜花和蜡烛。在他们看来，凶手本身也是受害者，因为他心理有疾病，可惜没有及时得到社会、家庭的关心和救治，才导致悲剧的发生。所以，在悼念活动中，校方也把他当做一个“人”来看待。

1996 年，一个名叫卢刚的中国留学生在美国制造校园枪击惨案的第二天，受害者安妮·克黎利的三位兄弟给卢刚的家人写了一封信，其中有：“安妮相信爱和宽恕。我们也愿意在这一沉重的时刻向你们伸出我们的手，请接受我们的爱和祈祷……此刻如果有一个家庭正承受比我们更沉重的悲痛的话，那就是你们一家。我们想让你们知道，我们与你们分担这一份悲痛……”信中所透露的人性美，让整个世界为之感动。

这是多么博大的宽容和仁爱啊！也许，在一些国人看来，此举不可理解。因为在中国，通常情况下，人们对凶手恨都来不及，更不用说谅解和宽容了，但是一味地仇恨，既不能唤回逝者，也于生者无益，只能是在人与人之间建筑起更厚更高的壁垒，造成更多的冲突和伤害。最终，这种仇恨将导致对生命的漠视。作为基础教育的中小学，应该加强对学生进行宽容与仁爱的教育，这是对生命本身的尊重，是社会文明进步的要求。

如果执教者考虑到这些，应该不会再主动提出“蔡桓公死得可惜不可惜”这样的问题，更不可能说出两派都有道理这样的话来。

（朱华贤）

延伸思考

威廉·威伦说，课堂是一个学习者的共同体，教师将道德感、民族感传达给孩子们以保持他们的基本价值观——民主、社会公正以及崇尚爱心和尊重他人的社会价值观。课堂教学过程是一个对人生无限意义的探索过程，这里必定有多样化的声音与思想，教师要善于引导学生走向更开放的思维空间，走向更开阔的生命疆域。

教育名言

人的教育不能只是简单、机械地接受训练，最重要的是要使儿童学会思考。

——康德

“丑小鸭”的性别之争

现代教学观倡导重视和培养学生的问题意识。因此我在教每一篇课文时，都注意花大力气培养学生爱提问、提有价值问题的习惯。

那天我教的是安徒生的名篇《丑小鸭》。我引领学生朗读、整体感知后，课堂进入了质疑提问的环节，很多学生提出了与丑小鸭密切相关的问题。李晓龙是个爱思考的孩子，他现在正和同桌争得面红耳赤，互不相让。“李晓龙同学，你们在‘急诊’什么问题呢?”我示意他提出来。“老师，丑小鸭是动物，为什么文中不用宝字盖的‘它’，而用单立人的‘他’呢?”他的提问出乎我的意料。这个问题我在课前备课时虽然也考虑过，但未做深思。是啊，为什么用“他”而不用“它”? 真没有想到学生能将此问题提出来。

我热情地赞扬了他敢于质疑的勇气，肯定了他勤于思考的学习态度，接着我把问题抛给了学生，让各小组成员展开讨论，请中心发言人阐述自己的见解。一石激起千层浪，大家讨论得非常热烈，有个学生说：“我认为用‘他’是因为丑小鸭是公鸭。”其他学生听了哄堂大笑，我本想制止这个学生的发言，可如果这样会挫伤学生主动发言的积极性，说不定这个学生会有自己独特的见解呢。于是，我笑着鼓励说：“为什么呢? 请说出根据来。”“因为母鸡曾问过丑小鸭，能生蛋吗? 他回答不能，所以我认为是公鸭。”另一个学生立即反驳：“不能生蛋是因为他还没有长大，不能根据这来断定。”大家你一言我一语，为丑小鸭是公鸭还是母鸭纠缠不休，问题走入了岔路口。

怎么办? 很明显，这不是应该主要讨论的问题，但怎样引入到正题呢? 于是，我因势利导，请学生仔细阅读课文，看能否从其他方面来找出原因。

课堂一下陷入了沉寂之中。我相信会出现我期待的亮点的，我等待着。终于，一个学生站了起来，我一看这不是张金达吗? 他平时最不爱发言了。其他学生用同一种怀疑的眼光盯着他，他有些局促。我鼓励他：“说说看。”“老师，我认为这个问题没有讨论的必要，《丑小鸭》是童话，作者用拟人化的手法来写的，当然用‘他’了。”另一位同学打断了他：“那为什么不用‘她’呢?”“这……”他一时不知如何回答。我想是时候了，我示意张金达坐下，并且对他的回答给予充分的肯定。“这个问题老师补充一下，‘她’是在1919年五四运动后才出现的，是由作家刘半农始创的，在这之前都用‘他’，而现在的习惯是不必分出性别的都用‘他’或‘他们’……”我的话还没说完，尹婷婷说：“老师，据我了解，本文丑小鸭的遭遇是作者真实的自我写照，所以用‘他’。”至此，问题得到解决，学生真正走进了文本，了解了童话的特点。

（李云峰　赵玉玲）

延伸思考

就像著名的教育家阿莫纳什维利所说："作为一个乐观主义者，我个人认为，如果宇宙确实是无穷无尽的，那么儿童就是这个无穷无尽无边无际的唯一真正的缩影。无限地信任孩子的力量——这是教育教学的内在的意蕴。"把课堂还给学生，相信学生，是教育成功的前提。

教育名言

尽管无论哪一个教师或是儿童都渴望教育的"创造性"与"伦理性"，现实的学校，总是作为压抑、异化、剥夺创造性与伦理性的装置发挥作用的。

——佐藤学

从"反革命的乌鸦"说起

鲁迅当年写作《药》时，大概万万没想到，若干年后，他的《药》里竟飞出了一只"反革命的乌鸦"。

一间高中教室里，《药》一课正讲得如火如荼，学生正刷刷地记着老师课堂上讲的"经典"。快结束了，学生们正要舒一口气，忽然，显然不想与学生作对的老师从嘴里迸出一个问题："这只乌鸦象征什么?"几十个脑袋霎时一片空白，愣愣地对着深高莫测的老师，最后还是老师抛出了"绝句"："象征反革命!"

开始听到这话时，我足足笑了两分钟。都说鲁迅的作品充满战斗性，想不到一只乌鸦的含义也这样深刻，真是的"彻头彻尾"了！在我的记忆里，中学教材里鲁迅的文章是最为耀眼的。《论雷峰塔的倒掉》《为了忘却的纪念》《拿来主义》《故乡》《社戏》等，撒珍珠般地每一册都有。语文老师总要搞得草木皆兵，找出每个字词都代表什么，象征什么，弄得学生一提起鲁迅就黯然神伤。我不知道，这样弄出来的东西，像"反革命的乌鸦"，是否真的切合鲁迅的本意?

初二要学的课文有杨朔的《荔枝蜜》。对杨朔的作品，我就像他开始对蜜蜂一样“感情上疙疙瘩瘩”，故作高深的曲笔，一元化的联想，有点做作的抒情，但课后练习难住了我，这是一道体会加点词语意味的题目，第二小题是“刚去的当晚是个阴天，偶尔倚着楼窗一望”，体会加点词语“倚着”的意味。我愚钝，横竖看不出有什么深刻含义，不外说是靠窗远眺呗，还有啥意味？好在我还有读懂教参的本领。于是我找来“最高指示”的教参，一看更莫名其妙，教参里这样写：“用‘倚着’二字，那种身影显得很清晰，而且透出久久远望，为眼前景物而迟疑的心态。”我不明白“那种身影显得很清晰”与“远望”“心态”之间有什么联系。教参搞智力测验抑或电影的蒙太奇？讲解这道题时，我努力在“身影清晰”与“心态”中寻找蛛丝马迹的联系，希望学生能从中体会到散文大师语言的深意。结果弄得大家疲惫不堪，痛苦不已，硬生生地把一堂语文课讲得令人反胃。更令我沮丧而又心惊胆战的是，学生说：“这也算清新别致？别糊弄人了！”

文章本来就是“妙手偶得之”。请问有哪一位作家的创作是想好每一个字词的深刻含义后才动笔的？一位作家说，她的一篇文章收进中学课本，可是里面出的思考题搞得她自己也莫名其妙，她不知该如何回答。一位中文系的教授痛心疾首地说：“别再为难、戏弄孩子了，什么这个句子有什么深刻含义啦，为什么用这个词不用那个词啦，加点的词的什么作用啦，那个东西象征什么啦，这些刁钻古怪的题目不是存心让人团团转吗？”

青岛有一位“撞南墙”的教师叫王泽钊。他从教 10 年，换了 4 所学校。屡撞南墙的原因就是嫌教材老化，自己编教材教学生。他编的一套高中语文教材已由作家出版社出版了。在他编的教材里，雨果的小说《“诺曼底”号遇难记》一文的“问题与思考”是这样的：小说《“诺曼底”号遇难记》故事发生在 19 世纪，危难之时，哈尔威船长下令让妇女先走，并说：“哪个男人先走，你就开枪打死他！”20 世纪 90 年代末，在中国克拉玛依大火灾中，却有人喊：“同学们，让领导先走！”后来，许多领导逃走了，许多学生却在大火中丧生。比较一下两者的差异，你有什么感想？

如此充溢着鲜活气息、富有人文色彩又具有现实批判意识的思考题，老师和学生还用得着挖空心思去图解那只苍白、呆板、扭曲的“反革命乌鸦”和雾里看花似的“那种身影清晰”吗？

（朱瑞琳）

延伸思考

美国著名的教育家内尔·诺丁斯先生指出，教室应该成为这样一个地方：学生们在其中合法自由地展示和探索他们多种多样的人生目的。伴随着强烈的好奇心和探求欲，教师和学生共同生活和成长。我们必须追求人的全面发展，这种追求不会压制和阻碍学生的智力发展。

教育名言

个人知识在课程体系中的缺席造成了恶劣的影响，教师与学生陷入被知识奴役的处境，从而丧失了鉴赏知识、批判知识和发现知识的信心、勇气和资格。

——钟启泉

我最好的老师

怀特森先生是我六年级时的科学课老师。他是一个很有个性的人，教学方法独特，常常有出人意料的举动。记得第一天上课，他给我们讲授的是一种名叫“猫猬兽”的动物。他说这种动物一般在夜间活动，因为不能适应自然条件的变化而绝种了。他一面侃侃而谈，一面让我们传看一个颅骨。我们全都认真做了笔记，然后是随堂测验。

当他把卷子发下来的时候，我惊得目瞪口呆，因为在我写下的每一个答案后面，竟然都被画了一个刺眼的红叉。我得的是零分！可这不公平，因为每一道题我都是根据课堂笔记回答的，而且吃惊的并不是我一个人，我们班上的所有同学都得了零分。

“很简单”，怀特森先生说，“关于‘猫猬兽’的一切，都是我故意编造出来的。这种动物从来就没有存在过。因此，你们记在笔记本上的，全部是错误的信息。难道你们根据错误的信息得出的错误答案，还应该得分不成？”

不用说，我们全都气炸了。这算什么测试？怀特森算哪门子老师？

怀特森先生似乎根本不理会我们的心情。他说：“每一个人都应该具有独立思考和独立判断事物真伪的能力，同时也应该具有怀疑的能力。”他告诉我们，当时他让我们传看的只是一个普普通通的猫的头盖骨，并且就在那堂课上他还提醒过我们：“到目前为止，世界上从来没有发现过这种动物的痕迹——”那么这个头盖骨是从哪儿来的呢？当时我们中间居然没有一个人提出疑问。“其实我的破绽还有很多，其中包括‘猫猬兽’这个古怪的名字，你们却都深信不疑。”为此他特别强调，本次测试的零分记录将写进每个人的成绩报告单。同时，他希望我们从这个零分中吸取教训，不要让自己的脑子睡大觉，一旦发现问题，就应该立刻指出来。

（大卫·欧文）

延伸思考

马斯洛说，从赞同文化和融合文化这个单纯意义上说，自我实现者都属于适应不良，虽然他们在多种方面与文化和睦相处，但可以说他们全部在某种深刻的、意味深长的意义上抵制文化适应，并且在某种程度上内在地超脱于包围他们的文化。这就意味着自我实现的人内在地包含着一种“怀疑”精神。教师应鼓励学生成为具有怀疑精神的人。

教育名言

儿童的认知错误其实是了解儿童思维的重要线索，是儿童思维暴露的最好机会。教师不仅可以借此更好地了解儿童的真实思想，而且外部的表述也会促进儿童的自我意识和自我反省，而反省正是观念更新的一个必要条件。

——冯·格拉塞斯费尔

老师，别剥夺孩子犯错的权利

最近，学校举行“圆的认识”同课异构教研活动，下面是其中两位老师对“画一个直径是 6 厘米的圆”这一环节的处理。

A 老师是这样进行教学的：

出示要求：画一个直径 6 厘米的圆。

师：画一个直径6厘米的圆，圆规的两脚之间的距离应是几厘米？

生：3厘米。

师：可题目上要求是6厘米啊？

生：圆规两脚的距离是圆的半径，直径6厘米，半径就是3厘米。

（教师开心地笑了）

师：都会画吗？

生（齐答）：会。

……

（生齐画，全画对了）

B老师是这样进行教学的：

师：看清楚要求了吗？开始画。

（每个学生根据自己的理解画了起来，教师巡视）

师：画好了吗？请用直尺量一量你画的圆直径是不是6厘米。

（学生量了起来，不时有学生发出“哎呀”声，并急忙重新画圆）

师：刚才量过之后，老师发现有的同学擦了重画了，能说说你是怎么想的吗？

生：我量了之后发现我的圆的直径不是6厘米，而是12厘米。

师：怎么会是12厘米呢？

生：我发现圆规两脚的距离应是圆的半径，而不是圆的直径。

……

同一个环节，不同的处理方式，体现了不同的教学理念，教学效果也截然不同。

别剥夺学生独立思考的机会，让其“被理解了”。

独立思考，是一种正确的学习态度和科学精神，是不依靠别人，完全凭借自己、独立进行的比较深刻、周到的思维活动。培养学生独立思考的能力应从课堂抓起，我们看到案例中的A老师不放心，害怕学生画错了，所以将“圆规两脚之间的距离是圆的半径”这一知识点，通过个别优秀学生回答的方式告诉所有的学生，然而，这无形中就剥夺了大部分学生独立思考的机会。从教学结果看似乎学生全都画对了，其实有很多学生是“被理解了”，他们并没有经过自己思考就知道该怎么画了。而B老师就不一样了，他放手让学生去尝试，让学生通过自己的独立思考或发现错误后的独立反思，发现“圆规两脚之间的距离是圆的半径，而不是圆的直径”这一规律。两种不同教学方法，造成学生对知识的理解程度的不一样、能力发展的不同。

独立自主不仅意味着行动上的自立，而且意味着思想上的独立，即凡事能独立思考。在A老师这样的长期“呵护”下，学生的独立思考意识将逐渐丧失，遇到问题不独立思考，遇到难题不知所措。而在B老师大胆放手下成长的学生，善于独立思考，善于自我反思，因为B老师注重培养学生的独立思考能力。

别剥夺学生犯错误的机会，让其“被成功”了。

心理学家盖耶说得好：“谁不考虑尝试错误，不允许学生犯错误，就将错过最富有成效的学习时刻。”只要有认知活动，就会有错误发生。错误也是掌握知识、技能的必经过程。教师不需要更不能因为害怕学生犯错误而想方设法阻止学生犯错误。学生的错误是其思维的真实写照，也是教学中的巨大财富。学生只有经历了犯错误的过程，对知识才能理解得更深刻；教师只有了解了学生的错误，才能及时调整教学方案，做到因错施教。

案例中A老师因为怕学生犯错，想方设法让学生能全做对，从结果看，学生是都画对了，但其实学生是“被动成功了”。而B老师就不一样，让学生去独立尝试，这样学生的各种错误尽现眼前，再通过“量一量你画的圆的直径是不是6厘米”，让学生自己发现错误并自我调整。让学生经历“画错——反思——修改”的过程，更能帮助学生理解“圆规两脚之间的距离是圆的半径”这一知识点。

（陈　涛）

延伸思考

科学家波普尔提出，我们并不关心确定科学理论是可靠的、确定的或者或然的。既然知道难免犯错误，我们只关心批判和检验理论，希望发现我们错在哪里，从我们的错误中学习，并且有幸推进到更好的理论。错误的价值就在于让我们不断地训练灵敏的思维，从而不断地有新的发现。

教育名言

教学过程中要实现智育的主要目的——发展智力。A.II. 平克维奇写道："我们应当竭力培养灵活、活跃的思维，即反映自然本身运动的思维。"就像不识字就无法看书一样，没有智力的发展，没有灵活、活跃的思维，就不可能有智育。

——苏霍姆林斯基

美国孩子读不懂阿凡提

我现在教的中文班学生都是十二三岁，在美国上初中。课堂使用的教材是暨南大学为国外中文教学编的一套十二册的中文课本。上个星期天上课，我们学了一篇课文《阿凡提借锅》。

故事说的是阿凡提到地主家借锅，还的时候锅上还放了一口小锅，地主就问："你只借了一个锅，怎么还回来两个呢？"阿凡提回答借去的这口锅在他家生了一个小锅，所以一起还回来了。地主很高兴地收下了，告诉他以后想用锅就来借。

很快，阿凡提将地主家最大的那口锅借走了，然后一直都没有还。地主去要，阿凡提说："那口锅死了。"地主很生气地问："锅怎么会死呢？"阿凡提回答："锅都可以生孩子，怎么就不会死呢？"地主很生气但是拿他没有办法。

读完了课文，我和孩子们讨论这个故事，他们的回答颠覆了我以前对于阿凡提的印象。

师：关于这篇课文，你们有没有不懂的问题？

生：什么是锅？

师：锅就是做饭做菜用的那个工具。

生：既然是家里做饭用的东西，应该属于比较私人的物品，阿凡提为什么要到别人家去借呢？

师：因为他比较穷，家里没有足够的锅用，就需要借了。

生：哦，那什么是地主？

师：地主就是农村里比较富裕的人，家里通常有很多田地，雇人来耕种。

师：你们读了这个故事之后有什么感想？

生：我不喜欢这个故事，也不喜欢这两个人，这种文章不应该放在教科书里，会教坏小孩的。

师：为什么？

生：这个故事里面的人都不诚实。

生：对，他们都欺诈、贪婪。

生：我觉得这个阿凡提看似聪明，实际上很蠢，花那么多心思设计圈套，就是为了用一个小锅骗来一个大锅，还是个人家用过的旧锅。

生：他之所以穷得要借锅，大概就是因为只想着不劳而获，要诡计骗别人的东西。他如果心思用在努力工作上，一定可以赚很多锅出来。

生：是啊，如果他把买那个生出来的小锅的钱攒起来，再去干活赚点钱，就可以自己买一口大锅了，何必去骗人。

师：嗯……你们说得对，努力工作、自食其力是做人的本分。

生：还有，他再去跟别人借东西，肯定没有人会借给他了。

生：就是，他借东西不还，失去信用了。

师：分析得有道理，做人一定要讲信用，这是根本，不能贪一时小利而失去信用。

师：那你们对地主这个人物怎么看？

生：他太贪心了，第一次阿凡提还锅的时候，多还的那个锅不是属于他的，他就不应该要。

生：他没有做人的原则，既然是有钱人，别人都穷得要借锅了，他怎么还能多要人家的东西呢？

生：是啊，他有钱应该主动帮助穷人，做慈善事业才对。

师：说得好，我们要想着去帮助别人，而不是占别人的便宜。做人也忌讳贪心，中国有句老话叫“贪为死门”，很多祸事都是由贪心引起的。

我记得自己小时候读阿凡提的故事时，都是讲他多聪明，有智慧，和地主斗智斗勇，总是可以斗败愚蠢又贪婪的地主，是个正面人物的形象，而在这些受美国教育的孩子们的眼里，他却是个既狡诈又愚蠢还没有信用的人。

仔细想想原因，阿凡提的故事实际上有背景，那个地主向来自私贪婪对雇工又苛刻，穷人都对他敢怒不敢言，只有阿凡提能对付得了他，经常让他吃个亏出个丑，为穷人出口气。当老百姓被欺诈剥削任人宰割到毫无反抗能力的时候，阿凡提这样的人物就为弱势大众提供了发泄对恶势力不满的渠道。"为富不仁""杀富济贫"好像是我们文化中根深蒂固的东西。

在美国长大的孩子生活在法治社会，尊崇诚实努力、个人奋斗，欺骗撒谎、没有信用都是让人唾弃的行为，在教师不提供背景材料的情况下，孩子们单纯从一个故事的确很难理解阿凡提的做法。

（蔡真妮）

延伸思考

生活经验与体验固然决定着阅读的方向，但从另一个角度上来看，不同的人运用不同的思维方式对文本进行个人化的理解，未必不是一件好事。多思近于智，多元自然慧。

教育名言

须知对事物发生学的了解几乎是科学研究的最基本的一步，只有把握了事物本源的人才能彻底理解事物，才能有最大的幅度去开拓深奥。这有如孙悟空在战妖魔时，先要摸清对方的底细，知其为何方妖怪，哪路神仙，所来何处，才能找到办法，该找老君找老君，该找嫦娥找嫦娥。而我们的教学总是截断源流，"掐头去尾烧中段"，这是事倍功半的因由。

——郭思乐

还有三只去了哪里

《蜜蜂》一课接近了尾声，我也有点惊讶，今天学生好像特别会说。正当我为临时改变了教学方式收效颇佳而沾沾自喜的时候，班里的"问号博士"高高地举起了手。

"老师，我有疑问，课文中说'我'带出去的蜜蜂有二十只，可只飞回来十七只，那还有三只去哪儿了，法布尔太粗心了，竟然没有提到。我想它们迷路了，我认为法布尔的实验结果不一定正确。”他一边说边眨眼睛，似乎想让我给他一个满意的答案。

问题来得太突然，我一时有些茫然，怎么引导呢？刹那间我的头脑中闪出两套方案：一是我直接引导，这样可节约时间；二是让学生讨论，在辩论中探究。

沉思片刻，我决定采用后者。我笑着说：“还有三只没有飞回来，它们去了哪里呢，真的是迷路了吗？请你们静静地思考，可以和同学探讨一下。”我把问题抛给了学生。

不一会儿，许多学生高高地举起了小手。

“我认为那三只蜜蜂没有迷路，它们可能是看到了更多的蜜源，在那里安了新家，不想回来了。”一位学生迫不及待地站了起来。

“我觉得它们会回来的，因为课文中说第二天又回来了十五只，没有提到后面几天的情况，也许第三天或者第四天它们就回来了。”另一位学生从课文的句子中猜想出原因。

“我觉得那三只蜜蜂不是迷路，因为我从课后的资料袋中了解到，蜜蜂会用舞蹈和同伴交流，可能它们又交了一些新朋友，去了别的地方。”一位学生用课外知识作了了解释。

“老师，我从课外书上看到蜜蜂能辨别方向，但它用什么辨别我忘了。”他有点激动，又为自己记不起原因而感到有些沮丧。

“我认为即使那三只蜜蜂没有回来也可以证明蜜蜂是有辨别方向的能力的，毕竟有十七只回来了，如果它们没有辨别方向的能力，能回来这么多吗？那三只肯定是出了什么意外了。”第五位学生的声音很是响亮。

“老师，我觉得法布尔确实是实事求是，还有三只的去向他不清楚，所以他没有写出来。蜜蜂的本能他解释不了，他就说‘无法解释’。”学生进一步把重点转到了法布尔身上。

“老师，我长大了也想做个昆虫学家，专门研究蜜蜂，让更多的人了解蜜蜂！”学生竟谈起了自己的理想。

……

此刻，孩子们的童心无拘无束地释放着。我很庆幸我选择的引导方法，我也感谢那三只不知去向的蜜蜂，是它们把学生的思维引向了深处。

（张海根）

延伸思考

赞科夫在《和教师的谈话》提出，教师竭力要使一切都显得有条不紊，无懈可击，但是，年龄那么小的学生不可能把一切都做得完美无缺，于是成年人就提供现成的格式，学生只要记住这些格式，然后照做照写就行了。有时候，教师把每一个步骤都告诉学生，儿童充当执行者的角色，只是偶尔加进去一点自己的东西。照背那些不触及自己心灵的词句，亦步亦趋地按教师的指示办事，儿童就不可能在个性上有深刻的发展，不可能使这种发展成为享用一生的真正财富。

教育名言

道德的成熟性跟思考成熟性不可分割。只是获取现成的知识，把基本的智力活动局限于死记硬背，——这是产生道德幼稚病的危险根源之一。

——苏霍姆林斯基

孩子，你问得好

很早就知道韩愈的“传道，授业，解惑”，传道指以言传身教的方式培育学生的人格；授业指传授基础知识和基本技能；解惑指让学生主动学习并提出自己的困惑，教师给予解答。可见我们的先人多么具有教育智慧，他们的思想光辉恩泽后世，使今天的我们倍感温暖。这里的解惑与爱因斯坦的“提出一个问题比解决一个问题重要”是有相通之处的。

先人的训导我牢记于心，所以在教学中，我经常鼓励学生提出不懂的问题，并根据教材的特点教给他们质疑的方法，使他们知道问什么、怎么问。比如，化学可以从实验现象入手提问，可以从实验原理提问，也可以从物质本身入手提问。

在收集二氧化碳时，根据它的密度比空气大，可溶于水，且不与水反应的性质，我们采用的是向上排空气法。正当大家都准备动手做实验时，有一个学生提出了疑问：“在前面的实验中，我们收集人呼出的气体时，是用排水法收集的，而人呼出的气体中就含有二氧化碳，为什么用排水法收集而不用向上排空气法呢?”她的这一问，一下子让本就不平静的实验室更加热闹起来。刚才还兴致勃勃的学生一下子用怀疑的眼光望着我，“是啊，为什么呢?”质疑的声音充满了整个教室。

这时，我有一点儿震惊，因为教了这么多年初三化学还没有一个人对此提出疑问。每一年都是我怎么讲，学生就怎么记。我没有急于给出答案，而是把问题给了全体学生让他们自己去想一想，相互讨论一下。最后结果是他们用尽所学的知识都不能合理地解释这个问题，最后他们又把那个问题交到了我的手中。我温和地解释道：“水和二氧化碳的溶解比例是 1∶30，也就是 1 体积水中能溶解 30 体积的二氧化碳，二氧化碳在水中溶解度高，所以如果持续通二氧化碳，我们可以在集气瓶中收集满，一般情况下，我们要用向上排空气法而不要求用排水法。”

“哦，是这样的，谢谢老师。”当我把目光投向刚才提问的学生时，她已经坐下来了。那是一个很平凡的女孩，却给我不平凡的震撼！我的内心因为她的一句波澜不惊的问话而变得难以平静。我为她叫好：“孩子，你问得好!”我告诉她：“中国为什么培养不出创造型人才？中国为什么没有再出现像钱学森那样优秀的科学家？就是因为现在的学生们没有挑战常识的勇气，没有对传统教育说‘不’的气概，没有敢于提出问题的胆量！在传统教育的阴影下，他们已经忘记了思考，他们只会沿着前人的路向前走，他们根本不知道自己的路通向何方，但是今天老师看到了你，我又看到了希望。现在也许你不是最棒的，但将来你一定是!”

如果本节课没有那个学生的质疑，一切就按部就班地完成了，但是有了她的问题，效果就大不相同了。学生能提出这样或那样的问题，作为老师的我感到非常欣慰。因为他们在学习中学会了独立思考，只有学会了独立思考才能培养创新意识，才能发表独立见解，标新立异，这也正是我想要的结果。学会质疑，会促进学生创造性地学习，活跃思维，增强解决问题的能力。我希望他们将来不但成为一个有学识的人，更希望他们成为有思想的人。

（马福利）

延伸思考

波普尔说，正是问题激发我们去学习，去发展知识，去实践，去观察。哈佛大学有一句名言就是："教育的目标是使学生始终处于问题之中。"问题是发现的开始，是学生独立思考的动力。

教育名言

童心，是对万事万物的敏感与惊奇，是对生活世界的天真与激情，是对人生生命的想象与梦想。反思我们的教师，是否也应该有一些孩子的好奇心、惊诧感？而不是对什么都是熟视无睹、习以为常甚至麻木不仁。问问我们的教师：今天是否还有对自然的热情？是否还有对生活的渴望？是否还有对教育的憧憬与向往？

——张华

弯弯的月亮像什么

这是一个真实的故事。有一天，在学生几乎异口同声回答"弯弯的月亮像小船"时，星子——一个大胆的女生站起来说："老师，我觉得弯弯的月亮像豆角。"老师不高兴地说："你的回答错误。全班同学都说像小船儿，你为什么要说像豆角呢?"

几年过去了，星子也当了老师。有一天，她同样问学生"弯弯的月亮像什么"这个问题，学生们还是异口同声地回答："像小船儿。"星子期待地注视着大家："有没有和这个答案不一样的呢?"此时，一个叫田菲的女孩站起来："弯弯的月亮像镰刀。"星子很高兴："田菲的回答是正确的，当然其他同学的回答也是正确的。我只想告诉大家，在回答每一个问题时，应该大胆地发挥想象，多想几个答案。"

几十年过去了，退休在家的星子突然收到女作家田菲寄来自己的第一部长篇小说《弯弯的月亮》。星子翻开了书，只见扉页上写着："献给我最敬爱的启蒙老师，感谢你给我插上了想象的翅膀。你的学生田菲。"

想象与童心相出相伴，想象与童年同行，教育本应是孩子的梦想乐园。

教育给予学生的不应只是一个知识的行囊，更应包括一个善思的大脑、一双想象的翅膀和一个梦想的舞台。儿童在这美丽的梦中，固有的灵性得以迸发，原始的诗情得以生长，潜在的悟性得以唤醒。然而，应试的岁月钝化了想象的视角，我们很多老师和星子的老师一样，习惯于用知识代替智慧，用理性代遐想，用共性淹没个性，用标准取代多元，用呵斥扼杀童心。久而久之，孩子们就会失去灵性的羽翼，变得目光呆滞、心灵麻木、思维迟钝，在以后的风雨岁月中再不会去尝试梦想的高度，这其实是一种成长希望的破灭。

儿童时期是人一生中最富于幻想的时期，童年就是"有童话的年龄"。有一个孩子，用黑色的画笔把一整张白纸涂得漆黑一片，谁都不知道他画的是什么。教师面对那"不知所云"的作品没有训斥，没有责骂，而是非常诚恳、耐心地问道："孩子你画的是什么呀？"孩子一本正经地说："在一片大树林中，有许多小动物，它们聚在一起，非常高兴，又是唱歌，又是跳舞。它们唱累了，跳累了，太阳下山了，天黑了，他们就睡觉了……"教师由衷地赞叹："好，孩子，你真不简单！"想象力是属于心灵的，是一种生命潜能的萌动。它是造化给人的特殊馈赠，是智慧之光、创造之源，是精神原野绽放的奇葩。我们应该小心翼翼地呵护它、珍视它，真诚地呼唤出其中所蕴藏的激情与智慧。

科学巨人爱因斯坦告诉我们："想象力比知识更重要，因为知识是有限的，而想象力概括着世界上的一切，推动着进步，而且是知识进化的源泉。"狄德罗说："精神的浩瀚、想象的活跃、心灵的勤奋——就是天才。"我们应当把想象、思考和发现的权利交给学生，用心呵护和敞亮学生内心世界。

（沈新芳　王其华）

延伸思考

星子的一句不经意的启发，放飞了一颗童心，成就了一位作家。弯弯的月亮究竟像什么并不重要，重要的是教师给学生自由想象的空间和个性言说的权利。否则，那些标新立异的观点、异想天开的创意、"雪化后变成了春天"的精彩，就会与孩子擦肩而过。童年是梦，当我们俯下身，小心翼翼地把它捧起，我们也一定捧起了一颗晶莹透亮的童心、一个姹紫嫣红的春天。

教育名言

一个自由社会中的教师，不仅应避免教授任何单一的道德原则体系或信仰，而且也应该避免——正如我们在考虑道德发展的情感方面所坚持的——反复灌输各种态度、习惯和行为方式。在一个自由社会中，道德教育能够而且仅仅应该被理解为试图给予学生做出道德决策的技能和能力，以便使他们可以通过相互作用的经验发展出他们自己的道德观念。

——霍尔·戴维斯

在迷信与文化之间

——留住乡土文化的根

在一次市级综合实践研讨活动中，吴老师讲的主题是“家乡莆田知多少”的课题展示课。吴老师面带笑容说：“每一个人都有出生地，悠悠木兰溪，巍巍壶光山。我们的家乡是哪里?”学生心领神会，异口同声地答道：“莆田。”老师又说：“上几周我们确定了主题，并分了六个小组（家乡特色、家乡风景、传统文化、家乡名人、家乡变化、田径之乡），每个组进行了调查研究，开展了一系列活动，现在我们一起交流这次活动的成果和收获。”先是传统文化小组的学生来交流。第一孩子介绍他爷爷是演员，他讲的是《团圆之后》《春草闯堂》等被称为南戏的活化石的莆仙戏；第二个孩子则介绍十音八乐，展示了从村里老协会带来的板胡、八角琴等，还播放了一段老协会演奏的场景；第三个孩子讲了莆仙正月做大岁的历史故事；第四个孩子介绍白额春联；第五个孩子则是展示了一系列照片，在这些照片里，人们游神演戏、烧香拜佛……教师看到学生眉飞色舞地讲述各自出游的经历时评价说：“这位同学观察得真仔细，但是她观察的是迷信活动，这都是老一辈人的活动，我们年轻一代可不能这样，不要去搞封建迷信活动!”全班学生有些迷茫。

我当时在想，我们应如何鉴别风俗习惯与封建迷信？如何鉴别宗教信仰与迷信活动？我们面对这些传统活动时能不能简单地冠以封建迷信、不分青黄皂白地排斥呢？我们应该如何对待乡土文化呢？

接着教师继续组织学生交流家乡特色、家乡风景、家乡名人、家乡变化等。孩子们讲得有声有色，精彩纷呈。教师在大家展示完后说："大家在认真地进行研究，采访、观察、调查时，老师也没闲着，收集了一系列资料和大家共享。"教师用多媒体放映莆田申办2010年省运会的场景，学生看得津津有味。其后他放映中央电视台的栏目《发现沃土》里的一期介绍莆田文化的专题。电视画面中出现了许许多多善男信女在湄洲岛焚香朝拜的情景，尤其还特写了一位老奶奶怎样虔诚地三跪九叩，焚香祷告……专题片在解说妈祖文化，孩子在下面一直嘀咕："这不是封建迷信吗?"教师没有听到，在下课铃声中圆满地结束了这节公开课。

也许，对于游神活动、菩萨戏、游灯、祭拜这些活动要从民风民俗、宗教信仰、乡土文化角度上去理解，而不能一味地称之为封建迷信，一律封杀。想想，在中国古代历史上也有"释道儒三教同宗之说"，其实，任何在民间流传不绝的宗教文化都追求"真善美"精神。如佛教中的"菩提萨"，菩提即智慧，萨就是有情，就是多智多情……作为一种信仰文化，作为一种很本土的、很真切的文化影响，我们是不能将它们连根拔起，不能无视它对于乡村、对于生于斯长于斯的乡村孩子的正面熏染的力量，不能将其视为异端，群起而攻之，否则，我们就可能失去脚下的土地，失去生命的根系。我们要警惕迷信活动对人的精神麻醉与心灵的吞噬，更要警惕将封建迷信当做信仰与文化的做法，但也不能将祖祖辈辈世世代代的文化风俗不加审视地当作垃圾扫进历史的废墟中。

钱理群教授在他的《我的教师梦》中写道，在接受书本的教育以通向一个超越本土的世界之外，还有农村本土的地方文化、民间文化的熏陶，比如乡村有许多民间节日，西北地区有社火、演戏等活动，小孩子活跃于其间，在享受童年的欢乐的同时，也接受了潜移默化的文化传递——在某种程度上这是融入生命的教育，影响更为深远。教师不妨从教育的角度去重读鲁迅的《社戏》，还有他的《无常》《女吊》，就可以知道，农村文化，地方、民间文化的教育，对鲁迅这样的文学大师的培育作用，是怎么估计都不会过分的。而这样的地方、民间文化教育熏陶的缺失，在我看来，正是城市教育的一个问题。我曾在北京的两个重点中学上课，讲鲁迅的《无常》《女吊》，我本以为学生会很喜欢这两篇散文，结果没想到学生感到最不能理解的就是这两篇，因为他们毫无这样的童年记忆，他们对这样的地方、民间文化完全陌生甚至抵制，他们问我："鲁迅为什么对这些封建迷信的东西如此念念不忘?"坦白地说，他们把我问呆了，我感到十分震惊。在我看来，一个人从小就对本民族的地方与民间想象持排斥态度，他的精神发展就会畸形。

我十分赞同钱理群老师的观点。其实，许多生长在乡村的受教育者，对乡土文化都带着褊狭的印痕，在许多人的眼里，乡土文化是一个伪概念，乡村就是野蛮，哪里有文化，乡村就是落后与闭塞的象征。在城市文化为主导的普遍观念中，乡村人生活的最高的目标就是脱离乡村生活，并且刻意地洗刷来自乡村的生活习惯等一切与乡村有关的气息。在他们看来，受教育就是与乡村割裂开来，追求与城市的风尚和生活相一致的生活。早在20世纪初期，陶行知先生就一针见血地指出："中国乡村教育走错了路！他教人离开乡下向城里跑。"于是，人们一拥而上、争先恐后地跑，跑得失"魂"落"魄"，跑得没心没根。然而，他们恰恰遗忘了，人是来自于尘，归于尘，乡土是生命中的"天地之根"。它连接着我们的血缘，连接着我们的脐带，连接着我们灵魂的出生地与归宿。我见过不少在乡村生活的高中毕业生、中专生、大学生。他们常常是乡村中的另类，如同盐碱地稀稀疏疏的小草一样生存着。他们常常面色苍白、身体孱弱、落落寡合，很难融入乡村的生活。他们一般是乡村中的"零余者"……这些种现象的很大一部分原因可以归咎于我们的教育对于乡土文化的错误的评估，归咎于我们乡村教育"逃离农村，逃离土地，逃离现实，逃离人生"的教育教学方法。

北京师范大学教授石中英对本土知识及农村生活曾作过极富感情的描述："老人是财富，经历是财富，乡村妈妈充满了智慧，我们要用'朝圣般'的心情回忆乡村生活，乡村是人类文化的精华，爷爷奶奶就像图书馆。"近年来，有些乡村出身的教育学者看到乡村教育中的种种弊病，提出了"乡土的回归"这一的话题，确实是意蕴深远。乡村教育培养出来的孩子大都厌恶乡村、背离乡村、抛弃乡村，这背后跟我们的教育没有触及乡村文化的精华，没有让孩子深刻地领悟与体验到乡土文化中真朴、野趣的韵致有相当大的关系。

（林高明）

延伸思考

安泰是希腊神话中的巨人和英雄，是海神波塞冬和地神盖娅的儿子。他的力量来源于大地母亲，只要身不离地，就力量无穷，所向无敌，但如果身体离开了大地母亲，就要失去生存能力。后来，安泰被希腊神话中最伟大的英雄赫拉克勒斯举在空中击毙了。离开乡土与大地，我们的力量就日渐衰弱，我们的心灵日渐枯萎，我们的生命日渐荒芜。乡土文化就是我们心灵的第一故乡，精神意义上的母亲。当然，我们不能无限地美化与理想化乡村生活与文化，但是，更不能将乡村文化视如敝屣，唯恐弃之不及。教育者要用理性的态度来守持乡土文化中积极的养分并通过传承使之发扬光大。只要用美好的乡土文化来培植孩子的乡土关怀，孩子就会怀抱一颗依恋乡土、感恩乡土、反哺乡土的心。

教育名言

上个世纪对待知识的那种观点，由于惰性的关系，原封不动地遗留到现代（最新科学成就和发现的时代）的学校里来了。这种观点是：把知识看成学生应当保存在头脑里的存货，一旦教师提出要求，学生就应当拿出来给他看。学生记住了，就算他有知识；没有记住，就没有知识。

——苏霍姆林斯基

“‘温暖’和‘舒适’用在这里不够准确”

——《穷人》教学片段

师：同学们读得不错，进步很大。大家在读的过程中还有什么疑问吗？

生：我觉得“温暖”和“舒适”用在这里不够准确。

师：能说说原因吗？

生：渔家的小屋只有一个没有熄灭的炉子，但外面寒风呼啸，屋子是漏风的，屋里怎么可能是温暖的呢？

生：屋子里虽然打扫得很干净，食具擦得闪闪发亮，但炉子、食具、床挤在一起，而且床上挤着五个孩子，怎么谈得上舒适呢？

师：是啊，厨房、餐厅、客厅、卧室都合在了一起，而且还漏风，怎么能算是温暖舒适呢？看来托尔斯泰这个大文豪也不过如此，用词不当的毛病还需要我们来帮助修改。对你们大胆向权威挑战的勇气，我由衷地表示赞赏！不过，请大家再读读课文，看看还有没有新的发现？

（生读书，一会儿，又有两位学生高高地举起了手）

师：你们两个有不同意见吗？

生：外面狂风怒吼，又黑又冷，而小屋即使漏风，跟外面相比，相对来说仍是温暖的，更何况小屋子里还生着火炉。

师：有道理！你能联系上下文的内容来思考，说明你已经掌握了一个十分重要的读书方法。“舒适”用得准确吗？

生：渔夫驾驶着小船，而海上寒风呼啸，海浪汹涌澎湃，他随时都有可能因翻船而葬身海底。而桑娜坐在家里，孩子都安静地睡着了。因此，跟外面比，家里相对来说是舒适的。

师：你也是联系上下文来理解，说得很好！

（这时，又有两名学生把手举得高高的，要求发言）

师：有什么新发现吗？

生：我认为文章表面上是写渔家“温暖而舒适”，实际上是为了反映渔家生活的艰难与贫穷。

师：为什么这样说呢？

生：那样一个简陋的小屋，对渔家人来说，家算是“温暖而舒适”了，可见他们对“温暖”和“舒适”的要求是极低极低的。读到这里，我感到渔家的生活是多么的艰难啊！

师：从“温暖而舒适”居然能看出渔家生活的艰辛，真是一个了不起的发现！在这一点上，我不如你们，因为我没有想到这一点，你们是我的老师，谢谢！（生鼓掌）同学们，只要我们在阅读时真正动了脑子，一定会有更多的新发现！

延伸思考

杜威先生认为，持久地改进教学方法和学习方法的唯一直接途径在于，把注意力集中在要求思维、促进思维和检验思维的种种条件上。思维就是明智的学习方法，这种学习要使用心智，也使心智获得酬报。

教育名言

如果他不能筹划他自己解决问题的方法（自然不是和教师、同学隔绝，而是和他们合作进行），自己寻找出路，他就学不到什么；即使他能背出一些正确的答案，百分之百正确，他还是学不到什么。

——杜威

从“探究发现”到“数学建模”

——段安阳老师执教“连接图形中的规律”的片段赏析

去年夏天，听取了无锡市数学名教师段安阳老师执教的北师版四年级“连接图形中的规律”一课。段老师大胆放手让学生进行一次又一次的探究活动，并巧妙进行引导学生借助实验、列表整理信息，寻找规律，教学效果很好。这里选取几个片段，与大家分享。

片段一

老师以火柴棒做实验，一边让学生思考，一边动画演示：搭一个三角形要用几根火柴棒？连着搭两个三角形要用几根火柴棒？从中引出“公共边”概念。

师：再搭出第三个三角形又用了几根火柴棒？一共用了多少根？照这样从左往右，一共摆出 10 个三角形，一共需要多少根火柴棒？两人合作，一人摆，一人记，把记录单填写完整（表单包含三角形的个数、摆成的图形、火柴棒的根数等项目，图略）。

学生操作，摆三角形，依次完成表格填写，交流反馈。

师：观察上表，你有什么发现？

生：摆一个三角形要三根，接下来摆两个三角形就是 3＋2 根。

生：发现每次摆了以后都是增加 2 根。

生：都是单数。

生：有几个三角形就有几个三根，然后再减去一。

师：我们摆十个三角形用 21 根火柴棒，如果要摆 100 个、1000 个这样连接的三角形，你还愿意这样一边摆、一边数吗？那怎么办？

生：用图形的数量减1，然后乘以2，再加3。

师：让我们来验证他的解法。以摆10个这样的连接三角形为例，用了多少根火柴棒？

生：3×10－9＝21。（板书）

师：你为什么先用3乘以10？

生：先假设摆10个独立的三角形。（师演示课件）

师：一共需要去掉重复的几根火柴棒？公共边的条数和三角形的个数有什么关系？还有不同的想法吗？

生：3＋9×2＝21根（板书）。先算出摆一个三角形需要三根，接下来还要摆9个三角形，因为有一条公共边，所以每个三角形只要2根。（师演示）

师：这种想法实际是先分类，把第一个三角形放边上，第一个三角形和后面的9个三角形不一样。分类思想在数学中经常会用到。还有不同想法吗？

生：2×10＋1。先把它想成每一次都要加2根，然后摆10个2根，原来一个要3根，还要再加1根。

师：这种思想是找第一个三角形和后面9个三角形的共同点。刚才我们用不同的思路来研究解决这个问题，得到的结果都是一样的。所以，我们要学会从不同的角度来分析问题。现在，假如要搭m个三角形要多少根小棒？你会用含有字母的式子表示火柴棒的根数吗？

生：m×2＋1。

生：3m－（m－1）。

生：3＋（m－1）×2。

师：这三种方法求出的结果相等吗？你愿意用哪一种方法来算？

片段二

师：聪明的小猴子找来4根木棒，搭成一个正方形，把它固定在树枝上，接着往下反搭梯子，第二个正方形用了几根木棒？第三个正方形呢？第四个呢？（教师演示课件，学生观察）像这样用木棒搭连接的正方形是不是也像刚才摆连接的三角形一样有规律呢？一个正方形用4根，两个连接的正方形用几根？三个用几根？……摆10个这样连接的正方形需要多少根？

（过程与上面环节类似，略）

片段三

师：刚才我们用数形结合的方法来摆小棒，用列表的方法来整理，探究了连接的三角形和正方形中的规律。像这样连接图形中的规律有什么联系吗？

生：三角形和正方形中都只有一条公共边。

生："1＋2m"中的"1"就是连接三角形中的一条公共边，"2"是表示第一个三角形之后每个三角形只需要两条边。

生："1＋3m"中的"1"就是连接正方形中的一条公共边，"3"是表示第一个正方形之后每个正方形只需要三条边。

师：大家的发现非常正确。同时把两种连接图形有机地联系起来分析研究，找到它们中间的内在联系，这是一种非常有效的数学学习方法。你能用含有字母的式子表示其中的规律吗？

生：正五边形边的条数是1＋4，正六边形边条数是1＋5。

师：也就是1＋（正多边形边数－1）×n。

数学建模是一种重要的数学思考方法，是运用数学的语言和方法，通过抽象、简化建立能近似刻画并"解决"实际问题的一种强有力的数学手段。该环节的教学，从"探究发现"到"数学建模"，有几个明显的特点：

（1）组织有效探索。课始，段老师用学生习以为常的火柴棒搭三角形来做实验，组织学生进行有效探索搭三角形的个数与用火柴棒的根数之间的联系。在此学习过程中，教师借助于操作，有意识地引导学生从实际动手操作三角形，到通过观察小猴用木棒搭连接的正方形的过程，由浅入深，循序渐进，引导学生从不同的角度寻找规律。通过学生的实物展示和形象直观的课件演示，从简单的一个三角形、一个正方形到10个、m个三角形、m个正方形，让学生初步感悟连接图形中的规律。

（2）重视比较发现。操作是思维的基础和源泉，是学生获取新知的主要信息途径之一。在小组合作过程中，教师注意在操作的同时，重点引导学生比较观察。借助表格的填写，交流自己的比较发现。在教师引导探究摆10个三角形需要多少根火柴棒的过程中，学生摸索出了多种方法，教师能抓住关键，从一般的解法寻求用含有字母表示的方法，帮助学生真正理解，在前后两次找规律的活动中，教师不仅进行了同一种连接图形不同解法的比较，还进行了三角形与正方形连接图形的方法的比较，在比较中发现，在发现中验证规律，从而，从特殊规律的找寻到验证再到发现一般规律，教师逐步发展学生的数学思考能力。

(3) 提供方法支撑。新课程强调，数学学习应该是一个思维活动，而不是一个程序操练的过程。在上述环节中，教师一方面重视学生的自主学习，自主发现，同时，提供了恰当的方法支撑。从操作活动中表格的设计，分类思想的引导，从简单的三角形、正方形到研究复杂的用字母表示图形的个数，让学生体会数形结合的基本方法和价值，体会列表整理解决问题的策略。在操作中所获得的形象和表象及时推动学生进行分析、综合、比较、抽象、概括，从而引导学生体会不同连接图形的联系，不断丰富对数学思想方法的体验，积累对基本教学思想方法的认识，深刻理解连接图形的本质规律。

（陈惠芳）

延伸思考

课堂教学要有生命活力，其最重要的要素就是激活学生的思维。唯有如此，方能创造一种生动活泼、丰富多彩、沸腾热情的课堂教学生活。没有思维的冲击，课堂的智力生活显得疲疲沓沓、了无生气；没有思维的引爆，所谓的思想的痛苦与快乐都是虚无缥缈的；没有思维的突破，也就没有刻骨铭心的深刻学习体验……

谁在扼杀童真

有这样一个教学案例：一位教师在教学《三个儿子》一课时，突然一个学生站起来说："老师，课文是假的！因为课文先说：'一桶水可重啦！水直晃荡，3个妈妈走走停停，胳膊都痛了，腰也酸了。'但后来课文中却说：'另一个孩子跑到妈妈跟前，接过妈妈手里沉甸甸的水桶，提着走了。'妈妈提这桶水就很费力，孩子怎么能这样轻松地提走了呢？所以课文不真实。"老师愣了一下，脸色很难看，批评道："书上的还有错吗？捣什么乱！"学生只好悻悻地坐下了。

每次我讲起这个案例，都会引起一阵笑声，笑声表明大家对这位教师的处理很不认同。是的，这位教师的处理是不恰当的。孩子是天真无邪的，他提出来这个问题是童真的流露，何况他提出这个问题很有道理。可惜，教师出于对教材的崇拜而扼杀了这份可贵的童真！其实，教师可以这样处理：先表扬孩子有一双火眼金睛，然后再引导："是啊，这个孩子也许只能把水桶提出 10 米远，但他心里会怎么想呢？也许他只能帮妈妈把水桶挪动三五步远，但他心里又会怎样想呢？"这样，效果或许会与上面的处理大相径庭，一颗充满好奇的童心就会在老师的呵护下健康成长。所以，我们的笑声不应该只表明一种认识，还应该多一份意识：别扼杀童真！

此时，我不禁想起著名特级教师周一贯老先生所举的一个案例。教师上《五彩池》时，一个学生突然问道："老师，五彩池能不能游泳？"老师先是一愣，略作思索后便说："这个问题提得好！确定五彩池能不能游泳，要取决于四个基本条件：一是池子的大小，二是池子的深浅，三是池水是否干净，四是池底有没有障碍物。让我们来仔细阅读课文，看看课文中有没有这方面的信息。"学生通过深读课文不难从文中找出答案："大的面积不足一亩，水深不到三米；小的呢，比菜碟大不了多少，水浅得用手指就可以碰到它的底；水也来自同一溪流；原来池底生着许多石笋。由此得出结论——五彩池不宜游泳。何况这样奇异的自然风光，应当得到很好的保护，怎么能让人去游泳。"每次想起这则案例，总是拍案叫绝，与其说是为教师善于捕捉生态资源叫好，不如说是为教师善于呵护学生的童真称妙。

当我们在抱怨现在的学生缺少童真时，应该反思是谁扼杀了孩子的童真。

（廖纪元）

延伸思考

著名诗人、哲学家卡利尔·吉布兰在写诗抒发对子女的感情时说："孩子们自有孩子们的头脑，能百般爱护他们哟，却无法让他们跟着长辈跑。孩子们的心啊正飞往未来世界，锁得住他们的身呀，锁不住他们的心。未来世界呀无法找寻，就连梦中也无法找寻。"正因为如此，做教师的我们才应该小心翼翼地呵护学生的童真。

教育名言

任意曲解中，不会再有对话。读者作为建立对话的主动者，有自由随时与作品展开对话，正像水手随时可以扬帆入海洋一样，而一旦张帆远航，他就不得不观风向，测水流，尊重海的性格，熟悉水性。任意曲解则是甘冒灭顶之灾，使作品的理解丧失生命。

——殷鼎

文本解读岂能止步于“道德”

近日读了一篇博文，此文乃听课后感言，颇有意味。课文上的是人教版五年级下册的《自己的花儿是让别人看的》，执教教师着眼于课题中的“让”字，引导学生体会，德国人将花养于阳台之上供人观赏，乃是出于“我为人人、人人为我”的高尚境界。对此，听课的作者于此迷惑不解，他发问道：“如果德国人养了一盆喜欢阴凉的花，他也会放在阳台上吗?”对此，孩子们则是懵然不知所以，而教师则在沉思之后答道：“不会。”而后作者又发一问：“花在阳台则他人观赏，花在室内则自己观赏，花之位置皆因其本性而摆放，可见主人爱花而已，又与‘我为人人、人人为我’的崇高境界有何关系呢?”

读罢此文，忽思及往昔阅历过的诸多课文和课堂，此种以道德为依归的解读和教学比比皆是，固自以为拔高为上，殊不知道德境界于人性之天空非为至高至上之境界，它只是着眼于人际关系原则的一层空间而已。一味地作此思维推演，往往会使它变成一道樊篱，蒙蔽了更高更远处的天空，使教育的境界难以伸展、思想的成长受到束缚、孩子的心灵滞于压抑，岂不惜哉？如何走出文本解读的道德樊篱呢？以下就个人经历及思考，略陈陋见。

（1）走出文本解读的道德樊篱，走进社会的真实。小学语文中的许多课文因时代、地域、文化、民族和国情而有差异，我们在对文本的解读中却常常忽略这些，依照一种思维惯性，把其中人的行为都归结为某种道德所致，如开篇的课例即是如此。

还有些课文确实关涉道德，但它也不是仅仅以此就能够阐明问题之所在，一味地把道德当做解释疑问的“灵丹妙药”，只会使思想与真实的社会越离越远，变得简单、幼稚，矮化以致凝固成一堆道德的概念。如“舍己为人”“无私奉献”等词语，几乎能够概括小学阶段大部分写人课文的内涵，以致孩子们百听生厌、无可奈何。如何走出这层道德的樊篱，揭示真实的社会图景，引发孩子们更灵动的思维空间，此处且看以下课例。

苏教版第三册第16课《孔繁森》中写道：孔繁森收养了三个因地震失去亲人的藏族孩子，曲尼、曲印和贡桑，像对待亲生儿女一样对待他们，为了供他们读书，他不顾年老体弱，到医院去献血换取营养费，这件事使得藏胞们感动不已。而在教学过程中，孩子们也被孔繁森的精神所感动，因此，有的孩子就认为他年纪那么大、身体又不好，实在不该去献血，尤其是在读过补充材料之后，他们得知孔繁森竟然就牺牲在那里，这种感情就更加的强烈。

生：有那么多的年轻人，为什么要让一个老人去献血呢？

生：孔繁森不是援藏干部吗，他的工资为什么这么低？

生：他又要干好工作、又要照顾好三个孩子，忙得过来吗？

生：还有没有条件更好的人家呢？说不定他们很想收养孩子呢！

生：有没有别的办法能让这几个孤儿生活好、有学上呢？

怎么回答他们呢？是的，谁不愿意让这样一个好人生活得更好些呢？如果在课文中寻找答案，只有一句话：孔繁森是一位优秀的援藏干部。

于是乎，“优秀”一词便是所有的解答，既能从中更深入地挖掘孔繁森的精神世界，让孩子们受到更深的道德教育，也符合文本所规定的情感目标的要求。然而，这种解答能满足孩子们的愿望吗？

这种在课堂上重复了千百次的道德提炼，似乎给了孩子们一个暗示，那就是，只要我们的道德高尚了，什么问题、什么困难都能解决。于是，我们就不必去直面孩子们的那些要求和疑问，就可以对社会中确实存在的问题避而不谈。只是令人叹息的是，孩子们那么可贵的情感、那么有价值的思考，就这样被轻易地抛弃了。为何不能循着他们的问题，追索下去呢？

“你们能不能帮孔繁森爷爷想一想，有更好的办法帮助这三个孤儿吗？”

记得在我提出这个问题后，孩子们想出了许多办法：家庭收养、社会资助、福利院、政府帮助（此系教师的概括）……他们还认为，如果想了这些办法，孔繁森爷爷就不必去献血了，他可以安心地工作，抽时间去看望他们，而这三个孤儿也能生活好、有学上。这样，避开抽象的道德说教，直面真实的社会，孩子们的情感、思维和道德培育便有了一个使其充分生长的空间，何其善哉！

（2）走出文本解读的道德樊篱，走进历史的真实。历史题材的课文由于其时间的久远，难以得到鲜活的解读。我们常常以最近时代的印象——即明清两代的社会思想、伦理和文化去印证它们，使得大部分此类课文的解读往往落于一个窠臼——传统道德，其延续至今，虽不新鲜，却也令人感觉根深蒂固、不可质疑。或有与现实相联系者，更觉出其生命力之强大，确证无疑。然而，有时倘若我们深究一步，便会发现有些历史事件远非想象中的面目，它的精神特征不仅不觉古旧，反而有某种现代意味，却也是历史的真实。

如苏教版第八册第10课《公仪休拒收礼物》，对人物精神的概括很自然的便是“清正廉洁”，许多教师在课堂上对此挖掘得很深。确实，材料丰富，内涵深厚，因为“清官文化”自古以来便很发达，尤以明清为盛，如彼时流行的《包公案》《施公案》等探案小说便造就了大批的清官偶像，而其时“海瑞罢官”的故事、“于谦两袖清风”的典故也是家喻户晓、妇孺皆知，直至今天，对清官的怀念和这种道德的宣扬仍然占据着某种主流地位。于是在有些课堂上，伴随着对公仪休正直廉洁的歌颂，许许多多的清官文化也传播开来，有的还抬出了《官箴》中的话“公生明，廉生威”，并举出诸多古今贪官伏法的事例，以便正反对照，取得更好的教育效果。

然而深究文中这段话，细细体味，便能嚼出别样的意味：“公仪休：‘你想，如果我收了人家的鱼，那就要照人家的意思办事，这样就难免要违犯国家的法纪。……如果我犯了法，成了罪人，还能吃得上鱼吗？……现在我想吃鱼，就自己去买，不是一直有鱼吃吗？’”

公仪休拒收礼物的原因仅在内心的道德操守吗？不是，可以看到，对于法律的遵守和畏惧也是他行为的重要原因。而翻开往昔的历史可知，自春秋始直至战国初期，各国面对激烈的竞争，纷纷任用贤能，变法自强，这时期各种治国学说也繁荣起来，其中有一家就是“法家”，提倡依法治国，一切都以法律规章为准绳，认为这样就能使国家强大起来，而“公仪休拒鱼”这件事就发生在那样的历史背景下。据历史记载，为了遵守“官吏享有俸禄便不得与民争利”的法规，他还拔除了家里长得很好的冬葵菜，剪断妻子织的布匹。他的这些事迹很为法家学说之集大成者——韩非所赞赏，把他和法家另一著名人物西门豹相提并论，而《史记·循吏列传》也说：“公仪休者，鲁博士也，以高弟为鲁相。奉法循理，无所变更，百官自正。”

至此可见，公仪休的行为更多地可以看做是一种“法治”精神（虽然并不彻底）的体现，并非仅仅是对“廉洁无私”的道德解说，而这种精神比之由古及今的“廉洁奉公的道德自律”，显然更具有实践性和现实意义（因为现代的法治是人民主权和国家意志的体现，它的规范和威严已非公仪休的“法治”可比，更超出了道德教育的范畴）。所以，理解历史事件和历史人物，都要联系当时历史的现实，而不能习惯性地只是把道德因素单独地抽离出来，作单极的“道德思维”，否则，只能造成一个个虚空乏力的“道德图说”，远离历史的真实，于孩子们无益，与我们时代所需的精神也不符。

（3）走出文本解读的道德樊篱，走进科学的真实。科学类题材的文章在目前的语文课程中占了相当的比例，对此类课文的教学目前还存有争议，焦点在于，语文课程性质及其目标和科学领域里的精神元素如何融合，其主次之别，又怎样辨识。其实，细究此种争议，不难发现，在我们的语文课程意识中，科学类课文还是被排斥在外、视为异类的，一则其内容似乎无关语言文字之美，二则其精神似乎也缺少我们熟悉的文化气质。

而这种排斥由来已久，因为我们的文化传统有一个严重的缺憾，一方面人文科学博大精深，良莠并存；另一方面轻视科学技术，压抑发明创造，甚至视科学为“雕虫小技”，不屑一顾。由于科学意识历史性的淡漠，我们的传统文化和教育也没有给科学精神的培育、成长留下一席之地，一直缺乏追求理性的精神，导致以社会伦理为主要内容的“道德文章”成为文化的“标签”、教育的主流。此种影响使得对科学类文本的解读往往忽视其理性严谨、勤于动手和追求创造的精神特质，而满足于对科学家个人道德品质的歌颂。

如苏教版第九册第六单元的两篇课文《天火之谜》和《诺贝尔》，前者的解读常会突出“不怕讥笑、甘冒生命危险的勇敢”，而后者则是集中于阐释诺贝尔“热爱科学、热爱人类的无私奉献精神”，虽然无法回避他们科学研究的实际情形，但在教学的行进中，这种道德评价的影子却始终伴随着全过程，并最终要“修成正果”。不可否认，学习科学家自是离不开他们的个人品质，但这种偏颇的解读似乎让孩子们无法感受到科学创造的快乐，四面逼来的还是让人感到有点窒息的道德义务。文中富兰克林挑战天上的“神灵”成功了，他欣喜若狂地大喊；而满身鲜血的诺贝尔也从浓烟中冲出，高举双手呼喊成功。成功者极度快乐，孩子们却难以从内心深处产生共鸣，他们迷惑：科学的魅力在哪里呢？他们为什么会那样痴狂？

也许，我们该想一想科学研究到底是何种性质的活动，科学家是何种特殊群体，文本解读时我们究竟要揭示什么，如何走进科学的真实。抛开陈旧的课程意识，我们就可以发现探索未知、理性思考、动手操作，追求创造这些科学活动的内在精神，应是科学类文本的最大价值所在，而其他的价值目标只是这种内在价值的延伸。面对“天火之谜”、众人的嘲笑，向未知挑战的富兰克林为何如此自信？因为他有着科学的理性：观察——推测——实验验证，而且这个实验设计严谨——有一系列的导体：铁丝、淋湿的麻绳、铜钥匙；麻绳下系丝带引入室内，保证安全。整个过程渗透着一种严密的思维，是理性的头脑和高超的动手能力，而“勇敢”帮助他发现了未知、征服了自然。而诺贝尔发明炸药的过程可以说时时与死神相伴，从液体炸药——（湖上实验）固体炸药——雷管，这一系列的发明，如果没有极为严谨的科学理性思维和高超的动手操作技能，无法想象，他是否能走向成功。而一个把生命献给科学的人，他的无畏和热爱是很难用一把道德的“尺子”去测量的，也许这就是科学的魅力。

（4）走出文本解读的道德樊篱，走进文学的真实。源自文学作品的文本无疑是语文课程中最大的一类，它们的存在规定了语文学科的基本属性，使得语文成为各学科中最富有诗意、最具美感、最变幻莫测、最富于思辨性的“迷人之地”。之所以然，是因为文学即“人学”，这大千世界，还有什么事物其复杂性能超过人类呢？然而，在我们的经历中，语文课堂的这种神奇魅力却时常难以寻觅。

探寻引起变化的诸多因素，不难发现，教师对文本的把握往往不是建立在自身深入阅读、感悟体验的基础上，而是通过已有经验或者教参，“快餐式”地抽取文本的主流价值——一种极具抽象意味、天然带有形而上倾向、且为大众所熟知的话语形式——“道德”。“道德”的哲学特征，使它非常适合成为解读文本时提前设定的那种“固定结构”或者“终极意义”，只需面向它亦步亦趋的求证，文本解读在精神上就减少了探索的辛劳和不确定性，回避了语文复杂难解的人文内涵，但是这种一元化的直指中心的教学，其弊病是显而易见的，那就是孩子们虽能达成对文本的事实、内容、意义的掌握，但却始终被动地漂移在故事情境之外，情感没有触动，形象没有感受，语言没有品位，更别说悟出自己独特的观点、别样的见解，语文学习便成了一道道毫无兴味的“证明题”。

面对此种情形，如何摒弃那种直奔“道德高地”的“主题先行”的教学模式，回归语文课堂的本位、走进文学的真实呢？首先，我们需要理清的是文学类文本的内在追求：以具有诗性的文学素材培育孩子们的人文精神和诗意美感，感受人性的丰富与复杂，培养他们初步的思辨能力，使他们学会用自己的眼睛观察人类的精神世界，学会汲取与容纳他人的价值取向与是非判断，学会有意识地悟出适于自我的人生哲理和永恒意义。在此，我们且看以下课例的解读。

苏教版第九册第 23 课《林冲棒打洪教头》，是一篇极为适用“道德主题先行”的课文，林冲、洪教头二人的对峙极易被解读成一种具有道德意味的对立——善与恶、正与邪、美与丑，鲜明无比。解读之中，自然可以无比轻松地求证，还可以无比畅快地歌颂与嘲笑。只是当人物成为一种标签时，文本内含的人文培养目标便无从实现了。

从故事的情节来说，林、洪二人萍水相逢、无仇无怨，所以并非属于道德意义上的对立，他们只是在性格上有着很强的对应关系，林冲沉稳、斯文、敏感、细腻，洪教头急躁、粗鲁、迟钝、直率。因此在文本的解读中，应努力从人物言行感受其内在的性格，而不应去追求道德的高下。即使有所比较，那也是品味人物性格的完善与成熟。从这个角度上看，林冲无疑是占有优势地位的，他不仅武艺高强，而且颇有谋略，后发制人，打得洪教头一败涂地。而洪教头一出场便可见其性格上的劣势，“挺着胸脯，歪戴着头巾”，其姿态乃典型的“阿 Q 式”自大，其衣着则见其粗疏懒散，说话更是无所顾忌、直来直去，显示其头脑简单不善思考。然而人性是复杂的，“人无完人”，而孩子们相异的个性和思辨能力，也会使他们做出不同的价值取向和是非判断，对此，我们不但要尊重、接纳，还应予以鼓励和支持。比如，有的孩子可能会认为林冲过于软弱，见面施礼不受尊重，还要向其让座，即使是身为犯人也不应该这样，因为一个人再谦逊知礼，也不能放弃做人的尊严，否则难免受人欺辱。而有的孩子会认为洪教头虽然不自量力，但勇气还是有的，毕竟柴进提醒过他，林冲“乃是东京八十万禁军教头”，而他打则尽力，败则走人，还是有点男子汉气概的。

在文本之中，每一个人物的出现都不是偶然的，比如柴进，也会引起孩子们的注意，因为在他们的眼睛里，人物没有主次之分，只看对其有无兴趣。柴进也是梁山好汉，但他和林冲这个好汉有何异同呢？听其言、观其行、思其心，可见其讲义气、好武艺类于林冲，但林、洪比武之时却还任林冲戴着木枷，在林洪比武中途为求刺激又置银为彩头，看似豪爽，但更多可见其“大官人”的身份和随意。

这样，从文学情境中去解读文本，帮助孩子们用自己的眼睛去观察、用自己的心灵去感受、用自己的头脑去思辨，便可抛弃符号式的分析而走入人物的内心世界，从道德的求证转变为多维度的评价，从各类人物形象的比较中体验小说的艺术美感，从而使他们走进文学的真实、充分领略语文的人文魅力。

孩子们的精神世界是灵动而又充满生机的，他们需要在一个似天空般辽阔、似大海般博大的境界里，获得尽可能完满的成长。语文正具有这样境界，那么我们对文本的解读又怎能止步于道德，使之变得低矮、局促呢？愿我们驱散游云、移走暗礁，使他们重新看到语文明净的天空和澄澈的海洋。

（曹兴宝）

延伸思考

涂尔干在《教育社会学》一书中曾说：“教师是他的时代和他的国家的伟大道德观念的代言人，教师绝不能用传授他个人的价值观和信仰来扰乱社会，因为这样会把他的民族变为互相冲突的、分崩离析的乌合之众。”教育教学中不要借道德的名义来对学生的思维进行不道德的限制。文学文本从某种意义上讲是最好的道德范本，但它不是来自简单的说教与贴标签式的解读，更多是引导学生作心灵的漫游与思维的互启。

第四章 Chapter 4 有效教学指点学法

主题感悟

有效教学应提供学法指导

为什么不少学生越学越累，越学越烦，越学越困难呢？个中原因纷繁复杂，人们对此也众说纷纭。对学生方面的调查研究表明，不少学生越学越不懂得怎样学，而正是不知怎么学，导致他们的学业危机。我们认真考查后发现，在三维目标中，“方法”起着重要的活化作用，即只有方法得当，才能获得知识、训练能力；只有方法得当，才能更好地理解过程、优化过程；只有方法得当才能对学习本身产生积极的情感态度价值观。对于学法指导的淡漠与忽视，使学生的学习生活处于一种“被动消极”的状态之中。俗话说得好，“难者不会，会者不难”，因为不懂得学，所以学不好，无法获得学习本身的奖赏，学得不快乐。如此一来，造成恶性循环，导致学习的动机不断衰减，学习的主动性不断丧失。教学要激发、维持和强化学生的学习主动性，教师在学法指导上不可不精心设计。否则，学生的学习会陷入“越学越难”的困境，我们的教学就会事倍功半，甚至劳而无功。《学记》中说得相当明了：“善学者，师逸而功倍，又从而庸之；不善学者，师勤而功半，又从而怨之。”其意思是，善于学习的人，往往不用老师多花精力，自己就可以获益良多，并且知道这是老师的功劳并感谢老师；而不善学习的人，即使老师花费了很大的气力，自己却获益很少还埋怨老师，认为是老师没教好。当然，这里的善学不是“生而知之”，而是通过“学而知之”，即是必须学习如何学习，只有掌握好的学习方法才能更好地学习。

尤其是当课堂教学课程目标开放灵动、内容丰富多彩时，如果不讲究“学法指导”，学生们常常一节课下来觉得如“盲人摸象”，似乎学得一些似懂非懂的东西，然而，细加追问又是一片迷茫。至于他们自己来学相关的教材内容，只会泛泛地读一读，很难有切实的方法指引他的学习活动。从这些角度上来理解，学法指导事关重要，事关学生的后续学习与终身发展。英国著名的教育家斯宾塞认为，方法是最重要的知识。课堂教学的一个重要使命，就是教学生学会学习，学会学习的方法，使学生在学习时不再是含含混混的“一遍一遍又一遍，两遍三遍四五遍。六遍七遍八九遍，飞入芦花都不见”。也就是说，我们在引用“书读百遍，其义自见”的时候误读了其重点的含义所在，其原意是多读的重要，但并不意味着可以用“死读硬记”的“笨办法”一遍一遍又一遍地读，而我们在引用时常常在说明“只要多读就可以不讲方法”。倘若是这样，我觉得读下来，不但无法“其义自见”，反而导致“其义自厌”。教学的目的是什么？陶行知先生说得相当透彻，教学不是教学生，而是教学生学。教学要真正摆脱“差少慢费”高耗低效的局面，在课堂教学中必须有明确的持之以恒的“学法指导”意识与实践。

（1）学法的指导首先要激发学生的学习动机。有一位记者询问巴金先生关于写作的技巧与方法时，巴金先生说了一句话：“情感是最大的技巧与方法。”同样，对于学习来说，动机与兴趣是最好的方法。郭思乐教授在《教育走向生本》中写道，曾经有一位企业家问他什么是教学，他说：“如果你告诉学生，3 乘以 5 等于 15，这不是数学。如果你说：‘3 乘以 5 等于多少？’这就有一点是教学了。如果你有胆量说‘3 乘以 5 等于 14’，那就更是教学了。这时候，打瞌睡的孩子睁开眼睛，玩橡皮泥的学生也不玩了：‘什么什么？等于 14？’然后他们就用各种方法来论证 3 乘以 5 等于 15 而不是 14。比如 4 个 3 是 12，再多加一个 3，是 15；数一数，5 个 3 是 15，等等。”在这里，我们就把“教”转化为“导”，转化为“学”了。原本在我们的习惯中堂而皇之的“教”消弭于无形了，当然，它在无形的状态中存在着，此事不言自明。在我看来，导学重在导情、导趣、导益，一时半刻用一些小技小巧来吸引学生的注意力与兴趣，毕竟不是长久之计。像郭教授所说的，要不断地开掘学生的内在动机及其对学习本身的兴趣，这是真正有效的、可持续发展的“学法指导”。

布鲁姆在《教学论》中指出，几乎每个学生都有学习的“内在”动机。内在动机是不受任何外部奖励影响、自发的活动。好奇心可以说是典型的内部动机。我们的注意力常常被那些不明晰的、未完成的，或是不确定的事情所吸引。我们一直关注着，直至这些事件明晰、完成并且确定下来了。探明事物的真谛或仅仅是追求这一目标的过程就足以让我们感到满足。无论外部奖励多么令人愉悦，无论我们多依赖它，外在奖励终究是外部附加的。激发并满足好奇心，这是与生俱来的循环过程，同时也是我们表达好奇心的方式。学法指导的关键就是激发学生的学习的好奇心与求知欲，点燃他们探究的热情，只要有源源不断的学习意向与坚持不懈的学习意志，他们就无学而不胜，无学而不乐！

(2) 学法的指导要有法可依、具体明确，可仿可效可创。学法指导不能泛泛而谈，必须具体明确，让学生可触可摸，可感可解，可效可仿，否则，等于纸上谈兵。学习方法的获得不是通过简单的授受能解决的，而是通过不断地实践训练，在运用相应的学习方法中掌握学习方法，即在学习中学会学习并达到自主学习。

严丽仙老师在上《圆明园的毁灭》(人教版义务教育课程标准实验教科书五年级上册) 第一课时的时候，其设计理念是立足于“一个中心”，即学法策略中心，努力实现从“教会知识”转向“教会学习”。在教学中，她着重让学生理解 3、4 自然段，引导学生借助资料展开想象来续写“有……也有……有……也有……”的句式，不同的学生写下不同的景物。严老师引导说：“刚才老师看到了同学们续写的句子，感觉圆明园内的景物真是美不胜收，应接不暇，你们用再多的‘有’，再多的‘也有’来写也写不完，所以老师在读这个句子时，发现里面有一点瑕疵，一个标点符号有毛病，找出来，修改一下，使它表达的意思更意味深长，让读者有更大的想象空间。”学生修改标点符号。严老师把“句号”改为“省略号”，并出示句子对比，让学生说说句号和省略号的不同意思，在此基础上引导学生进行小结，质疑文本的学习方法。接着，严老师让学生们学以致用，运用“质疑法”自主学习第四自然段，学会发现、探究。严老师出示句子“上自先秦时代的青铜礼器，下至唐、宋、元、明、清历代的名人书画和各种奇珍异宝”，引导学生发现句子中“和”字用的不协调，鼓励学生挑战权威，修改教材，把“和”字改为“等”字，结合理解“奇珍异宝”。

美国著名的教育家阿德勒曾经说过，苏格拉底曾对教学的本质表示了基本的见解，他把教学艺术比喻为助产术。正如助产士协助身体生出新生命，教师也协助心灵生出概念、知识与领悟力。此处主要的观点就是，教学是一种谦卑、协助的艺术。教师并不生产知识，也不把概念塞入空洞、被动的心灵。主动产生知识及概念的是学习者，而不是教师。诸如此类的学法指导，指在关键处，导在开放点上，重在引导学生自己悟出方法，主动生产出“方法”来，尤其重要的是步步落实，稳打稳扎，引学生运用方法、理解方法，然后有的放矢地进行训练。

(3) 学法的指导要有理念观照，循序渐进，协同发展。学法指导不可能毕其功于一役，能力与方法的形成需要天长日久的反复训练才能奏效。这就要求各个学科的教师都要有一个共同的理念，也就是通过学法指导不断地指导学生，让学生学会学习并走向自主学习，就是所谓的达到不教而学。如果缺乏共同的认识基础，不同的教师采用截然相反的教学法，那么，学生就无所适从，教育教学的整体的综合影响力就会发生内耗或损耗。如我曾经读过这样的一个教学案例，谈的是杜威在倡导探究式学习法时遭遇到的课堂困境，题为“地心是由什么构成的”：杜威刚刚创办实验学校不久，一天来到学校的一个四年级班上。班上的老师看到校长来了，就把班交给他。当他了解到这节课讲的是地球的结构时，杜威面向学生，问道：“小朋友们，如果你们不断地挖地，会发现什么?”几十个学生，你看看我，我看看你，都答不上来。杜威看了看，认为自己的问题提得不明白、不清楚，学生可能没听懂，于是又重复问道：“小朋友们，如果你们在玩耍时挖地，一直往下挖，你们会发现什么?”见学生还是答不上来，那位老师急了，开口说：“杜威博士，你问错了，问题不应该这样问。”然后她转身对学生说：“孩子们，地心是由什么构成的?”“岩浆。”学生们马上齐声答道。杜威见此情境，连连摇头，然后悻悻地走出了教室。

学习的最大价值就在于探究，我们提倡用探究式的学习方法来进行学习研究，但是教师之间观念与教育理解力的不同，往往导致课堂教学的一些方法在学生内心深处“撞车”。鉴于此，首先，我们培育学生的自主性与学习能力的前提就是学校要形成人所共知、人所公认的教育教学理念及共识。其次，对于学法的指导要有一些切实可行、行之有效的系统训练规划，而不能是随意盲目的行为。因为学法的形成不是一朝一夕的事，不是一挥而就的事，而是一个循序渐进的过程。

杜威说过：“学校中求知识的目的，不在于知识本身，而在于使学生获得求知识的方法。”知识是无限的，而人生是有限的，如果没有正确的学习方法，我们只能劳而无功，而反观我们课堂教学的现状，大多数学生对于学习方法不甚了了，甚至教师们也对学法指导含糊不清。对于学生而言，找到合适的学习方法是在教师的适当点拨之下养成方法的意识，并尝试多样化的方法的学习的过程。所以，我们要用我们的聪明才智来引导学生学会学习。我们要谨记苏霍姆林斯基的话：“毫不夸张地说，小学的主要任务就是教会儿童使用一个人终生都靠它来掌握知识的那种工具!”虽然说的是小学，但他的这话对中学同样适用。

教育名言

教师也应当是明智的人，他应当深知教学方法，懂得俯就学生的能力，如同一个走路很快的人，如果恰好和一个小孩走在一起，他就会用手牵着小孩，放慢自己的步伐，不能走得太快，免得他的小同伴跟不上。

——昆体良

有效教学智慧

教学艺术“灵感”何处来

那是好多年前的事了。

那时我刚刚接手一个初二“双差班”（我不赞成用“差班”“差生”这种带有鄙视色彩的词语，这里这样说只是为了叙述的方便）。课前两分钟的预备铃早已响过，可大部分学生仍在课桌间穿来走去，有打闹的，有起哄的，整个教室乱糟糟的。我胸有成竹地走上讲台。这一堂课的内容是“评讲”新学期的第一篇作文。说是“评讲”，其实我心里明白，对那些“文章”，我除了给每篇打了个分数以外，大部分没有仔细看，倒不是我偷懒，而是看不懂。那些所谓的“文章”，句子不通还在其次，单是那些缺胳膊少腿的“蟹爬式”文字以及文字间莫名其妙的组合，简直惨不忍睹，叫人看不下去。

上课铃响以后，等教室里稍稍安静一些，我请各组组长把作文本发下去。我等待着一种戏剧性的“轰动效应”。

果然，随着一阵翻动作文本的声音，教室里立即产生了强烈骚动：有高声嚷的，有拍手笑的，还有人把作文本抛上了天花板……

“哈哈，85分，我得了85分！”

“老师，你寻什么开心，凭我这个水平，90分像吗？”

……

总之，说什么的都有。想想也难怪，这些平时“吃”惯了30分、40分的学生，一下子得到了“优秀成绩”，对眼前的事实当然无法接受，他们的结论只能是老师在跟他们开玩笑。

可是，我的表情严肃，脸上没有一丝笑意。看到我一脸严肃的样子，学生的笑脸也渐渐收敛了起来，教室顿时安静了不少。我抓住机会，郑重其事地说：“在学习上，我从来不跟学生开玩笑。我打的每一个分数，都是经过慎重考虑的。我相信我打得正确，你们也完全有资格得到高分，因为大家的作文完全符合我在作文课上向你们提出的要求。”

原来，两天前的作文课，我出的题目是“我的一家”，我向他们提出两点：(1) 标题必须写在第一行的正中；(2) 文章要分段，家里几个人就分几段，每段起始要空两格。我还特地对学生说：“我是十分严格的，凡是我提出的要求，你们必须不折不扣地做到。现在我担心的是，你们没有能力做到这两点。”我的话音还没落，一些学生就忍不住“抗议”起来：“老师，别太小瞧我们了！”看得出，他们对我还是将信将疑。

作文收上来以后，我真的只根据两项要求来打分，对凡是符合这两项要求的，至少打80分；对字迹还算清楚、大体能看懂的，给90分以上的高分。就这样，我只用了一个小时，就把这个班的作文“高效率”地处理完毕。如我的预料，学生们对我的“评分”方法感到吃惊，对我这位语文老师也开始发生兴趣。我趁热打铁，和他们作了一番推心置腹的交谈。我说：“我知道你们不太喜欢学习，尤其是不喜欢学语文，但这不能全怪你们，学校、老师都有责任，你们被人家叫做‘差生’，这是很不公平的，事实上，在座的同学的智力一点也不比别人差。据我了解，××的航模就做得不错，××会小修理，××足球踢得有水平，这次作文也证明，只要你们想做的事，就完全能做好，至少比我小时候强。我在小学读书的时候就留过三次级，大家别笑，千真万确，是个名副其实的‘差生’。可我进入中学以后，经过努力，各科的成绩都上去了，语文——当时叫国文，成绩还常常名列全班第一。我有过和你们一样的经历，因此完全理解同学们的苦恼。我也知道，大家都希望报告单上有个体面的成绩，从现在起，我愿意尽我的努力给大家提供诚心诚意的帮助，也希望同学们努力。我相信你们也会理解老师的心情，乐意跟我好好合作的。”

我发现，学生的神情开始专注起来，有的慢慢转过斜坐的身子，课堂里出现了从未有过的安静。这一切都说明，学生已经被我的诚意所打动。我继续说：“这次作文就是我们的第一次合作。我很高兴大家都做到了我提的两点要求。你们千万别以为做到这些没什么了不起，今天你们懂了作文标题怎样写、怎样分段，这就叫‘知识’，别看只是这么一点点，人的知识就是这样点点滴滴积累起来的。也不要把你们应得的成绩看成老师的慷慨，更不要把我们之间的第一次合作当成开玩笑。今后，我们是不是订一个‘协议’：每作一篇作文或每上一堂课，我都对大家提出一、两点要求。别看每次的要求不多，日积月累，你们学到的东西就多了，只要你们肯像这一次一样努力去完成，我保证你们的成绩单上肯定会有个体面的80分！”

教室里显得更肃静了，但我透过学生“心灵的窗户”，感受到了大家内心的激动，也看到了我工作的转机。

自这次谈话以后，我就遵照“协议”，每次作文都只提出两至三项估计学生都能做到的要求，从书写、款式、标点等形式入手，然后扩展到对内容的要求，逐渐加大难度，使学生每做一次作文都明显感觉到自己提高了一步。这个班级我教了两个学期，在第二学期的最后一次家长会上，我把学生两个学期的作文本发给家长们看，他们惊奇地发现，学生最后的几篇作文，大多誊写认真、字迹端正、款式正确、标点清楚，已经像一篇中规中矩的“文章”了，跟最早的几篇作文相比，简直像出自两人之手。

我当时教两个班级的语文，有时向县里的语文老师开观摩课，就特意选这个班级上课，这更增强了学生的自信心和自豪感。后来这个班级在各科老师步调一致的努力下，渐渐改变了“双差班”的面貌，到毕业时与普通班的差距已不再明显。

做过教师的都有体会，帮助“差生”是教师碰到的最棘手的问题。平时我们帮助“差生”，往往只是学习差帮学习，品德差帮品德，纪律差抓纪律，用要求一般学生的标准去要求“差生”，其结果往往是越帮学生越失去信心，越帮成绩越差。

打篮球有个“篮球架效应”，里面包含着有趣的心理学原理：如果球架设得太低，很容易投进，玩的人就会失去兴趣；但若设得太高，不容易投中，玩的人就会失去信心，这两种情况都会影响游戏者的动力。“篮球架效应”给予我们的启发，有助于我们正确处理目标与动力之间的关系。帮助“差生”之所以难以见效，就是由于他们在学习上“欠债”太多，无论怎么努力都还不清，而我们却是用常规高度的“篮球架”去要求他们，结果只能越帮越使他们丧失信心。我的尝试就是给这个班设计了一个既适合他们眼前的高度、又不断升高的篮球架，先以适当的要求树其信心，继以体面的成绩增其兴趣，再以充分的理解动其感情，最后以长期的合作坚其意志……他们终于改变了学习落后的面貌。

有人也许会说，这个原理和技巧好多人都知道，或许还不止一次地使用过，但效果却未必理想。问题就在这里。不错，表面上看，它确实是个教学技巧问题，但在技巧的背后，却是个对学生是否尊重、关怀和理解的问题。举个并不一定很恰当的例子。我接手这个班级时，就像拿到一把日久生锈的锁，通过了解分析，知道问题的症结，就如同找到了开锁的钥匙；而设身处地的理解、真诚的关怀才是打开“生锈之锁“的“心灵钥匙”。而我能够比较容易找到这把“心灵钥匙”的原因，说出来也许“不值识者一笑”，我自己就曾经有过当“差生”的体验，因此我最理解“差生”心理，知道他们的需要和愿望，也关切他们未来的命运。因此，我当时并没有刻意追求什么教学的“艺术”，只是苦苦琢磨怎样用自己的心去贴近学生的心，用自己的“心灵钥匙”去打开学生的“心灵之锁”。

19世纪德国教育家第斯多惠说过：“教学的艺术不在于传授知识，而在于激励、唤醒、鼓舞。”据我理解，教学的艺术，总而言之应该是促使“人”不断向上的艺术。因此，对“人”的关切，对“人”的心灵的关切，对“人”的未来命运的关切，应该是一切教学艺术的“灵感之源”，这种发自心灵深处的关切，能够激励教师百折不挠地去寻求“人”的成长规律，唤醒教师心中正在被激烈的升学竞争所窒息的创造激情，鼓舞教师去努力当一名塑造“人的心灵”的艺术家。可以这么说，一个教师只要被一个崇高的信念所激励、唤醒、鼓舞，他就一定能找到激励、唤醒、鼓舞他的学生的最有效的手段和技巧。这大概就是所谓的“教学艺术”了。

（钱梦龙）

延伸思考

德国著名的教育家第斯多惠提出，没有激发便没有发展，天资也就停滞不前。教育就是激发。教育理论就是激发理论。如果培养称为“按智力发展”，那么天资的培养就是有一定目的的激发。学法指导的第一要素就是激发学生学习的热情与积极性，只有乐学才可能善学。

教育名言

教师应当始终把引发学生学习和发展的内在动力即兴趣和求知欲摆在首位。

——苏霍姆林斯基

谁是我的妈妈

——“细胞核与生物遗传”教学片段

该学习“细胞和控制生物的遗传”了。

对于初一的孩子来说，“受精卵内有指导身体发育的全部信息——遗传信息，遗传信息存在于细胞核里”，这一知识实在太过抽象。课本上所提供的资料是一幅图片——《小羊多莉的身世》，A、B、C三只母羊分别是供卵细胞（去核）母羊、供核母羊和代孕母羊，还有小羊多莉，这部分内容最后有一句话“小羊多莉虽然是由C羊生出来的，但长相一点也不像C羊，也不像A羊，而是几乎和B羊一模一样”。

虽然从课程标准看，这节课并不需要学生懂得细胞核如何控制遗传，只要能够描述出细胞核里有遗传物质就可以了，但看起来很简单的一节课，上起来并不容易。过去的教法是，对照插图逐一讲述三只母羊的作用，并一再强调要记住细胞核里有遗传物质能控制生物的遗传。因为学生是被动听讲，印象总是不太深刻。而且由于这一内容过于抽象、微观，学生很难对此产生浓厚的学习兴趣，这也不利于稍后“细胞的分裂”这一知识的学习。

苦恼中的我想起前段时间在肖爱民老师的博客上看到学生写的“找妈妈”的小短文，突然灵机一动——让学生分角色现场表演如何？

上课伊始，我首先让学生回顾了细胞的结构、动物细胞和植物细胞的相同点、不同点以及细胞中的能量转换器叶绿体和线粒体之后，我提出：“为什么种下去的小麦长出来的还是小麦而不是玉米，小猫生下来的还是小猫而不是小狗？”学生开心大笑，并说是生物能遗传。我继续问道：“生物为什么能遗传，什么结构控制生物的遗传呢？”他们回答是“细胞核”。我继续引导：“怎么知道细胞核有遗传的作用？不妨来个小游戏吧。”

一听玩游戏，学生兴高采烈。我出示了一张图片：克隆羊多莉的照片，随即出示一句旁白“究竟谁是我的妈妈”，我对照图片说：“小羊多莉要找妈妈，但有三只母羊都说是小羊的妈妈，并且各自理由都很充足。怎么办？请同学们4人一组分工把多莉找妈妈的过程编成一个小短剧表演一下，题目就是《小羊找妈妈》。”

学生马上开始分派角色。不时有学生问：“老师，小羊多莉是雌性还是雄性？”“我们小组三个男生没那么多妈妈怎么办？”甚至还有的因为谁扮演哪只羊而推来让去。

我以最简洁的方式处理了这些问题。很快，学生做好了准备，跃跃欲试。

第一个小组四位女生上场。先自我介绍——我是小羊多莉，我是母羊A，我是母羊B，我是母羊C。

个头矮小的小羊多莉焦急地出场了：“人家都有妈妈，可我不知道我的妈妈是谁，你们三个谁是我的妈妈呀？”

“我是你妈妈，因为我给你提供了细胞核，我当然是你妈妈了，看看你长得多像我？”

“我才是你妈妈，没有我提供的去核卵细胞，你怎么能发育成小羊呢?”

“错了，我才是你的妈妈呢，因为是我把你生下来的!”

表演的学生自己忍不住笑了起来，而下面的学生更是笑翻了天。

小羊：“究竟谁是我的妈妈呢？看来我的确有三个妈妈……”

看着学生有趣的表演，我也忍不住笑了：“看来这只小羊很幸福，有三个妈妈，并且它们都挺和睦的。”

第二小组出场。组里唯一的女生扮演的竟然不是小羊，而是母羊C。小羊多莉是一个聪明调皮的男生。小羊首先自我介绍，并介绍三只母羊。

然后，小羊一边唱着“世上只有妈妈好，有妈的孩子像块宝”一边走上了讲台，面朝同学，说：“谁是我的娘啊，他们三个都说是我的娘，我该怎么办呢?”

同学说：“你让他们各自说说自己的理由啊!”

小羊道：“好主意，你们能说出自己的理由吗？说不出来我不相信。”

“当然能了!”三只“母羊”一齐答道。

“好，你们一个个说，谁的理由充分，谁就是俺娘。”

“我是你娘啊，孩子，我为你提供了去核的卵细胞，没有我怎么会有你呢!”

因为这是位男生，大家笑了起来。

“我才是你妈呢，我提供的是乳腺细胞的细胞核!”

又是一阵哄笑，因为这还是位男生。

“他们都不是，只有我才是你妈呢，是我把你生了下来……”

学生笑声更响——这是位小女孩。不过，学生的笑都是那么单纯、可爱。

两只“母羊”打起来了。

“你不是，我才是呢，没有我提供的细胞核，怎么会有小羊，你看他长得多像我!”“虽然像你，但我提供的卵细胞也是很关键的，没有我，你的细胞核往哪放?”而那只“代孕母羊”因为是女生，不好意思去和男生争执，就站在一边，偶尔来句“我才是呢”!

“小羊”则在一旁看着他们争执，并适时叫停，热烈拥抱着“母羊B”：“娘啊，我终于找到你了，怪不得我长得很像你，你就是我的亲娘哦!”并捧住B的脸做出kiss的动作，引得全班同学大笑。

第三组、第四组相继出场，表演也是风趣幽默，引来全班同学的阵阵笑声，由于时间关系，还有很多学生举手要求表演而没有机会出场了。我只好请学生把准备的表演用故事的方式写出来，作为作业。

至此，学生在轻松愉快的游戏中很容易地记住了细胞核能控制生物的遗传，所有的遗传信息都在细胞核里。

（孙明霞）

延伸思考

席勒在《审美教育书简》中强调："只有完整的人才游戏，而只有在游戏中，人才是完整的人。"通过游戏的方式充分调动学生学习的兴趣，使学生完全投入学习活动之中。著名的特级教师于漪提出，教不是统治学，代替学，而是启发学生学，引导学生学，为学生学习中闪现的智慧的火花吹氧鼓风。教师适当地指点学法，使学生的学习趣味无穷。

教育名言

最主要的是，要让学生能够同时看见、观察和动手。哪里能做到这三点，哪里就有生动的思考，使智慧得到磨练。

——苏霍姆林斯基

用实验创设有意义的教学情境

在一项有关"高中哪一学科最难学"的调查问卷中，有超过七成的高中生选择了物理学科。学生为什么感觉物理学科难学呢？究其原因，主要是学生对物理规律缺乏深刻理解，不能将已学知识与生活实际进行有机联系。因此，高中物理教师必须深刻反思自己的课堂教学，探究一种有效的课堂教学模式。

物理教学的有效性就是指，在课堂教学活动中，教师用最少的时间、精力，取得尽可能好的教学效果，实现预设的教学目标。什么样的物理课堂才可以称为有效教学呢？我认为应该从三个方面进行评价，即教学是否促进了学生的全面发展，特别是学生情感态度的养成和创新思维的发展；

教学是否有效改善了学生的学习方式，促进了学生的有效学习；教学是否有效提高了教师的教学效能，促进了教师的专业成长。

如何实施有效的课堂教学呢？利用实验创设情境不失为一种有效途径。物理学作为一门以实验为基础的学科，具有很强的实践性和严谨性。物理学科的课堂教学应该还原学科特点。

我以人教版选修 3 中的“互感和自感”一课的教学为例。本节课的教学重点和难点是互感现象、自感现象和自感电动势能的作用。学生之所以感觉难以理解，主要原因是对这几个概念缺乏感性认识。本节课传统的教学方法是教师借助于通、断电演示实验，让学生通过观察灯泡亮度的变化，记住几个重要结论，然后配以大量的习题进行强化训练。用这种教学方法，学生在短时间内记住的是结论，缺乏对相关知识的体验和深刻理解，不能实现长久记忆。而通过实验为学生创设情境，可以使学生在直接经验的基础上探究现象背后的原因。

我通过一个自制实验进行导入，将一个 MP3 的音频输出与一个小线圈相接后，放入一个与音箱相接的大线圈中，结果音箱就能播放出 MP3 中的音乐。全班每个学生都能清楚地听到，都感到很奇怪。教师抓住学生的疑惑进行解释，进而引出互感现象的教学。这样设计的目的是为了给学生提供真实的教学情境，激起学生浓厚的探究兴趣，课堂上形成了第一次探究高潮。教师适时提出思考问题：“外界磁场的变化会引起线圈中产生感应电动势，那么当线圈自身电流发生变化而引起磁场变化时，其内部是否也会产生感应电动势?”这样就顺利地将学生的关注点引向自感现象的教学。

在自感现象的教学时，我设计了一个“触电实验”：全班所有人手拉手，与 4 节串联的 1 号电池组成一个简单的串联闭合回路。接通和断开电键时，由于全班同学串联后电阻很大，电源输出电压又很小，学生都没有感觉。接着，我在电源上并联了一个 1600 匝的线圈，再重复刚才的实验。接通电源时学生依然没有感觉，但当断开电源的瞬间，全班学生几乎同时发出了“啊”的一声，每个人都感受到了触电的感觉，他们感到很震撼。学生们不由地提问：“为什么 4 节干电池，就能让全班每个学生都同时感到触电呢？感受到触电，说明电路中产生了很大的电动势，这个电动势是哪里产生的……”学生通过切身感受提出问题，思维也顺利地转向了本节课的重点和难点——自感现象的探究。这个实验让全班每个学生都能亲身感受到自感现象的存在，克服了传统演示实验只观察、无体验的不足，进而推导出有关自感现象的理论解释，在课堂上形成了第二次高潮。在学生由感性认识上升到理性思考的过程中，教师的作用只是适时加以引导。

学生通过探究得出的结论还要接受实践的检验。教师让学生观察现象后分析原因，在小组讨论的基础上进行展示，教师进行点评。在学生有了感性认识的基础上，教师借助于电流传感器对自感现象作进一步的深入研究，将通断电瞬间的电流变化情况直观反映给学生，进而得出自感电动势大小的决定因素。

（郑祖旺）

延伸思考

在对物理知识的学习上，教师充分利用实验的方法提供给学生真实的情境，由感受提升为思考，再由思考上升为认识，最后再通过接受实验的检验上升为理论。通过这种螺旋上升的学习和探究过程，学生得到的不仅是对知识的掌握，更体会到了物理学习的方法，掌握物理学习技能，培养科学素养。

真正有效的课堂教学是兼顾知识传授、情感交流、智慧培养和个性塑造的过程，使学生在认知上从不懂到懂，从少知到多知，从不会到会；在情感上从不感兴趣到感兴趣，从不喜欢到喜欢，从不热爱到热爱。

教育名言

现在，教学越来越不是一个高效传递的过程，更是一个与其他人一起在学习之路上旅行的过程和个人转变的过程。

——多尔

客串“反面人物”

师：在作者鲁迅的心中，刘和珍是一个“民族英雄”，可在杨荫榆女士和段祺瑞的眼里，刘和珍却完全是一个“危险人物”“暴徒”。这节课，就让我客串一下杨荫榆女士和段祺瑞，做他们的代言人。我认为刘和珍死有余辜，你们同意吗？

生（异口同声、坚决地）：不同意！

师：现在，我是杨荫榆女士。刘和珍蔑视礼教、违反校规、作乱犯上、扰乱学校秩序，理应开除。是吗？

生（结合文本及背景反驳）：这是你的一面之词，有点儿以偏概全。是的，你完全可以理解成这样，那仅是从你的角度。如从广大学生的角度出发，校长的观点就站不住脚了。如果你是好校长，会引起学生不满吗？刘和珍会组织学生反抗你吗？

师：我认为本人的做法合乎礼教，是没什么大错的。

生：校长，你大错特错了，你所合乎的只是“封建礼教”！

生：还有，校长，您不仅开除学生，还让“刘百昭率领男女武将，强拖出校”这也合乎礼教吗？

（我还想搪塞，但在事实面前只能哑口无言。一会儿，我“还原”教师身份）

师：你们驳得有理。你们认为学校该不该开除刘和珍？从这件事上可以看出刘和珍是个怎样的人？

生（讨论、回答）：勇敢，有反抗精神。

师：为什么这样说？

生：因为刘和珍敢于反抗一个“广有羽翼”的校长。

师：说得好，“广有羽翼”说明校长在社会上很有势力，不好惹，可是刘和珍却捅了马蜂窝，她是一个敢于斗争、不畏强权的学生。我服了！

（我晃晃脑袋，“成了”段祺瑞）

师：同学们，我现在是段祺瑞。刘和珍，一个学生，不好好地在学校读圣贤书，居然跑到政府门前闹事，像话吗？学生的职责就是把书读好，国家大事会有人处理好的，怎么能被别人怂恿而不辨是非呢？

生：可如果政府处理不了国家大事，学生能袖手旁观吗？

生：对，国家兴亡，匹夫有责！

（我暗示学生思考“当时是怎样的社会”。学生意识到：社会黑暗，统治者无能）

师：即使这样，学生游行闹事还是不对的。

生：可你们也没必要枪杀学生啊。

师：无奈之举啊！学生太猖狂了，不给他们点颜色看看，会坏大事的。

生：学生或许已经开始撤退了，而你的卫队却仍然开枪，并且想把学生置于死地。

师：没有啊，只是驱散而已。学生撤了怎么会开枪？

生："从背部入，斜穿心肺"，"中了四弹，其一是手枪"，"弹从左肩入，穿胸偏右出"，"一个兵在她头部及胸部猛击两棍，于是死掉了"等，均可说明你们的卫队是没人性的，凶恶残暴。

师：我不知道啊，当我赶到现场后，已经造成惨案了。我长跪不起，想终生食素，以表忏悔！

（学生有点意外，但他们的眼睛是雪亮的，最终还是看清了段祺瑞的真实面目，纷纷批驳段的虚伪、奸诈、无耻。在血的事实面前，"段祺瑞"低下了头。辩论结束，我"回归"充满正义感的教师身份）

师（总结）：刚才我客串杨荫榆和段祺瑞时，说话很违心。刘和珍是勇敢的，她敢于跟封建旧势力作斗争，即使被开除，也依然"微笑着，态度很温和"；她"欣然前往"参加段祺瑞执政府门前的请愿，即使牺牲了，也依然"微笑着，态度很温和"。她是一个勇敢坚强、有着一腔爱国热情的热血青年。

（我跟学生继续品读作品，解读刘和珍的高大形象）

如何让学生走进刘和珍的精神世界，使学生对刘和珍形成深刻的印象呢？我琢磨良久，感觉只有创造适宜的教学情境，充分激发学生的热情，才能产生好的教学效果，于是便有了上面的课例。

课堂上，老师客串"反面人物"，学生对"反角"——杨荫榆和段祺瑞流露出愤懑、憎恨的情感。我这样客串"反角"，调动了学生的热情，激发了学生捍卫刘和珍的动力。课堂"动"起来了，学生"活"起来了，在唇枪舌剑的争论中，学生更进一步认识到反面人物的丑恶嘴脸，加深了对刘和珍高大形象的理解。客串"反角"，虽然"牺牲"了老师，却让学生找到了解读人物的突破口。其实，学生初读课文后，对刘和珍的人物形象、崇高精神已有整体把握，但还停留在粗浅感受上。从"真理越辩越明"的哲理出发，我设计了这样的教学环节，目的是引导学生全面、深入地走进刘和珍的精神世界，让刘和珍的精神在潜移默化中熏陶、感染学生，达到润物无声的效果。

（林金炎）

延伸思考

著名的教育家斯宾塞认为，“在教育中应该尽量鼓励个人发展的过程。应该引导儿童自己进行探讨，自己去推论。给他们讲的应该尽量少些，而引导他们去发现的应该尽量多些”。教师如果能做到这样，何愁调动不了学生的学习积极性呢？

教育名言

一个坏教师奉送真理，一个好的教师教人发现真理。

——第斯多惠

实验设计不要“节省时间”

——以“动能”实验教学为例

“最重要的教育原则是不要爱惜时间，要浪费时间。”此话出自法国著名思想家、启蒙运动最卓越的代表人物之一的卢梭之口。这句话在动不动就讲“高效课堂”的今天，简直是“谬论”。

如果说教育即生长，那么，教育的使命就应该是为生长提供最好的环境。什么是最好的环境？第一是自由的时间，第二是好的老师。在希腊文中，学校一词的意思就是闲暇。在他们看来，学生必须有充裕的时间体验和沉思，才能自由地发展其心智能力。卢梭为其惊世骇俗之论辩护说：“误用光阴比虚掷光阴损失更大，教育错了的儿童比未受教育的儿童离智慧更远。”这句话应用在我们的探究教学中的实验设计环节，是非常恰当的。

2010 年 10 月，笔者在上海有幸听了 3 节“全国三大名校初中‘同课异构’有效教学示范课”，感触颇多。以下是其中一些教学片段。

“影响动能大小的因素”教学片段一

师甲：同学们都看过书了，下面请同学们结合生活实例猜想一下，动能的大小可能与哪些因素有关？

学生讨论猜想。综合不同学生的猜想，教师有选择地板书学生的各种猜想：(1) 与速度有关；(2) 与质量有关；(3) 与高度有关。

师甲：究竟哪种猜想正确呢？我们怎么办？

生：做实验。

师甲：请看教材方案设计，对照插图，回答以下问题：

(1) 在研究动能大小与速度关系时为什么要用同一个铁球？

(2) 在研究动能大小与质量关系时为什么要让大小得到磨炼铁球从同一高度滚下？

(3) 这里是怎样体现变量法的研究思想的？

学生逐一回答，然后进行实验。在课堂最后的20分钟里，教师打出“练一练”，大意是为了保持速度一样，我们怎么办等，通过大量的习题来巩固对设计的理解以及对结论的记忆和运用。

这节课是来自某中学的教师甲依“先学后教，当场训练”的教学理念执教的，教师甲单刀直入，要学生面对现成的实验方案，并要求他们进行解读，促使他们理解“为什么这样设计”，却省略了“如何来设计”。其实，要培养学生的创新思维，这个实验的关键“步骤”应当是“怎样才能保证物体的速度一样”。

我们再来看教师乙的教学片段。

“影响动能大小的因素”教学片段二

教师演示用手推动小车去撞击纸盒。然后，再用力推动小车，第二次去撞木盒，学生观察到两次实验中第一次纸盒被撞离原位的距离大一些。

师乙：同学们，你们认为哪一次小车具有的动能大？

生：第一次，因为第一次纸盒被撞得远。

生：我不同意，两个盒子不一样，这不公平。

师乙：好，看得很仔细，我们再看看。

讲台上，教师用手推动小车去撞击纸盒，然后，再用力推动小车去撞击纸盒，学生看到两次纸盒被撞的距离不一样。

师乙：同学们，你们评价一下，我这样去做是想研究哪个因素对动能的影响？

生：速度。小车的质量没变，你用力的大小不同，小车的速度也不同。

师乙：速度越大，小车将纸盒推动得越远，表明小车的动能越大。

生：不客观。“表明小车的动能变大了”我们是承认的，但我们看不出小车的速度变化，因为你用力的大小我们不清楚。

师乙：那怎么办？

生：用速度计来测量，像汽车上的。

生：不可行，即便行，价格也太贵了。

生：用一个斜坡，让小车从上面滑下来。

师乙：可以吗？

生：可以。

这个时候，教师总结了一遍，让那些不是很清楚怎么做实验的学生明白“为什么要这样设计”。

有时候，为了帮助学生进行探究，我们需要在合适的地方“搭梯子”。笔者认为，在“片段一”中，教师在错误的地方放置了错误的梯子，这样放置梯子的目的是传承知识。“先学后教，当场训练”之“教”是将别人做过的事情进行解读，是帮助学生记住现成的“实验设计”，记住这一结果，而不是试图去“创”出新的方法。这种教学方式之所以有泛滥之势，其主要原因就是“节省大量的探究时间，提高课堂效率”。什么样的效率呢？自然是解题效率，是记忆现成结论的效率。洋思也好，杜郎口也好，他们都在为中国的教育改革进行尝试，这是值得敬佩的。但是，就理科而言，尤其是理化生而言，采用这样的所谓“高效课堂模式”并试图推而广之，那将是一场理论性的溃退和灾难！

教学是必须讲究效率的，因为时间有限。高效率是用最短的时间、最少的投入，取得最大的效益。那么，投入是什么？效益又是什么？我们不能简单地用物质生产的方法来衡量教学。课堂中，我们不可避免地要面临许多矛盾，设计实验花的时间和精力越多，记住结果、完成训练的时间就会减少；联系实际越多，学习知识的量就会越少……

这要求我们做出抉择。课程的核心价值是什么？应当是学生的全面发展和长远发展。不是所有知识对初中学生都重要，核心知识（核心概念和核心规律）重要，知识结构重要，但它们应当符合初中学生的认知心理特点、结构。创新的实验设计过程是学生精神发育的过程。学生的观察力与发现问题的能力、综合运用各种原理的能力、分析和解决实际问题的能力都会得到培养；学生强烈的好奇心与求知欲、永无止境的进取心、积极主动的反思以及严谨的科学态度等创新个性品质都会得到发展。

2010 年诺贝尔物理学奖获得者的经历，当给我们一个启示。2004 年，安德烈·海姆和康斯坦丁·诺沃肖洛夫正在一张涂满铅笔笔迹的纸上，用透明胶带粘来粘去。靠这种“粘取”，他们剥离了石墨烯。这一发现，有望帮助物理学家在量子物理学研究领域取得新突破，这是最有可能改写未来世界电子产业格局的事件。早在2000年，海姆就以磁悬浮青蛙的有趣实验获得“搞笑诺贝尔物理学奖”。或许只有这样寓科研于娱乐的人，才能开辟出不同寻常的石墨烯发现之旅。牛津大学物理学教授保罗·拉达埃利对这两个人采用如此简单的研究方法感到惊讶：“在这个复杂的年代，有许多像超对撞机一样的设备，但他们居然成功地用透明胶带赢得诺贝尔奖。”这说明，在课堂上，重要的不是记住现成的结论，而是“观察、发现问题的意识和习惯，动手试一试的习惯，用实验检验的意识和习惯”。但这并不意味着知识就可有可无，必须考虑学生学习知识过程中的那些更长远的教育、教学目标，这些目标的发展，会因为保护和激发了好奇心和求知欲而提升学生“问”的能力，而不只是“答”的能力。也许，这样考虑的课堂教学设计，会使学生少做几道题目，这样的课堂可能因为节外生枝没有完成教学内容而显得不完满，但又何必要追求这一完满而损失了对学生发展更有意义的东西呢？

“浪费时间”不是慢条斯理，不是拖沓冗余，而是一种顺应农时的农人心态，一种无为而治的道家风格，它可以让学生获得更广阔的空间，得到其应有的成长。“大道泛矣”，“各复归其根，归根曰静，复命曰常”，返回本性是事物发展的永恒规律。只可惜，当下有些人所理解的高效是探究比别人做得快、题目比别人做得多。他们没有意识到，要想激发好奇心，要想增强求知欲，实验设计“不是要节省时间，而是要浪费时间”，因为做什么比怎样做更为关键。借用一位哲人的话结束此文：“人生最大的悲剧莫过于，人们毕其一生，努力去攀登成功的梯子，当爬到梯子的顶部时，才猛然发现，这个梯子靠在一个错误的建筑上。”

（张世成）

延伸思考

陶行知先生提出，我们要极力地锻炼学生，使他们得到观察、知疑、假设、试验、实证、推想、会通、分析的种种能力和态度，去探求真理的泉源。让学生在探索中学会探究，在自主中学会自主。

教育名言

以“方法论知识”为核心的学力，是拥有自我学习动机的持续学习的基本能力，也是终身学习的基础。从这个意义上说，学校教育的重心应当从“事实性知识”转向“方法论知识”。即通过精选必须掌握的基本、基础性的教学内容，扎扎实实地按照学习者的步调，引导学习者凭借自身的力量去掌握“方法论知识”。

——钟启泉

我教《长征》

人教版六年级语文第十一课《长征》是一首七言律诗。全诗生动地概括了两万五千里长征的艰难历程，赞颂了中国工农红军的革命乐观主义精神。面对这一饱含文化底蕴的七言律诗，课文提供了众多信息，但是学生还是感到难以理解。如何才能把长征的艰难鲜活生动地表现出来呢？我决定利用校园网开展专题的扩展阅读。

在教学这一课时，教师先让学生根据自己的了解讲一讲长征的时间、经历的省份、山水及一些重要的战斗等，以便使学生对长征有一些初步、大体的认识。然后，把学生带到学校的计算机房，要求学生分组确定目标。首先，通过网络找出与长征相关的图片和文字资料，除加深对课文的理解外又补充了更多的有关长征的知识，然后以此为基础，通过对二万五千里长征的深刻了解来分析诗中的知识难点，最后在课堂上交流讨论。具体步骤是：

（1）确定收集的内容。上网活动时，学生的情绪空前高涨，大概是被这种新型的授课方式所感染了吧。经过指导，学生很快都有了目标。没过多久，学生从网上下载了与长征相关的资料，如《丰碑》《飞夺泸定桥》《金色的渔钩》《草地夜行》等。看了以上的资料，不得不赞叹学生们的选择力之好，这些课文既和本课相关，又有发挥创造。

（2）上网查资料。选定了相关的题目后，就要决定具体到哪个网页去寻找。学生采取了小组分工合作的办法。他们很快下载了一个个具体情节，然后由一个成员把资料汇总后交给老师。教师又把资料分成四个板块：“过雪山”“走草地”“渡江”“过桥”。

（3）学生在网上通过大屏幕进行交流、谈感受。第一小组代表说读了《长征》，第一感受是“难”。他说长征先后历经福建、江西、广东、湖南、广西、贵州、云南、四川、西康、甘肃、陕西等11个省，边说边出示长征的路线图，在整个长征途中，红军爬雪山，过草地，历尽艰苦。我们现在不要说爬雪山，过草地了，就是徒步走过这11省也不一定能坚持下来。而当时红军又要击溃敌人的围追堵截，这是何等的艰难。最后他总结：“长征‘难’，难于上青天。”

第二小组代表从“万水千山”“五岭”“乌蒙磅礴”“金沙水拍”“铁索寒”中体会到长征“艰难”的。同时他们小组介绍了红军在长征中渡过的大河有24条，翻过的高山有18座，还播放了《飞夺泸定桥》《过雪山》的片段，让同学感悟到夺桥战斗场面的悲壮和过雪山时的惊心动魄。

第三小组代表发言说他们读完全诗后热血沸腾。金沙江地势险要，到处悬崖峭壁，水流湍急，敌人戒备森严。红军如果强攻必遭重创，结果红军佯攻龙街，奇袭守敌，结果不费一枪一弹，夺取了对岸阵地。他们也是边讲边用图像来强调，做到了声情并茂。

第四组、第五组分别从不同角度对文章加以分析和演示。很显然，学生们完全被插播的图像信息所吸引了，自始至终全班学生都在认真听、聚精会神地看。从热烈的掌声中也能体现出他们通过看已经把自己置身于那个时代，真的体会到了长征的千辛万苦。

（4）各小组利用大屏幕交流、讨论、质疑。教师要求学生把自己喜欢的问题写在小纸条上放到实物投影上进行交流。例如，一生问：“长征这么艰难，为什么要进行长征?”学生答：“1934年由于王明的错误路线造成第五次反‘围剿’的失败。红军不得不离开中央苏区根据地，开始长征，北上抗日。”一生问：“走过了白雪皑皑的岷山我军损失很大，为什么三军过后尽开颜?”又一学生答：“因为从地图上可以看出过了岷山，长征就要完了，即将取得胜利，当然要高兴了……”学生畅所欲言，发表自己的看法。很显然这是网络这种新的教学资源把他们的表达欲望激活了，每个学生既是老师又是学生，学生的主体作用得到了充分发挥。谈论的问题由一个变为多个，由师问变为生问。《长征》一课的学习，成了长征系列课文的学习，学生真正了解了中国工农红军的革命英雄主义和革命乐观主义精神。

（李伊萍）

延伸思考

合作学习法很好地发挥了学生的主体性与积极性。学生之间取长补短，优势互补，互通有无，资源共享，常常会取得令人惊异的成绩。余文森教授认为，只有基于交往和合作，学习才能成为学生高尚的道德生活和丰富的人生体验。这样，学科知识增长的过程，同时也就成为人格的健全与发展过程。伴随着学科知识的获得，学生会变得越来越有爱心，越来越有同情心，越来越有责任感，越来越有教养。

教育名言

各人的观点、喜欢学习的对象以及处理问题的方式都存在个别差异。如果这些差异为了所谓一致性的利益而受到压抑，并且企图使学校中的学习和答问都必须按照一个单一的模式，就不可能避免地造成学生心理上的混乱和故意矫揉造作。学生的独创被逐渐摧毁，对自己心理运作的质量的信心被逐渐破坏，被反复灌输要驯服地服从别人意见，否则就是胡思乱想。这种情况所造成的损害比过去整个社会受习惯信念的统治的危害更大。

——杜威

有时，只要欣赏就可以了

他对音乐有着强烈的喜爱之情，我注意到，每次音乐课，他总是很投入，很忘情，甚至我在介绍著名音乐家的故事时，他的两只眼睛会闪闪发光。凭着职业的敏感，我觉得只要好好培养，他一定能在音乐世界中找到自由飞翔的天空。

我开始寻找他在音乐上极具天赋的才能。我找到孩子的父母，建议让孩子学点什么，但他的爸爸欲言又止，最后妈妈说："谢谢老师的关心。其实，在他很小的时候，我们也发现他很喜欢音乐。于是给他报名学唱歌，可是辅导员老师说他音域不够宽，甚至还会跑调。然后我们让他学钢琴，本来能练习左右手动作的协调能力，开发左右脑，可学了近一年，他几乎每周的作业都不能完成。老师无奈地说不知道怎么教他。我发现原本快乐的孩子，在学了这些以后变得郁郁寡欢，而且看别人唱歌、弹琴就害怕地躲到一旁。我开始怀疑，是不是他的压力太大了，后来，我们不再让他去学，发现他笑了，听到音乐又会静静地欣赏!”

听了这些话以后，我觉得还是不应该就这样轻易地放弃。如果孩子真的喜欢音乐，兴趣便是最好的朋友，只要让他感受到成功的喜悦，一定能焕发他的潜能。我用梅兰芳学艺以及贝多芬晚年失聪依然能创作并弹奏生命的最强音《命运》交响曲的故事来说服他的父母，不要让一些小小的挫折吓倒。如果可以，我愿意利用课余的时间教这个孩子，他的父母同意了。

我开始利用放学后的时间实施计划。我弹琴，他唱歌。先前他总是紧闭双唇，头低着不敢看我。在我的不断鼓励下，他终于唱了起来。歌声不难听，但也绝不动听。让我困惑的是，练了很久，他竟然不能流畅地唱一首曲子。我不甘心，相信功夫不负有心人，但我发现自己失望的情绪还是影响了他，他开始害怕到我身边，而且在我的课上眼神黯淡，不再说话，不再唱歌，原先那个神采奕奕的脸不见了。

我找他谈话，问他：“老师这样热心地帮助你，你为什么要逃避?”他噙着泪花问我：“是不是喜欢音乐，就一定要会唱歌，会跳舞，会弹琴？难道不可以只是欣赏吗？你们不要逼我了，这样我一点也不快乐!”

我愣住了。孩子掷地有声的反问让我难以反驳，难道自己真的错了?曾经，在音乐课上，他的表情让我觉得他与音乐有缘，于是固执让他真正走进音乐，没想到他只是想远远地注视音乐、欣赏音乐而已。

晚上我又看了自己喜爱的法国电影《放牛班的春天》。电影中马修老师找到了打开学生心灵和情感的金钥匙，那就是音乐！当看到孩子们在马修老师的指导下，发出天籁般的声音时，我感受到了孩子们对美好生活的热爱、对自由的向往，对音乐的执著。我不禁感慨：即使是这样一群让人失望头疼的孩子，在马修老师的训练下，也能成为一个优秀的合唱团。难怪《史记》中提到：“乐者，德之华也。”我多么希望能成为像马修老师那样的人，既有出色的才华，又有可贵的爱心，还有教学的魅力！我突然注意到这样一个细节：皮比诺由于失去双亲，缺少依恋而孤僻，甚至有些抑郁，他从不谈自己的理想，不唱歌，但却出乎意料地被选为合唱团副团长。每次同学唱歌时，他都坐在前面为老师拿乐谱，可这并不影响他对音乐的喜爱以及快乐的心情。从马修老师对皮比诺的安排这件事上，我有了茅塞顿开的感觉，有时，只需要欣赏就可以了，呵护孩子脆弱的心灵才是最重要的！

从那以后，我不再特意留下来训练他，只是上课微笑着注视他，表达自己的喜爱之情，而他又像获得了阳光雨露，上课精神抖擞，一听到乐曲，眼睛里又会发出异样的光芒。

日子就这样静悄悄地过去。在他毕业的这一天，我意外地收到他的一份礼物——精装本的《听几米唱歌》这本书。他腼腆地对我说："谢谢老师！"说完转身走了。

我激动极了，教书十年来，还是第一次收到这个礼物。我轻轻地打开书，上面有几行字："献给我最喜爱的老师：告诉你一个秘密，我的理想是当一个音乐评论家！"真美的一句话，它像阳光一样温暖了我的心，不，应该像灵动的音符一样触动了我的心弦，此刻，我觉得美国的诗人爱默生说的一句话太有道理了："这个世界最动听的歌是还未唱出来的歌。"

随意翻了几页，看到了一幅有趣的漫画《露露的功课》，画很简单，一个小女孩牵着一只鸭子在走。下面是几米配的一段文字："露露不会游泳、不会飞，她的鸭子也是。露露带着小鸭子，天天到池塘边看别人怎么游泳、怎么飞，日子一样很快乐！"

不知他是有心，还是无意？这幅漫画正像他的故事。好聪明的孩子！他是用幅画向我传递着自己的心声：有时，只要欣赏就可以了。如果自己不曾拥有，就快乐地欣赏别人拥有。像画中的露露和鸭子一样，让每个人的生命都充满阳光，让快乐就像鸟儿般欢畅！

（殷晓琴）

延伸思考

阿莫纳什维利认为，教育的强大力量在于，它能在多大程度上区别对待地发展每一个学生的精神力量和形成他的个性特点，能在多大程度上以普遍的友爱和与人为善的精神感染他们中的每一个人。每个学生的学习思维、学习风格、学习追求是不一样的，我们不可能以同一种标准与方式来强行要求与规定。不好的老师用一种方法教 50 名学生，好的老师则是用 50 种方法教 1 名学生，后者就是所谓的因材施教，因材促学。

教育名言

中国教育之通病是教用脑的人不用手，不教用手的人用脑，所以一无所能。中国教育革命的对策是手脑联盟，结果是手与脑的力量都可以大到不可思议。

——陶行知

“说”不如“做”

——课堂教学的实验切入

实验切入法又叫演练切入法、演示切入法等，是指上课伊始，教师巧设实验，使学生通过观察实验去发现规律，进而归纳总结，推导出结论来切入新课的方法。

学生都喜欢观察鲜明、生动的实验，有时甚至想亲手做一做，所以在学习某些课文的时候，一些教师根据学生的心理设计了一些实验，组织了一些有趣味性的实验导入课，对学生起到了增长见识、激发情感、入境的作用。我们来看看顾阳老师和黄海滨老师是如何运用实验来切入教学的。

示例一

学习“黄土高原”和“黄河”时，学生对黄土高原的水土流失和黄河的浑浊原因都不清楚，因此很难理解这两课的内容。

于是，顾老师设计了下面的实验：用一只玻璃杯先盛大半杯清水，然后加入一两勺泥土和黄沙，用玻璃棒不停地搅拌，玻璃杯里的水和泥沙立即变成了浑浊的液体。接着，顾老师把浑浊的泥水从一只玻璃杯翻倒入另一只玻璃杯。如此翻倒几次，让学生清楚地观察到，同搅拌一样，泥水在翻倒过程中会保持浑浊而不会沉淀下来，接着泥土会慢慢地沉淀下来。

顾老师问学生：“结合我们的实验想想，浑浊的河水在流动得快的时候为什么不会沉淀？”

学生答：“泥水在流得很快的时候，同受到搅拌和翻倒一样，来不及沉淀便流走了。”顾老师又问：“黄土高原的黄土是通过什么搬运走的？”

有的学生说：“流水。”

顾老师说：“那么，黄土高原的河水的水色，特别是夏秋季节的流水呈什么颜色，为什么？”

一个学生说：“黄色。”

另一个学生说：“因为水中有大量黄土，河水变得非常浑浊。”

还有的学生说：“跳到黄河也洗不清，这句话就是这样来的。”

有了这个演示实验作基础，顾老师在讲解新课时，指导学生阅读地形图，让他们了解黄土高原同华北平原在地势上的差异。

顾老师问：“黄河里的泥沙为什么在黄土高原不沉积，而一流入华北平原就沉积了呢？”学生说：“黄河流经黄土高原，是从很深的峡谷里流过，河道狭窄，水流很急，像搅拌和翻倒一样，因此不会沉淀。华北平原地势低平，水流缓慢，泥沙便开始沉积了。”

顾老师接着结合课本的插图，讲解课文中黄河流入华北平原成为“地上河”的原因以及黄河的潜在危害性，学生对这些知识也更容易理解、掌握了。

示例二

黄老师在讲“钠”时，先用小刀切下一小颗钠，问学生：“这表明钠有什么样的物理性质？”然后问：“钠的颜色如何？是否具有金属光泽？”接着，他将一小颗钠投入水中，钠浮于水面，产生燃烧，迅速熔成小球，直至最后消失，黄老师问：“钠的比重如何？燃烧说明钠有什么样的化学性质？”黄老师又向反应后的溶液滴入几点酚酞试液，溶液变成红色，问：“这说明生成了什么性质的物质？”学生一边观察，一边兴趣盎然地思考，黄老师抓住机会，及时呈现这节课的主题：“这就是我们本堂课的学习内容：钠的物理和化学性质。希望通过学习，大家都能掌握钠的性质，得到上述问题的答案。”

由于演示实验具有生动形象的优点，加上实验目的要求明确，很容易激发出学生的观察兴趣，调动他们的学习积极性。

实验切入是数理化等科教学中常用的方法，顾阳老师将其借鉴到语文课中，也是一种有效的切入方法。上课开始，顾老师根据知识点的内容设计了黄河水浑浊和形成地上河原因的小实验，让本来枯燥抽象的问题变得生动直观。顾老师的实验设计巧妙新颖，有针对性，并且根据实验中出现的现象和结果来提问与启发，促进了学生的思考和探究。

演示实验是学生认识化学知识的开始。黄老师对所想揭示的知识点设计出一个个简单的小实验，让学生在观察实验或亲自动手做实验的过程中产生浓厚的学习兴趣和强烈的学习动机，既活跃了课堂气氛，又帮助学生掌握了抽象的知识。

实验切入教学对提高课堂教学的效果、培养学生的兴趣能力都有着重要的意义。

实验切入法是以实验演示或学生实验的活动方式将学生引入学习情境的切入法。这种方法通常是在学习学生缺乏感性经验，或面对在生活中虽有接触但没有引起充分注意和思考的问题，需要学生建立鲜明的表象时所采用的方法。

例如，有位老师在教授《死海不死》时，先让学生看了一个物理小实验。老师带来了几样东西：一只装满水的烧杯，一个玻璃棒，一个小汤匙，一碟盐，还有一枚鸡蛋。老师先让学生进行观察，如果把这枚鸡蛋放入装有水的烧杯中，谁能想办法让鸡蛋浮起来？（指名学生回答，并上前做实验）学生把盐溶于水中，鸡蛋浮起来了。这涉及物理学上的浮力问题，食盐溶于水中，增加了水的密度，当水中的密度大于鸡蛋的密度时，鸡蛋就浮在了水面。

老师进一步指出："同学们可曾知道，在亚洲西部有一个著名的咸水湖，叫死海，人到海中，就会自然漂起来，沉不下去，非常有趣。同学们想了解一下死海吗？想知道人到死海上为什么会浮起来吗？今天老师和大家一起来学习这篇介绍死海的说明文《死海不死》。"

还有的教师在讲一些与其他学科有关的课文时，也采用了实验切入的方法，让学生在亲身体验中来理解课文内容。

在讲课文《斜塔上的实验》时，教师可以先让学生用两个质量相同而大小不同的物体从高处同时落下，让学生仔细观察，以此来自主体会，探究其成因，进而展开课堂教学。

在讲《看月食》时，上课伊始，教师可以用三球仪、投影仪做演示实验，让学生观察月食形成的过程，了解月食形成的原因。老师可以根据实验讲解月食、全月食 、月偏食的成因。

形象直观的实验切入对于理解掌握美术抽象知识也很有效，它能引发学生的直觉体验。如在三年级学生学习“三原色、三间色及调配方法”时，教师就通过实验演示来帮助学生学习，先在试管里加入等量的红、黄、蓝（两份），让学生认识了原色后，再演示原色两两等量相调即可取调出橙、绿、紫，引起学生的兴趣，避免了枯燥抽象的讲授，既突出了重点，又解决了调色形式需“等量”这一难点。

（马友文）

延伸思考

苏霍姆林斯基提出，“手和脑之间有着千丝万缕的联系。手使脑得到发展，使它更明智；脑使手得到发展，使它变成思维的工具和镜子”。俗话说得好，百闻不如一见，百见不如一干。动手实践是获得真知，探求真理的重要方法。通过动手实践，我们能将知识转化为行动，并且能够刻骨铭心地深植于思维意识深处，这就是杜威的“做中学”理论，在他看来，“人们最初的知识和最牢固地保持的知识，是关于怎样做的知识……应该认识到，自然的发展进程总是包含着从做中学的那些情境开始。”

教育名言

硬塞知识的办法该受到多么严厉的谴责……硬塞知识的办法经常引起人对书籍的厌恶，这样就无法使人得到合理的教育所培养的那种自学能力，反而使这种能力不断地退步。

——斯宾塞

对作弊的另类处理

学生考试作弊是每一位教师所不能容忍的问题。有位化学老师是这样做的。

首先他对学生说：“考试作弊说明同学们想在考试中取得好分数，在某种程度上说明大家很上进，但是这样做不仅违反纪律，而且在考试中偷看材料肯定会提心吊胆，并不痛快。所以，下次单元测验我允许大家带一张A4纸，在上面写自己想写的任何东西。”学生一听老师这么理解自己，感到很兴奋，于是纷纷认真地准备自己的那张A4纸，有的甚至用蝇头小楷写得密密麻麻，不放弃任何一个角落。

考试结束后，老师让大家把自己所写的A4纸都贴到教室后面展览。学生很好奇地互相观摩，结果发现有的学生在上面就单纯抄题目，有的抄上公式，有的不但列出知识提纲，还列出它们之间的联系……特别是考试分数公布后，学生都很有感触：为什么张某某会考好？为什么李某某考不了高分？因为从他们那张A4纸上总结的内容就能看出高下来，于是学生就开始交流学习哪种方法好。教师组织学生对总结的方法进行讨论，并且预报下一次单元测验只能带半张A4纸进考场。这次考试后照例展览。再下次考试，老师只让带四分之一张A4纸……

这样纸张越来越小，学生就只能对知识进行越来越精练的归纳总结，提取要点。在这个过程中，学生不但被迫认真复习了课本，达到了考试“监督学生复习、巩固知识”的最终目的，也使学生在实践中学会了画概念图和其他很多有用学习方法。

延伸思考

德国著名的教育家第斯多惠提出，生动活泼的课堂教学也是这个道理。生活中人人厌倦单调或清一色，人人都喜欢花样翻新，法国有一句习语：“每一种方式都是美好的，只有枯燥的方式是例外的。”

教育名言

谁不考虑尝试错误，不允许学生犯错误，就将错过最富有成效的学习时刻。

——盖耶

谈笑间，化“错”于无形

——谈英语特级教师沈峰的课堂纠错艺术

课堂是产生问题的地方，课堂也是产生“错误”的地方。如何纠正学生的错误，用什么样的方式去纠正，小学英语特级教师沈峰在课堂上给我们提供了很好的示范。

（1）直接告知。

片段一

T：What are the teachers going to do after this class? Can you guess?

S：They are going to talk about this interesting lesson.

T：Are you sure?

S：Yes，I think so.

T：You think so，but you are not sure. So try to use “I think”.

S：I think they are going to talk about this interesting lesson.

错误有集体错误与个体错误之分，有些需要教师去直接纠正，以避免学生下次再犯类似的错误。在这个片段中，虽然是个别学生犯的错误，但是它具有代表性，教师直接给予纠正，其他学生也会在这个过程中学习到具体情景下语言的正确表达法，为以后学习扫清了一部分障碍。

（2）幽默化解。

片段二

T：What do you have?

S：I have a pencil cakes.

T：A pencil case or a pencil cakes?

S：A pencil cakes.

T（举起笔袋）：So this is a cake.

（师张口欲咬笔袋，生笑）

T：So this is a pencil case. Case.（帮助学生纠正发音）

S：A pencil case.

听沈老师的课，总觉得幽默有趣，她课堂上的笑声从何而来？很多笑声来自于学生所犯的错误。沈老师总能抓住时机，既纠正了学生的错误，又轻松了课堂的紧张气氛，我们也再一次地感受到了沈老师的幽默、机智与敏捷的思维。

（3）点拨纠错。

片段三

T：Who is your new English teacher?

S：She is Miss Shen.

T（做茫然状）：Where is she? Who is Miss Shen? I can't find her.

（学生还没反应过来，老师换一种角度，启发学生）

T：I'm talking to you.

S（恍然）：You.

T：Yes. It's you.

S：You are Miss Shen.

点拨法是在学生思维受阻、引起认知过程中断时给予的指点、启发。在这个教学片段中，学生在表达人称时，出现了混乱。沈老师先是暗示启发，见学生没有反应过来，沈老师再进行直接点拨，沈老师通过逐层点拨，引导学生发现错误，引导学生自己动脑，使他们通过思维来主动地理解知识，再自己主动改正。

（4）将错就错。

片段四

T（指听课老师）：Look at the teachers here. What do they have?

S：They have a notebook.

T：You mean，so many teachers only have one notebook.

S：No. They have many notebooks.

T：Good. They have many notebooks.

在这个片段中，沈老师采取了将错就错的方式，顺着学生的思维往下发展，有意夸大地说出结果，使学生在笑声中意识到自己的错误，然后自己纠正，重新表达。

叶澜教授说，课堂应是向未知的方向挺进的旅程，随时都有可能发现意外的通道和美好的图景。学生在课堂上出现的错误就是意外的通道，沈老师牢牢地抓住了“通道”，并且用自己的机智把它们变成了课堂上美好的图景。

（赵庆军）

延伸思考

华应龙指出，人生自古谁无“错”，人就是在“错”中生长的。错等于不对？非也，错大于不对！“错”本来是打磨玉石的粗磨石，因此，“错”是帮助我们玉汝于成的宝物。重要的是如何看待错误，并如何引导学生从错误中自悟自学。

教育名言

我们教一门科目，并不是希望学生成为该科目的一个小型图书馆，而是要他们参与获得知识的过程。学习是一种过程，而不是结果。

——布鲁纳

彰显数学的“善”

用字母表示数

师：当我们遇到非常像的两个事物的时候，总是想办法把它们区别开来。现在就请小朋友在黑板上找出相近的汉字、字母或符号，把它们揪出来，提醒大家注意。

生：b和6。

生：X和×。

生：4和千。

……

师：大家观察得非常仔细。它们之间的确很相近，如果我们一不小心把它们搞混了，有时产生的危害会非常大。现在我们重点研究X和×，请同学们想想有没有什么好办法提醒提醒大家。

（小组讨论）

生：大家请注意，一般情况下，X在运算符号前或后，而×在数字或字母的中间。

生：X上有小弯或小横，而×就是两条斜的线段。

生：我们在写的时候，可以把X写得稍微大一些，×写得稍微小一些。

师：刚才大家想出了许多不错的主意。有一个人也发现和我们同样的问题，他整日想啊想，不停地进行试验，把×写得小一些，发觉不行，再写得小一些，再写得小一些……（师边说边写）最后把“×”写成了“·”（生笑）。这个人认为自己的发明非常有价值，于是就给世界数学家大会写了封信，要求在全世界范围内推广使用他的发明。小朋友想象一下，他的要求会得到批准吗?

生：不能！容易与小数点相混淆。

师：同学们的担心是有道理的，大家和世界数学家大会想得完全一样，真了不起！但这个人并没有气馁，而是继续想办法。他心想，“·”容易和小数点混淆，那就干脆不要了，把 4×X 写成 4X，x×A 写成 xA。于是他又写一封信陈述自己的想法，请求世界数学家大会批准自己的请求。小朋友看看，这一次他的想法能得到允许吗?

生：我认为不能。因为这次虽然不会和小数点混淆了，但由于两个数中间的符号没有了，人家会不知道是什么符号了，让人家看不懂，同样会引起混乱。

师：我们小朋友真会动脑筋，不人云亦云，遇到事情有自己的意见和主张，会用自己的头脑去分析问题，这非常难能可贵。的确如小朋友想的那样，这一次他的想法又未得到实现。现在请小朋友猜一猜，他会放弃吗?

生：不会！

师：这个人真的很执著，他没有放弃。他想，符号不写了会混淆，的确是这样，那我在前面加上一个前提条件：只有当数和字母或者字母与字母相乘的时候“×”才可以写成“·”或直接省略不写，这样就可能不会引起麻烦了。于是他又满怀信心给世界数学家大会写了第三封信，再次请求在世界范围内推广他的想法。现在请小朋友想想，他的愿望能实现吗?

生：我想能的。因为这一次他加了一个条件，（师补充“前提”）这样不会引起混淆。

师：是的，从那以后，数学界就有了这样一条规则。现在就让我们来领略一下这条规则，好吗?

数学，如果我们把它打扮起来，就像一位光彩照人的科学女王，但是，如果我们在数学课堂上呈现的仅仅是逻辑，仅仅是枯燥的几个公式，那么这个女王就会成为X光下的骷髅。遗憾的是，我们现在更多看到的是X光照片，看不到科学女王光彩照人的面容。

数学有着强大的教化功能，有着较浓的“善”的品质，如数学探索过程中的执著与坚韧，如论证过程中的务实与严谨，如数学创造过程中的开拓与超越乃至耐心、责任感、敬业品质、民主精神等。数学课堂就要有意地引导学生对“善”产生一种心向往之的需要。

“×”在代数式中的使用，如采取常规的“告诉（教师告诉或文本告诉）——强记——训练”的方法，结果也能达标，且快捷实用，但由于缺少了学习主体的情感参与，学生除认知结构随知识的叠加而扩充储备外，其他一切可持续发展的因素很少获得发展。这是现在大多数教师难以顾及的，刘老师没有重复这条“捷径”，而是“曲径通幽”，通过讲述一个数学痴迷者探索追求的感人故事，让学生不断经历着矛盾冲突时的“心潮激荡”和问题解决时的“峰回路转”。学生在倾听、思考、讨论中，脑海中逐渐勾勒出一位执著的数学痴迷者在厚厚的稿纸前，时而冥思苦想，时而奋笔疾书的画面。学生通过亲身经历数学思想的逻辑重演，体验这位探索者每一次创造的快慰、等待中的期盼、受拒后的苦闷、成功时的欣慰。学生不只是掌握了一条数学规则，更催生出一种不畏失败、越挫越勇的高尚人文情怀。

（周卫东）

延伸思考

英国著名的教育家洛克在《教育漫话》中指出，导师应该记住，他的工作不是要把世上可以知道的东西全部教给学生，而在于使学生爱好知识、尊重知识；在使学生采用正当的方法去求知识，去改进他自己。通过创造性的方法经历发现的过程，这是学习中最有价值的东西。

教育名言

求知欲、好奇心——这是人类永恒的、不可改变的特性。哪里没有求知欲，哪里便没有学校。

——苏霍姆林斯基

“我发现……”和“我回答!”

“我发现……”

“课前‘我的发现五分钟’轮到了25号、26号两位同学，你们准备好了吗?”

“准备好了!”两个孩子响亮地回答。

“我的发现五分钟”是让孩子们在课堂上轮流将自己在生活中获得的科学知识讲给同学听，这是我在科学课堂进行的一项教学实验。通过组织这样的活动，我发现，每个孩子都有自己精彩的科学发现，每个孩子都有把自己的发现与同伴分享的强烈欲望。

25号琪琪自信地走上讲台。“我今天要给大家看一个有趣的现象。”他将三颗象棋子紧挨着摆成一线放在讲台上，“我给这三颗棋子编号，这是1号，这是2号，这是3号。我用1号去撞击中间的2号，2号没有动，最后边的3号却被撞开了。”同学们被眼前的现象惊呆了。

这个孩子的发现似乎简单却触碰了力的传导原理。“这是因为撞击的力从1号打在2号上，又被2号传给了紧挨着的3号，3号受到力的作用就弹开了，而2号没动。”没想到，他居然把这个原理解释得这样清楚。孩子们的眼睛里闪烁着好奇的光芒。

26号丹丹走上讲台，手里拿着一个塑料玩具和一把改锥。“这是一个可以跳舞的玩具小人。你们知道它为什么能动起来吗?我把它拆开来看了看，发现里面有发条和齿轮。爸爸说，由于弹性的作用，把发条拧紧后，发条要恢复原状，带动齿轮转动，齿轮带动玩具小人的手和脚，就动起来了。”

“哦!”孩子们惊叹了。丹丹又问大家：“你们看里面有这么多齿轮，其实只要一个就够了，为什么要这么多齿轮呢?”同学们做出了各种猜测。她狡黠地笑了：“这是为了增大阻力，可以让小人动得慢一点，玩起来才更有趣一些。”

一石激起千层浪，只听一个孩子说道：“我觉得可以在小人的手上捆一把扇子，就可以改装成一个拧发条的风扇了!”“对呀，还可以通过改变齿轮转动的快慢来改变风速!”

我欣喜若狂，拧发条就可以调风速的风扇！这哪里是一次普通的科学课，这简直是发明家们在研讨一项震惊世界的新发明！

两个学生发言完毕，还不断有小手举起来。孩子们的每一点发现和创新，都是很珍贵的。所以，我享受那一刻，当学生大声说："我发现……"

"我回答!"

"这节课我们一起来回答'科学问题箱'中的问题。"

"噢!"孩子们雀跃起来。

我在教室里放置了"科学问题箱"，孩子们可以随时把自己的每一次好奇都记录在纸条上，投进纸箱中。我每周专门用一节科学课和他们一起解决。

"第一个问题"，我打开一张纸条："狮子和老虎谁怕谁？谁能回答?""我回答!"自信的小手刷刷地举起来，有的说狮子怕老虎，因为老虎个头比狮子大；有的说老虎怕狮子，因为老虎独立行动，狮子喜欢团体作战……

这时，有个声音说："我发现狮子和老虎的眼睛都长在前方，而有的动物的眼睛长在两边，像兔子和马呀，这是为什么?"这下可把孩子们问住了，大家把疑问的目光投向我。我引导他们思考："狮子老虎是什么动物呢？兔子和马是什么动物?"很快，学生明白了，因为狮子和老虎是凶猛的食肉动物，时刻关注前方的猎物，所以它们的眼睛看着前方；而兔子和马是食草动物，它们吃草时还要时刻提防有动物攻击他们，所以眼睛就长在两边了。

"第二个问题：真的有外星人吗?""有!""没有!"孩子们争论起来，大家各执一词，最后等着我的"宣判"。上这样的课经常会碰到连自己也答不上的问题，我有时会现场打开电脑查找答案，有时会为孩子们提供寻求答案的路径。对于这个问题，我回答说："有报道说地球上曾经有过'天外来客'，也有人说曾经亲眼见过，甚至还录了像，但是真的有外星人吗？我不知道，现在科学界也没有确定的答案。所以我只能说，我不知道有没有外星人。也许将来有一天，你成了科学家，你知道问题的答案后，一定要来告诉我哦!"孩子们没有得到让他们欣喜的答案，但他们感受到科学求真的精神，这将使他们终身受益。

课后，经常有孩子意犹未尽地来问我："地球为什么会转动?""乌龟为什么长寿?”“有没有时空隧道?”……孩子们把我当成了百科全书。其实，我更希望孩子们通过互相学习，共同提高，都成为“小小百科全书”，都能骄傲地说“我回答”。

（邹　硕）

延伸思考

余慧娟老师指出，一个只强调“服从”，尤其是思维的服从、知识的服从的课堂，是思想专制的课堂。教学民主的核心是思维民主，是师生间的平等对话、理性辩论，是对真理怀有共同的敬畏之心。课堂教学应该是师生共同探索世界与真理的场所，是共同向未知进发的过程。

教育名言

教育应该较少地致力于传递和储存知识……而应该更努力寻找获得知识的方法。

——富尔

“我可没想那么多”

——与安徒生先生的梦中对话

近日，执教《卖火柴的小女孩》一课，颇有不解，请教多人，未能解惑。不想梦见作者安徒生，趋前求教，于是有了下面这番对话：

安徒生（以下简称“安”）：我从来不解答读者的问题，但对于你，我愿意破一次例——我是看在孩子们的面子上才做出这个决定的，我从不讳言我对孩子们有特殊的感情——你问吧，希望你的问题尽量简短些！

徐生坛（以下简称“徐”）：您为什么要让卖火柴的小女孩悲惨地死去呢？她那么小，人生旅途上的很多美好风景她都没来得及看一眼……

安：她为什么就不能死呢？难道生活会因为她年龄小就对她另眼相看、减少她所承担的痛苦吗？她没有看到人生旅途上的很多美好风景，是很遗憾，可是面对生活，谁能没有遗憾呢？

徐：可是，我的孩子们……

安：孩子们从情感上不能接受这样的结局，是吧？那是因为孩子们还不懂生活，这不能怪他们，但你应该明白，他们在不愿接受这个结局的同时，实际上已经对生活的残酷性有所认识了，只是他们自己不知道罢了。

徐：我觉得孩子们那么小，就让他们去认识生活的残酷性，是不是有点儿操之过急了？

安：你的这种想法很危险！世间万物，哪个不是一出生就得学会适应，学会面对，进而学会竞争，学会生存的呢？这样的道理你都不懂，你怎么做到教育“以人为本”？孩子们认识生活残酷性的过程，也正是他们对弱小者产生同情心的过程，难道同情心也要等到他们长大以后再培养吗？

徐：这么说来，您写这篇童话故事的目的就是为了表现生活的残酷性，并借以唤起人们对弱小者的同情了？

安：这只是你的理解，实事求是地说，我写这篇童话时可没想那么多……那是1846年，有一个朋友寄给我一封信，信里附着三幅图，要求我写篇童话，以配其中一幅图。我毫不犹豫地选择了画着手拿火柴的穷苦小女孩的那一幅，因为它让我想起了我母亲的苦难童年。我可怜的母亲，小时候是个讨饭的孩子。她曾告诉我，有一次，她没有办法从任何人那里讨到一点东西。当她在一座桥底下坐下来的时候，她感到饿极了，就把手伸到水里去，沾了几滴水滴到舌头上，因为她相信这多少可以止住饥饿。最后她终于睡过去了，一直睡到下午……

徐：对不起，我的提问引起了您痛苦的回忆……原来卖火柴的小女孩的原型是您的母亲。那么，您写这篇童话就是为了揭露您所生活的那个社会的丑陋。我小时候，我的老师就这样对我说，《卖火柴的小女孩》揭露了资本主义社会的罪恶。

安：我只是想在作品中尽可能充分地表现小女孩的不幸，当然这不可避免地会涉及社会环境的描写，而且是对我所熟悉并且一直生活在其中的那个社会环境的描写，但我却没想过那是一个什么社会。我不是政治家，我对政治并没有你和你的老师想象的那样精通。

徐：可是，您生活的那个社会就是资本主义社会，您的作品中所反映的社会问题就是资本主义社会罪恶的表现呀！

安：看来你比较适合给孩子们教政治。我真搞不明白，你为什么就不能把解读的重点放在对作品中“人”的观照上，而非要在属于政治学的什么“主义”上纠缠不清。你难道不觉得用政治的理论解读文学作品就像拿杀猪的刀子去钓鱼一样荒唐可笑吗?

徐：对不起，安徒生先生，您的这种说法我不能认同！我虽然是一个语文老师，但语文也要重视对学生的思想教育。

安：你真是一个顽固不化的人。爱心、同情心、珍惜、感恩、坚强、自立以及对世间一切美好事物的向往，这些难道不属于思想教育的范畴吗?你应该而且必须明白，让孩子们有爱心、同情心，懂得珍惜、感恩，学会坚强、自立，并且向往和追求美的事物，要比他们懂得“卖火柴的小女孩”生活在什么“主义”的社会里重要得多。

徐：您说得很对！可是我把“卖火柴的小女孩”所生活的社会与我和我的孩子们生活的社会作比较的目的，就是要让他们懂得珍惜和感恩呀！

安：你认为作品中所展现的那个19世纪的社会，跟你和你的孩子们现在生活的社会有可比性吗?

徐：哦……我明白了。我以后讲文学作品不再分析社会环境了。

安：你又走向另一个极端了。分析作品中的人物怎么能脱离开人物所处的环境呢?我的意思是你不要给文学作品中的社会环境随意扣政治的帽子。文学是人学，也是情学，如果解读文学作品时不把重点放在对“人”和“情”的观照上，而大谈什么政治学中的“主义”的话，那不是误入歧途就是不务正业，是永远也无法接近文学的本质的。

（徐生坛）

延伸思考

教师学习方法的指导上应该有开阔的视野与开放的心态，不能墨守成规，用一些陈旧、过时的方法来误导学生，否则，只能让学生陷入思维的泥淖。学习方法与思维紧紧相连，僵化的学法只能造成顽固不化的头脑。

教育名言

儿童是个有主动性的人，他的活动受兴趣和需要的支配，强迫工作是违反心理学原则的，一切有效的活动必须以某种兴趣为先决条件。

——皮亚杰

数学魔法课

汤姆·鲍迪诺马上要在开学后的第一个星期里上第四次数学课了。这是一个混合班，有白人学生（主要是男生）、一些非洲裔学生、几个拉丁裔学生和两个土著印第安人学生。他知道，要想把这个班变得有凝聚力，合作学习是一个重要的手段。他把自己的教学进行了调整以满足学生的需求。第一次上课期间，他对学生的数学水平进行了诊断性测试，结果表明，这些学生的数学技能方面未达到应有水平，虽然他们的基本技能似乎还可以，但分析推理能力较低，解决问题的能力也比较差。这些学生本应该是八年级的数学水平，但其中大多数只有六年级的水平。

当学生们进入教室时，鲍迪诺先生向他们微笑。他站在教室的最前面，手里拿着座次表，竭力把学生的名字和人对应起来。学生们在找到自己的座位后，教室外的走廊空无一人，十分安静。

鲍迪诺站在教室的最前面看着学生，于是交谈声逐渐没有了。第一天他就告诉过学生，当他站在教室最前面准备上课时，学生就不能讲话了。尽管学生对他以及其他一些同伴依然有些陌生，但整个班还是服从他的规定的。他只给学生提了三个要求，但是却打算强力执行。

“过去的几天里我一直在考察你们的教学能力，因此对你们的数学水平有了一个大体的了解”，他说道，全班学生发出轻微的咕哝声，然后等待他继续说下去。他说道：“现在是你们开始努力学习数学的时候了。你们中有多少人想在今年把数学学得更好?”全班大约一半的学生慢慢地举起了手。“很好，你们所有的人都来对了地方。魔术师鲍迪诺将在你们，包括那些没有举手的同学身上施展奇迹。就在这间教室里，在你们的眼皮底下，在你们的帮助下，你们所有的人在数学方面都将变成优秀生。这不会一下子发生，不过在你们和魔法帽的共同努力下，它会发生。”

当鲍迪诺先生钻到课桌底下掏出一根魔术棒和一顶高高的黑丝帽时，学生们都“咯咯”笑起来了。偶尔，他用夸张的表演来逗全班学生，似乎真的是一位业余魔术师。当他站在全班学生面前时，所有的眼睛都盯着他，看他在帽子上挥动他的手，仿佛就要掏出一只小兔子来。他禁不住用粉笔和铅笔做一些简单、巧妙的戏法，如从第一排的一个学生的耳朵里掏出一支铅笔来等，所有的学生都哈哈大笑。出乎意料的数学课让学生看起来很放松。

“既然我已经吸引了你们的注意力，那么让我们来看一看这个帽子里藏着什么神奇的东西能把你们变成一个个数学成绩优异的学生。首先，让我再次确认我知道今年哪些学生将用这个魔法。”他仔细地打量全班，尽力接触每一个学生的眼神，然后接着说：“然后，让我再看一下那些今年想把数学学好的同学们的手。”

这一次更多的学生举起了手，只有5个学生没有举手——坐在最后面的5个男学生。他在脑袋里记下了这5个学生，然后叫了其中一个到前面做他的助手。这个学生虽不情愿，但还是缓缓地走到前面来了。

“好，既然有了助手，咱们瞧瞧魔术帽里有什么方法可以帮助我们把数学学好。”他让助手举着帽子，并用魔术棒敲打帽子，这时他从帽子里掏出一个橡皮小鸡。全班学生又笑了。

鲍迪诺知道他的教学已经远远超越了七年级的水平，但是有意让学生从一个更高的起点出发。叫助手敲击两下帽子后，鲍迪诺先生掏出一张纸片，告诉学生纸片有一个有魔法的密码信息。他走到黑板前，潦草地写下一些教学符号，然后写下“数学魔术。只要按照下面的要求去做，你将会成为数学行家”。接下来，他唱了几句神秘的圣歌，舞动自己的胳膊，然后从帽子里又掏出一张魔法信息纸片，上面写道：“周一到周四每天交家庭作业。周一和周二，同学们自己决定自己做什么家庭作业，当然可以从老师桌子上的数学魔法书里寻找一些有关家庭作业的建议。完成一周要求的学生将获得一个魔力奖，那就是周五没有作业。”这一宣布让有些人叹息，有些人欢呼。手臂一挥，鲍迪诺先生又掏出一张纸片：“所有的测试都只给合格或不合格的评定，不给分数。不合格的得继续学习有问题的部分直到通过测试。”

鲍迪诺将纸片上的其他要求写在了黑板上：“所有的学生要带魔法工具到教室：书、铅笔和纸、计算器和勤于思考的头脑。”“所有学生要为自己设定一个计划目标来记录在接下来的三个月中取得的进步。”“所有学生在每周练习时间里需要以2～3人的小组形式进行学习。”“同学们要每周提一个在现实生活中需要用数学解决的问题。”

他讲完后，学生看起来被震住了，都看着他。他接着提到，教室一角的魔力娱乐中心有各种各样的数学游戏和数学谜语。这些是他们在做完作业后用来放松的，或者是用来给予他们特殊奖励的。

最后，他鼓励学生："要让魔方有效，每个人都得相信他自己能把数学学好，而且测试已表明大家具有这个能力，现在你们所要做的就是按照魔力计划去向自己以及其他人证明自身的能力。"

鲍迪诺先生还打算实施其他一些教学计划，那就是每周进行一次反馈性测验，并在学完每个单元的时候进行一次考试；单元学习内容围绕国家数学教师委员会课程的主题，学习方式为跨学科的问题解决和探究法；进行定期复习，单元考试不仅仅涉及刚学完的单元内容，还包括前几个单元的内容；让学生知道他坚信每个学生都有能力成为数学天才；为所有学生建立数学档案，从而让他们能很容易看到自己的进步，这有助于增强学生的学习成就感。他大声地告诉学生他的魔力和学生们的魔力将融合在一起，并取得成功。

在掏空帽子后，他问全班学生是否知道任何其他导致成功的魔法。那五个没有举手的男孩中有一个建议说，教师应该教他们如何从别人的耳朵里掏出钱来，对此，全班同学点头赞同。鲍迪诺先生在他裤兜里找到一枚25美分的硬币，然后在他介绍教学内容时候，从第一排的一个女生的耳朵里把它给掏出来了。

"想要解决问题或者创造魔力，我们必须好好思考。一个房间里有一百万枚面值为25美分的硬币，想要计算天花板的高度，请同学们思考一下，如何计算?"当学生拿出纸和硬币开始互相讨论这个问题的时候，教室里变得热闹起来了。

（威廉·威伦等）

延伸思考

著名教育家乌申斯基写道："没有任何兴趣，而被迫进行的学习，会扼杀学生掌握知识的意愿。""如果你的课饶有趣味，你就可以不必担心儿童感到枯燥。"学习方法指导的根本在于激发学生的学习兴趣。

教育名言

知识的记录本是探索的结果和进一步探索的资源，但是人们不顾知识记录所处的这种地位，就把它看做是知识。人们的心灵成为他们先前战胜环境的战利品的俘虏；他们不把这些战利品作为战胜未知事物的武器，却用来固定知识、事实和真理的意义。

——杜威

孩子心中的“自然之道”

这天天气特别好，阳光越过窗棂射进教室，金灿灿的阳光铺满讲台。我正在给学生讲《自然之道》一课。初读了课文后，有学生质疑：“我极不理解向导的言行，甚至怀疑他是不是真的生物学家。”

这个学生居然怀疑起向导的身份！要是在以前，我会直接否定他的看法。学习课改精神后，我注意到在教学中要尊重学生的感受，激活学生的创造性思维，让学生能够大胆发表独立见解。于是，我鼓励他说：“你敢于怀疑，敢于提出问题，不偏信，不盲从，很了不起。请你说说理由吧。”

“如果他是生物学家，当同伴要求他想办法救幼龟时，他明明知道同伴的想法会伤害幼龟，为什么不向同伴解释清楚，反而抱起那只幼龟，朝大海走去。他自己就是在违背自然规律。”学生的陈述振振有词。

一石激起千层浪。顿时，教室里活跃起来，学生纷纷举手发言。

“我不同意这种说法。从向导若无其事的态度和他说‘叼就叼吧，自然之道，就是这样’的话语里可以看出他懂得这是自然规律。面对同伴们一片‘不能见死不救’的斥责声，向导极不情愿呀！再说，如果嘲鸫把幼龟叼走了，幼龟不是也完不成侦查任务，龟巢里的幼龟们不是一样得到错误的信息，悲剧不是同样要发生吗?”又一名学生发表自己观点。

另一名学生站起身来，激动地说：“你要知道，突然飞来的嘲鸫用它的尖嘴啄幼龟的头，只是企图把它拉到沙滩上去，只要幼龟能逃过这一劫，悲剧就不会发生，而向导的做法，悲剧就一定会发生。”

看到台下的学生个个似辩论选手，我心里乐开了花。作为老师，我欣赏他们独立思考的精神，更觉得有义务为他们营造宽松、和谐、民主的学习氛围，搭建展示他们个性的平台，有什么理由不让他们说个够？一时间，教室里沸腾起来，大家你一言我一语，好不热闹。

不一会儿，教室里又突然安静了下来。有个学生怯怯地说了句："我有个两全其美的办法，可以阻止悲剧的发生。向导可以把被救的幼龟放回龟巢，既可以救小幼龟，又不伤害龟群。"话音刚落，教室里响起了热烈的掌声。

我被眼前的场景深深感动了。在他们的心中，关爱幼龟胜过一切。他们在为如何营救幼龟的小生命想办法，因为"关爱生命，保护自然"的想法在他们心中扎下了根。

正当我要对他们的发言褒奖几句时，又有一个学生举起了手："我不同意这个两全其美的做法，这样同样是违背了自然规律的。"

"啊？为什么？"学生们几乎异口同声。

"如果人类为了保护幼龟而忽略了食肉鸟——嘲鸫的生存，那许多像嘲鸫一样的食肉鸟就要饿死，而绿龟过多，必然伤及海里的鱼类、贝类，破坏了大自然的食物链。"这个学生的解释不禁令我刮目相看。

正当我暗自赞许这个学生的时候，又有学生站了起来。

"是啊，老师不是给我们讲过《鹿和狼》《羊和狼》等故事吗？大自然的一切事物是互相联系的，我们只有懂得大自然，遵循大自然的规律，才能保护大自然的生态平衡。"

"是啊，我想生物学家明知道要伤害幼龟，还那样做，真是良苦用心，他或许是想通过这次教训让同伴们牢记尊重自然规律的重要性啊！生物学家还是生物学家，我佩服他的做法。"

不知不觉，课接近尾声，没有教师的刻意雕琢、设计，学生在看似不经意的讨论中各抒己见，增长了知识、学会了思辨。我庆幸自己没有"扼杀"了他们的潜在能力，正是他们心中的"自然之道"为这堂课做出了最好的注脚。

（何春红）

延伸思考

学问之道就在于学习如何发问，向书本、教师、自然、社会、人生发问。李政道还特别向青年学子们提出建议："要创新，需学问，只学答，非学问，问愈透，创更新。"

教育名言

我一直认为，真正的教育是自我教育……教育者的使命是把受教育者引到自我教育的道路上去。教育的过程是让受教育者在实践中自我练习、自我学习和成长的过程。

——雅斯贝尔斯

对教学经历的反思

痛定思痛——在思考中寻找出路

虽然尴尬和遗憾已成往事，但对于这个失败的实验案例，我的思考却一直在进行：做过的是否就能记住呢？

突然想起前些年我们教师学习电脑的情景来。从开机到打开文档，计算机老师带着大家一步一步地操作，可轮到我们自己动手的时候，个个手忙脚乱，操作步骤忘得一干二净，气得计算机老师无奈地摇头。回想我上的那节实验课，不正是计算机教学的翻版吗？虽然是学生亲自动手做，可他们没有自由，没有思考，只是按照教师的指令照方抓药、例行公事，不过是一台台由教师操控的机器或木偶。这样的实验意义何在？做过就忘也就不奇怪了。

后来，女儿刷碗的经历启发了我。一次午餐后，女儿自告奋勇承担了刷碗的任务。虽然她是第一次干这样的家务活，但妻子除了交代"把碗刷净"外并无其他嘱咐，只是在一旁观察。女儿把碗、盘一股脑儿丢入水池中，打开水龙头逐个冲洗。结束的时候，碗上、手上沾满了油污，十分狼狈。妻子乐了："碗不干净，重刷。"女儿想了想，终于在洗碗布、洗涤灵的配合下顺利完成了任务。第二天女儿再刷碗的时候，刷碗流程已经很顺畅了。

女儿刷碗的过程其实就是一个学习过程，而学习效果好的原因在于：不管动机如何，她的学习行为是主动的，这是做好一件事的情的开始；她是在亲身实践中学习的，在实践中的学习更具有生命力；合理的操作程序源于独立思考和失败后的反思、完善。刷碗是学习，实验也是学习，两者也许有相同之处。

柳暗花明——在自主实践中成长

解惑的机会来了。今年，我再次执教高一。再上这节课时，我颠覆了三年前的教学设计。

课前一天，我征求学生的意见：“明天我们学习‘配制硫酸铜溶液’。这个实验是由老师演示，还是同学们去实验室自己做?”“自己做!”其实，学生很喜欢动手做实验。“那就请每位同学独立设计一套实验方案。”不过，考虑到学生的实验设计经验不多，我为他们提供了两份实验设计框架，包括实验课题、目的、仪器、药品、步骤、操作过程、结论与反思等，其中一份用于课前独立进行实验，另一份课上使用。

第二天上课时，我提出了如下要求：将设计好的实验方案交给教师，改变看一眼方案做一步实验的依赖习惯；每做一步都要及时记录在空白实验设计框架中；两人一组，一人做，一人看，看的学生注意将做的同学的实验与自己的实验设计进行比较。

第一次实验结束后，我再次提出要求：每组同学进行交流，比较两人实验设计的异同；与教师所配溶液进行颜色深浅对比，讨论出现差别的原因；完善实验方案，进行第二次实验，两人交换做。

第二次实验结束后，组织各组学生简述实验过程并评价，最后达成共识，形成一套完善的实验方案。

为与三年前的教学效果进行对比，我仍然要求全班学生将该实验的步骤写在纸上。结果只有 5 位同学存在步骤缺失或颠倒的问题，其余学生的表述都非常准确。这样的实验做法在其他问题的考查中也收到了良好的效果。

比较研究——实现做过不忘

通过两次教学情况的对比，我认为："我要做"胜于"要我做"。"我要做"是主动的，内动力更足，更能发挥人的主观能动性。只有让学生成为学习的主人，才能使其真正有所得，实现做过不忘。

"思——做——改"胜于"做——思——记"。先思后做使行动更具有指向性，而改正做中的错误更能促进学生思维的流畅与严谨。

促进学生成长的核心是教师引导学生去"悟"。"悟"是学生在知识学习过程中的体悟、感悟、觉悟。自己悟出的东西才是真正属于自己的财富。

尽管学生个性会有些许差别，但教材内容、学生入学水平基本相当，教学的规律是不变的。因此，对于怎样才能做过不忘的比较研究使我获益不少。

延伸思考

瑞士著名的心理学家皮亚杰认为，活动是认识的基础，智慧从动作开始。他认为，"认识来源于动作，客观通过动作转化为主观"，"思维就是操作"，"知识是经常与动作或操作联系在一起的，也就是与转化联系在一起的"。在动作实践中，学生们通过身体来探索世界，来确证自我。引导学生自己去观察、实践、感悟，学生才会有属于他们自己的发现并获得真知。

教育名言

人本主义心理学家罗杰斯更把这种见解推到极致，他表达了一种信念，即没有人能教会任何人任何东西。当然，我们可以这样理解：学生学会任何东西，最终都要通过自己的内化，因而，这个最后过程并不是教师完成的。就是这个意义来说，人的获得最终不是依靠教，而是依靠学。

——郭思乐

课堂教学的转向——先学后教

余文森教授在讲解课堂教学的理念时曾经讲述过这样一个课堂故事：他曾在某个重点中学进行“指导——自主学习”课题研究实验。有一次，他与王永老师一起去听一节数学课。上课的教师按照习惯的方式先认真细致地讲解例题并归纳讲解相关的公式与规律，在最后一个环节，教师安排全班学生做课后习题，进行练习巩固。所有的学生都埋头做题，只有一个学生还拿着课本看，就是不动笔。教师一看，脸上稍有不悦之色，就问道：“你为什么不做练习呢?”这个学生说：“老师，我刚才都听不懂，所以想看懂以后再做。”这位老师一听，有点动气了，恼怒地嘀咕了一声：“我说得那么认真，你都听不懂，你还想自己看懂啊?”他可能觉得意犹未尽，就往前跨两步，转过身，用手指头指着这位学生的鼻梁有点狠狠地说：“你能自己看懂真是一个奇迹!”下课后，这位教师还跟同年段的一位教师讲述课堂的这个小插曲，她说：“你说可笑不可笑，我怎么教他都听不懂，还想自己看懂！真是气死人啊!”经过两周的蹲点听课，校长要余老师作个反馈报告，他在不点名的情况下，讲述了这一案例，然后提出要充分相信学生的自主学习的能力等看法。等报告结束，余老师准备走出校门时，一位年青的老师硬是拖着，要他到办公室聊聊。这位教师是个地理教师兼班主任，他兴奋地说，余老师的报告让他恍然大悟，因为他也一直有这种想法。在交流中，他告诉余老师自己当地理老师和班主任，余老师刚才举的案例虽然不点名，但他知道是发生在他们班上。由于地理课一般一周只有两节课，与学生的接触时间非常少，于是，他费尽心思、想方设法与学生交流，其中，他与学生约定每天以日记的方式和他交流一天中的喜怒哀乐，可长可短，或三言两语或洋洋洒洒，当然他承诺，对于学生们的日记中的事是绝对保密的。这次听了这件事，他深有感触，破例让余老师看了一位学生的日记。这位学生日记写着：“林老师，今天，我听数学老师讲课，怎么听也听不懂，可是，回家后，我自己认真读了数学书，一会儿就弄明白了，真不知是我的头脑有问题，还是数学老师……”

当余文森教授在讲述这个案例的时候，《中国教育报》的一个编辑听后说，她也深有同感，确实，学生不是教会的，而是学会的。于是她也说了一个自己参加一次研讨会的小故事。有一次，她在一个大型的全国性小学数学教学研讨会现场，一位小学数学名师为研讨会上了一节公开课。真的是精彩绝伦。教师的每一个环节、每一个步骤、每一个细节都是精雕细琢，课堂教学进程如行云流水，学生也是个个对答如流，思路明晰。课后，她有点不相信，就将刚才老师在黑板上出的几道数学题，稍微改动数字，然后请几个上完课的学生来做一做。结果，大家看了看题目，面面相觑，抓耳挠腮的，谁也解答不出来。她就迷惑不解地追问："你们刚才不是在课堂上都做得好好的，现在怎么不会了呢?"几个孩子坦率地嚷道："你真是的，我们在课堂中是老师教会的，现在又没有老师教，我们当然不会啊!"她一听愕然了。这到底是怎么回事呢？听了余文森教授的讲述她才恍然大悟，心领神会了。

那么，为什么教师煞费苦心、挖空心思、尽心尽力、尽职尽责地教，结果是换来学生学得不清、不深、不透、不固呢？许多教师及研究者面对这种情况大为慨叹："我本将心向明月，奈何明月照沟渠!"我们能不能愤愤不平地将这种状况简单地归结为学生自己不爱学、不会学、不认真学呢？

余文森教授一针见血地道破其中的奥秘。长期以来，人们习惯于把教学理解为以教为基础、先教后学，学生只能跟着教师学，复制教师讲授的内容，先教后学，教了再学，教多少、学多少，怎么教、怎么学，不教不学。这种教学关系被视为天经地义、不可移易的教育教学规律。客观地说，先教后学也能在一定程度上促进学生的学，但是它同时也造成了一系列无法根治的痼疾，教支配、控制学，学无条件地服从于教，教学由共同体变成了单一体，学生的独立性、独立品格丧失了，教也走向了其反面，最终成为遏制学的"力量"。教师越教，学生越不会学、越不爱学。学生的学习成了一种复制性、跟随性的学习，是一种"伪"学习，学生学习的主动性与创造性被泯灭了，主体性被压抑了。怎样充分发挥教学过程中学生的学习积极性与潜能呢？我们的课堂教学要从"先教后学"转向"先学后教"，真正实现从"以教为中心"的课堂转向"以学为中心"的课堂的变革。教是永远教不会的，只有学才能学会。"先学后教"，"少教多学"，只有这样，我们的教学才可以获得实质性的提升与改善。

（林高明）

延伸思考

我们为整个教学提供了一个把教转化为学的空间，创造了一个把教转化为学的开端，打通了儿童的学习和生命世界广泛联系的通道，创设了最大限度地发挥儿童生命资源的条件。归根到底，就是可以使教皈依学。先学后教顺应人类认识的一般规律与学习的心理过程的特点，可谓是因势利导、顺势而行。

第五章
Chapter 5
有效教学生成智慧

主题感悟

生成的智慧，有效课堂的命脉

课堂教学如一汪碧海，有波诡云谲的瑰奇，有渊深默存的深奥，有静影沉璧、渔歌互答的安详与快慰，也有浪花朵朵、白鸥点点的浪漫……富有才华的教师任是在怎样的教育教学场景中，总能游刃有余地创生相宜的旖旎风光，不管是阳光明媚还是阴霾四结，学生在他们的巧妙导引下总能臻达“水光潋滟晴方好，山色空蒙雨亦奇”的境地。

在困境重重、险象环生之际，他们或行不言之教，化干戈为玉帛；或妙语解人，一语道破谜中谜……在学生思路不畅之时，教师或静观默察，或一提一顿，令人在千曲百回的思悟中迎受豁然开朗的欢欣；具有智慧的教师在课堂中挥洒自在、运转自如，于谈笑风生间引领学生出经入典……在人声鼎沸、众口喧哗之时，聪慧的教师便可化散为聚，化动为静，让学生沉入思想的深层空间，呼吸自由的空气。真实的课堂教学似一涧活水，而教学机智是活水源头，只有顺势而流，随物赋形，才有水光山色。

教学机智就是在小心翼翼、恰到好处地持守人性的尊严、自由的尺度、探索的勇气、生命的襟怀等重要的课堂价值与使命。

（1）指向保护学生的“脆弱”。在我的理解视野所及，课堂应该是一个保护孩子人格尊严，养护学生心灵尊严的场所，在充满敏感、同情的理解中植立学生人生的最初、最坚实的自信心与信任感。有位诗人这样写道：“哪里有爱哪里就是你的家，哪里有尊严哪里就是你的归宿，哪里有祝福哪里就有幸福，哪里有鼓励哪里就是你的起点。”课堂留给学生最美好的意象就是这种家的温馨、归宿的安全感、幸福的体验、起点的期待……

机智的内在根源就是爱的责任与使命，它几乎与宽容、关爱、温暖等是同义词。在我看来，机智的“机”不是机外藏机、机关算尽、机心四设、心机深沉，甚至杀机重重之类的含藏与浓缩，它更多是表明一种随机应变、机不可失等语义的延伸与辐射。它意味着，当具体的人在尴尬的时刻，他的心灵被层层阴影所围裹、所袭击，需要一种闪电式的透明彻悟导引生命走出困难，如果失却了这珍贵的一刻间的行动，那么，心灵可能因此而受损伤。

美国通用电气公司首席执行官杰克·韦尔奇在他的自传中说，自己的成功也许要归功于他的英格兰籍的母亲。他小时候因为口吃经常受到小朋友们的讥嘲，因而非常自卑，但他的母亲对他说：“孩子，这是因为你的嘴巴无法跟上你聪明的脑袋。”他认为，这是迄今为止他听到过的最妙的一句话。这位伟大的母亲就是明察人的“不完善、不完整、不完美”，同时，她以坚信人的“完善、完整、完美”的可能性来护荫一个孩子的脆弱。

下面的一则教学故事也许会让我们的心更为柔软，它告诉我们教育的真谛就在于如何宽容、理解、尊重“人性的弱点”，而这种宽容、理解、尊重的背后就是学生心灵的觉醒。北大附中副校长程翔在批改学生作文时，一篇题为《一块手帕》的文章深深吸引了他，他便将其作为范文在班上进行评价。“这篇文章是抄来的!”程老师刚读完这篇作文，一个学生就举起手大声地说。他的话音刚落，全班哗然，大家议论纷纷，目光齐刷刷地扫向那个抄袭的同学，她满脸绯红地低下了头。面对这突然的变故，程老师停顿了一下，转过话头问大家：“同学们，这篇文章写得好不好?”“好是好，可是……”“我问的是这篇文章写得好不好，不管其他。”“太好了!”“那就请同学们谈谈这篇文章好在哪里，请发言的同学到讲台上来说。”结果，有八名学生发言，大家高度评价了这篇文章。程老师接着说：“同学们，这样好的文章，我以前读得不多，可能大家读得也不多，以后多给同学们推荐一些优秀的文章，在班上宣读，你们以为如何?”“太好了。”“那么，对今天第一个给我们推荐优秀文章的同学大家说应该怎么办?”“谢谢!”“非常感谢!”此时，学生对老师的用意已心领神会。“从今天开始，每周推荐一篇优秀作文，全班学生轮流推荐。可以拿原文来读，也可以写到自己的作文本上。不过别忘记注明原作者和出处。”学生会心地笑了，那个抄袭作文的学生也舒心地笑了。这里的笑，不是一笑了之，更多的是笑后的深思，在含笑中与过去的错误告别。我想经过这一事件之后，这名学生以后不会再“抄袭”了。

面对“抄袭”这一教学困境，是单刀直入、直截了当地批评这位学生的“失范”，还是迂回曲折、别出心裁地导引？孩子的心灵总是比较脆弱的，容易受到伤害并且受伤的心灵还不易愈合。程校长的做法，不仅保全了一个孩子的“面子”，既不伤害孩子的自尊心，又能让他认识到自己的错处，而且还给全班学生上了一堂生动的宽容课。

(2) 指向对课堂干扰的化解。巴班斯基指出，教育劳动的一个典型特点是它不允许有千篇一律的现象。按部就班，一成不变地沿着固定的设计行进，课堂就会显得沉闷与单调。课堂的丰富性就是来自于不断生成、不断调整、不断变化，尤其是要追随着学生的心理状态与生命的节奏来构造课堂生活，只有这样才能从水波不兴的课堂中荡起美好的涟漪。许多教师常常会一厢情愿地将课堂预设得十全十美、天衣无缝，可是进入真实的教学环节时，假如不随机应变，不应时而动，那么课堂就举步维艰，它就可能窒息了教师与学生彼此的创意与活力。

某教师在她的教后记中写了这样的一个教学片段，对我们理解教学机智有一定的借鉴意义。她写道：“我在教《麻雀》这一课时，当我一进教室，就忽而传来狗的叫声，我一惊，真以为是谁带狗进教室了，我扫视了全班同学，这时班长站起来说：‘老师，是洪智宇捣鬼!’这名学生可是我们班的调皮鬼，也不肯认真学习，我看了他一眼，他涨红了脸，低着头，而全班学生好像都在等着看好戏呢。我故意清了清嗓子，笑嘻嘻地说：‘看来昨天洪智宇同学预习新课很认真！这狗来啦，而麻雀见到了，又会怎么叫呢？我们请他再来表演一下口技好吗?’学生听后都乐了，连忙鼓起掌来。而洪智宇这时更显得有些不好意思了。在我和同学的鼓励下，他真的又叫了起来，惟妙惟肖。‘真棒啊!’我由衷地称赞。于是，我丢掉了原先设计的好的导语，就在他的模仿声中开始了这堂课的教学。这节课上得有声有色，在课结束时，我微笑地问：‘同学们，这节课上得轻松吗？我们该感谢谁?’学生先是一愣，然后都异口同声地说：‘洪智宇!’从没被同学称赞过的洪智宇又不好意思地挠了挠头，笑了。我也向他投去赏识的目光……”

课堂教学时时都会有出人意料的不和谐因子。遭遇学生的“滋生事端”，许多教师会觉得措手不及，情急之下，轻则批评教育，重则呵斥制止。于是，课堂气氛便为之改变，甚至被训的学生有可能因一时冲动另生枝节，正常的教学活动便因之受阻。怎么处理这类棘手的事情，值得深思。该教师善于在学生的“调皮捣蛋”中挖掘与课堂教学内容相应的因素，让教学化险为夷，转乱为活。

在远程培训中青海孙玉兰老师提供了一个案例，让人深受启发。

一年级的学生刚学完拼音，进入识字、课文的学习阶段。这天，按照教学预设，孙老师有条不紊地进行教学，识字、读儿歌、拓展、巩固练习。意外，就在巩固练习时发生了……

新课结束后，还有十分钟的写作业时间。孙老师发下新本子，要求学生写上班级、姓名，开始写字。一会儿，一个孩子举手说：“老师，我不会写我的名字。”孙老师摇摇头，心想：也难怪这些孩子。现在的家长取名的时候，哪个字怪僻就用哪个字，害得学生写不来或者干脆乱写。孙老师轻轻地走过去，帮助他写好了名字。其他学生看见了，纷纷举手说：“老师，我也写不了名字。”一时间，那摇摇晃晃的小手纷纷在她眼前晃动。孙老师为难了，帮着学生写吧，时间不允许（一个个写完，巩固作业就别想写了），课堂纪律不允许（老师忙着写名字了，其他学生一定乘机开小差）；不帮着写吧，这可是学生的实际困难呀。孙老师灵机一动：不是刚学完拼音吗？对拼音知识的真正掌握也是本册的要求呀。现在不正是一个很好的实践机会吗。于是，孙老师大声宣布：“小朋友遇到困难，知道找老师帮忙，这很好。可是只有一个老师。那可忙不过来呀。你们再想想，生字还有哪个好朋友可以帮助我们认识它吗？（拼音）现在，我们就用拼音来写自己的名字，比比谁的名字最正确、漂亮。”全班都行动起来，一笔一画地认真写着。有的还主动互相比赛、指导。课堂气氛一下子活跃起来。

这次意外事件的解决，让学生收获了愉快的心情，巩固了拼音知识，提高了学生运用拼音解决问题的兴趣。虽然，这不是这节课的预设程序，但有助于学生的发展。我认为，这样的生成是有价值的。

什么是教学机智的生成？按马克斯·范梅南的说法，是对意想不到的情境进行出乎意料的重新塑造。这种塑造是以指向学生的兴趣、愿望、需要与发展为中心的。这种塑造使意想不到的“突发事件”具有独特的教育价值。孙老师面对学生写不好自己的名字这一教学困境时，引导学生用学过的拼音来拼自己的姓名，一举多得，巧为点化，的确是以灵心慧眼来促进课堂的有效精彩生成。

（3）指向对“异向对话”的尊重与开发。学校教育的目的不是将千差万别的不同的人模塑为千人一面的标准件。课堂教学中的对话的实质就是多元思想的碰撞、融合、互渗、互纳。它是一个开放的精神区间，正如内尔·诺丁斯深有体会地谈到，教室应该成为这样一个地方：学生在其中合法自由地展示和探索他们多种多样的人生目的。伴随着强烈的好奇心和探求欲，教师和学生共同生活和成长。我们必须追求人的全面发展，这种追求不会压制和阻碍学生的智力发展。

在阿莫纳什维利的《孩子们，祝你们一路平安》中写到这样一个案例：一位女教师介绍了她是怎样培养三年级学生对私人占有倾向的否定态度的。她的“经验”竟是这样的：有一个男孩子读了《鲁滨孙漂流记》，向女教师谈了自己的感想。他很钦佩处在荒岛上的鲁滨孙的勇敢、机智和毅力，表示自己一旦在生活中碰到类似的困境，也要不惜一切牺牲去渡过难关。可是女教师却对他说：“鲁滨孙是一个私有者，你知道吗?”“这是为什么?”机灵的男孩子惊奇地问。“这是因为，他干什么事都仅仅是为了自己，他甚至还有一个仆人——星期五，他收割粮食，储存粮食……他拥有一座岛屿，也就是说，他成了地主、资本家……这就是真正的鲁滨孙!”

想起在希腊神话中的“普罗克汝斯特斯之床”的故事。臭名昭著的妖怪普罗克汝斯特斯经常利用他的床杀死过往的旅客。最初他看起来是个和善的主人，他将所有路经这里的人请到家里，让他们放松一下疲惫的筋骨，但当客人入睡后，普罗克汝斯特斯就开始折磨他们。他要求客人与床的大小正合适。如果客人的腿或脚搭在床沿上，他就将其砍掉；如果客人太矮，他就将客人拉长，直至将人折磨死。我们的教育教学有时就是一张“普罗克汝斯特斯之床”，学生的一言一行一举一动都要符合教师心中的“床”的标准，否则一律毫不留情地拦腰截断。

课堂应该是各种思想异彩纷呈，各种观点纷至沓来，各种声音百家争鸣，各种色彩争奇斗艳……课堂的自由程度常常决定了学生思维的创造程度。在对话中，我们一定要尊重培植异向对话，聆听异向对话中与众不同的精彩。

一次校内公开课，某教师上的是唐代诗人李白的《望天门山》。在教学中，她设置了这样的一个环节：“同学们，设想一下，如果你是李白，面对此情此景有何感受呢？”在教师的潜意识中，学生无非是要说一些“祖国河山无比壮丽”之类的话，还有一些“我爱祖国的大好河山”之类的话，心中涌动的是“大江东去”“登高壮观天地间，大江茫茫去不还”之类的感觉。果然不出教师所料，许多学生都“心领神会”地这样说了。然而，有一位学生小声地说道：“如果我是李白，我会吓得趴在船舷不敢乱动啊！”此言一出，全班哗然。教师灵机一动，问：“那你为什么会吓成这个样子啊？”孩子说：“因为山高路险，水流湍急，面对这样的急流险滩，怎能不心惊胆战呢？”教师很惊叹地说：“你真是感受独特啊！我们读书就要有自己独特的感受。那么，我们从诗中哪一句可感受到这一点呢？”全班学生齐声说道：“天门中断楚江开，两岸青山相对出。”

在这里，教师不以己之是非为是非，不以己之好恶为好恶，更多的是赏识学生的另类思维与异样的感触。因为不同的学生带着不同的生活背景进入课堂，自然有着不同的理解与体验。只有重视、珍视学生的不同的思想情感，才能葆育学生的个性，孕育其灵性。然而，很多教师满心希望课堂顺流而下，如果偶尔有人逆流而上，或旁逸斜出，那就要想方设法围追阻截。总之，要亦步亦趋，不可特立独行。长此以往，整齐划一、大同“无”异取代了千姿百态、创造卓立。

清代顾炎武先生在给朋友的信中指出：“君诗之病在于有杜，君文之病在于有韩、欧。有此蹊径于胸中，便终身不脱‘依傍’二字，断不能登峰造极。”顾炎武认为，正是过于拘泥于常规与法度，朋友的诗缺乏创意，不能出神入化。顾先生把独创性提到了独一无二的位置上，课堂教学也是这样，教师如果不尊重学生的声音，不让孩子出新意于法度外，那么，我们的教育教学就是一种平庸、缺乏远见、毫无创造力的教育。

（4）指向对错误资源的点化与利用。学校被定义为孩子能够犯错误的地方。人非圣贤，孰能无过。人的成长是以错误为营养的。无巧不成书，无错不成人。孩子的错误不过是不以成人的约定俗成标准为标准，不唯正确标准是瞻。《联合国儿童权利公约》明确规定了要尊重儿童的意见与建议等诸多原则。尊重孩子的最高境界就是尊重孩子的自我选择、自我承担、自我成长的权利，当然包括这个过程中的一些错误。罗曼·罗兰说过，人活着如果不是为了不断地纠正错误、克服偏见、开阔思想和心胸，那么活着还有什么价值呢？

打击学生的错误，会使学生对于未尝经历的事心怀恐惧、不敢尝试、没有做事的勇气。众多教师逐渐认识到错误在教育与教学上的价值。

郑榕虹老师在讲述自己五年的课改探索的旅程时，提到自己的课堂变化，讲了一个细节——让“做错的同学笑一笑”。一时间，我感觉许多教育理论显得苍白无力，许多教学著作变得浅薄而造作。不知习惯于让做错题目的学生站起来以示警戒的我们将作何感想。我曾经对苏霍姆林斯基的“要尊重孩子的错误”这句话深不以为然，认为伟大的教育家也有头昏脑涨时。他说，学生做错了，教师当然要批评，要引导改正，怎么能如此放纵，宽容绝不是纵容。说得轻巧，可怎么尊重学生的错误？真是“一笑”释尽心中疑。人是在错误中不断尝试、不断成长的。这一笑，便是发现了错误的价值及教育意义。从另一种意义上讲这也是“闻过则喜”。

机智的教师不怕学生犯错，他们能妙手回春，在看似一团乱麻中得心应手地抽绎，用锦心绣口绣出花团锦簇的课堂风景。在他们看来，课堂因错误而美丽，课堂因错误而精彩。

俞军老师在“走进新课程”全国小学新教材教学观摩活动中看到一位特级教师这样执教“射线的认识”：在学生知道了射线的特征后，教师让学生举例。师：“灯泡、手电筒和太阳等射出来的光线，我们都可以看成射线。在现实生活中，你还能举出一些射线的例子吗？”只见一个男生“唰”地举起了手：“老师，我认为灯泡、手电筒和太阳射出来的光线不是射线，而是线段。”师：“是吗？能说说你的想法吗？”生：“因为光线被东西挡住了。”师：“哦，原来如此，你真会想象，老师很佩服你，请坐。”全班不由自主地响起了掌声。生：“老师，我可以补充吗？”男生显然还不想坐下。师：“当然可以，请说吧！”生：“我认为头发才是射线。”教室里顿时鸦雀无声，所有的听课老师都为这位特级教师捏了一把汗。师略作迟疑，问：

“大家有意见吗?”大多数学生此时一脸疑惑。师不慌不忙地说：“那我们来假定一下，假如你的每一根头发都是朝着一个方向笔直地生长，再假如你长生不老，而且永远不剪头发，那么你的头发就是射线。”全场报以雷鸣般的掌声。

确实，课堂中的“错误”有其丰富而独特的价值。一节课中没有展示出学生的思维误区，没有思考的失误，没有探索的歧路，这样的课看起来一帆风顺，流利通畅，然而其散射智慧的能量、其映现的思想含量有多少呢？难怪特级教师于永正先生每次外出上公开课时都要告诉那些陌生的学生，于老师上课最喜欢发言说错的学生，要给他发特等奖……这句话的潜在意义其实不仅仅是调动学生参与学习的积极性，其更深层意义在于于老师有一个清晰的教育理念：错误也是一种宝贵的教学资源！善为师者，总能绝处逢“生”，置于死地而后“生”，使课堂更具生气、生机、生命。

教育名言

机智是一种教育学上的智慧和天赋，它使教育者有可能将一个没有成效、没有希望、甚至有危害的情境转换成一个从教育意义上的积极的事件……教学和抚养后代真正的东西是发生在生活本身当中，你必须信心十足地知道在具体的情境中什么时候该说什么、做什么或者不该说什么、不做什么。

——马克斯·范梅南

有效教学智慧

巧将错误化为资源

曾听吴丽娜老师上了一节公开课。她在课后反思中写道：《一面五星红旗》（义教课标实验教科书三年级下册）公开课正在有条不紊地进行着，学生认真地默读，听课的老师仔细地记录着。“老师，老师。”一个嫩嫩的声音忽然划破寂静，声音虽小却让所有人都听见了。我的头一下子就大了，我知道一定是我什么地方出错了。平常上课时课堂气氛既民主又融洽，我和学生亦师亦友，对于我说错的话或写错的字他们总是毫不客气地指出，而我也总是虚心地接受批评。没想到，今天当着这么多听课老师的面他们还来这一招。虽然我心里嘀咕，但嘴上却不敢松懈，听课的老师有三十多位，还有县进修学校的老师啊！他们静静地等待我的反应。“邵雅，什么事?”我硬着头皮问。“老师，这个句子中有一个词您抄错了，课文中是‘国旗’不是‘五星红旗’。”

我定睛一看，原来小黑板上的一个句子“我摇摇头，吃力地穿上大衣，拿着鲜艳的五星红旗，趔趔趄趄地向外走去”中的“五星红旗”原文是“国旗”。其实，不用看原文我也知道是自己抄错了，因为学生能够指出老师的错误本身就需要很大的勇气，在这之前，她必定对照原文看了又看，对了又对，说不定还征求过同桌的意见呢。想到这里，我连书都懒得翻，眼也不眨一下，马上笑眯眯地说：“谢谢你发现老师的错误，希望同学们今后别像老师这样粗心大意。写字时要认真看，不要写错。”我当机立断把“五星红旗”四个字擦去，重新写上“国旗”两字。我暗暗庆幸自己急中生智及时消除了课堂的不和谐因素。再看看黑板，原本四个字的地方改为两个字，句子排列显得那么不和谐，“国旗”两个字在空荡荡的位置上显得既突兀又孤零零，似乎想张开口说些什么。

一个念头一闪而过。几天前备课时，我把课文反复过研读几遍，各个教学环节默记于心，抄写句子时是不假思索一挥而就，丝毫没感觉有什么不妥之处。似乎在这个句子当中“五星红旗”的出现理所应当，可是作者却用上“国旗”？为什么？备课时自己也未曾想到，何不来个“投石问路”，顺藤摸瓜，听听孩子们的想法。

于是，我放下书本，作出一副百思不得其解的模样，全班学生都惊讶地抬起头，盯着我。我满脸疑惑地说：“聪明的孩子们，我们的国旗不就是五星红旗吗？五星红旗不就是我们的国旗吗？为什么作者一会儿用这一会儿用那，多麻烦啊?”

“对啊，对啊。”下面的学生一阵附和，一些学生小声地说：“老师写得也可以啊!”我微微一笑，说：“在这里作者为什么用‘国旗’而不用‘五星红旗’?”一些孩子则飞快地翻书，在书上圈圈画画，有些孩子皱着眉头，现出一副沉思默想的状态，一些孩子开始窃窃私语……

等了将近五分钟，我有点沉不住气了，这样下去我原先备课预设的课堂教学环节都将成泡影了。我正准备开口，心想，再等等，毕竟思考需要时间与过程，不能操之过急。

终于有个学生举起了手，我喜出望外，连忙走过去，学生仰着脸说："老师，我把课文中出现'国旗'与'五星红旗'的句子都画出来了，读着读着，感觉它们有时真的不能调换。"我一听，心中窃喜，说："好啊，那你再品读品读，等下能不能把感觉说出来！"陆陆续续，大部分同学都举手了，我说："好，现在我们一起来交流一下吧！"

李伟迫不及待地站起来说："课文中这句话说作者要去旅游，'收拾好背包，我把它系在筏子上，手举一面鲜艳的五星红旗，便出发了'这句话用了'鲜艳的五星红旗'，我觉得很美，因为……"他卡壳了，搔搔后脑勺。同学们一阵善意的哄笑。我微笑着，轻轻地拍了拍他的肩膀鼓励道："好，读书读到这个份上就可以了！你很会欣赏美。"我抬头向全班说："其他同学有什么补充的？"

李伟的同桌张华枫伶牙俐嘴地接着说："在白茫茫的溪水中，突然有红艳艳的红旗，感觉很醒目！""是，对比鲜明，你真有画家的洞察力啊！"我高兴地说。

"老师，我读这一句'为了防止丢失，也为了行动方便，我把国旗从旗杆上抽下来，系在脖子上'，从这句话中我明白，用'国旗'可以看出作者对代表国家的国旗的保护与热爱。"

"同学们觉得如何？"我问道。下面的孩子七嘴八舌地表示同意。

林娜大声地说："我读了'突然，老板眼里闪出亮光，他用手指着我脖子上的五星红旗，惊奇地问：'那是什么？'，觉得这里用'五星红旗'非常合适！"

我略一惊，笑着问："你说说怎么合适？"她说："我们小组讨论的结果是，这位老板十分可能不知道五星红旗就是中国的国旗。"

"还有啊"，黄金花接着说："正是直接看到'五星红旗'鲜艳夺目，老板眼里才闪出亮光，才会提出用'五星红旗'换面包。"

我由衷地发出赞叹："你们小组从书中找答案，研究得有理有据，真是会读书啊！"

学生你一言我一语，精彩至极，只是没有说到那一句上。我不得不故作委屈地说："聆听了大家精彩的发言后，老师还是不明白，我板书是对还是错？好，大家再读读这句话，'我摇摇头，吃力地穿上大衣，拿着鲜艳的国旗，趔趔趄趄地向外走去'，再认真想想。"

学生又读了起来，随之议论纷纷。

"我知道了，'拿着鲜艳的国旗'突出了'国旗'，让人一下子就明白五星红旗代表着中国，代表着国家。"杨兰兴奋地说。"我爱自己的祖国，宁可饿死也不换面包，国旗代表国家的尊严，在这里用'国旗'好。"东旭迫不及待地插嘴道。

我近乎手舞足蹈地说："老师今天向你们学了不少东西，看来遇事要多琢磨，同时我们还明白了，读书须揣摩，越读越有味！"

任是再高明的教师，课堂教学失误也是在所难免。对于课堂教学失误的敏感捕捉、及时调整、艺术性的改正，便是优秀教师的高明所在。巫师可能是文过饰非；庸师可能是装聋作哑；普通的教师可能偶尔纠失匡正；优秀的教师则是有错必纠，教亦多术。在马克斯·范梅南看来，教学机智就是对意想不到的情景进行出乎意料的重新塑造。就是在重新塑造中出奇制胜，化风暴为风景，化破烂为灿烂，但这种转化是不可刻意为之、不可预料、不能计划的，因此，教师须心有灵明，在教育教学的具体情境中善于顺水推舟，顺势而导。

教师只要用心抚触学生的气息与课堂的气脉，就能感受并创造出美好的教学生活。在《教育时报》中有位牛国妮老师的一个教学片段可以与上述课例相互映衬。在教学小学语文第六册中《微笑着承受一切》这篇课文时，教师依据课文内容板书文章的结构，在板书"桑兰坚强"一节时，把"剧痛"写成了"巨痛"。正当正常的教学继续进行的时候，一个小男孩举手说："老师，你错了。"教师心中一惊，问："哪儿错了？"他指出"剧痛"的"剧"错了。教师仔细一想，真是自己错了。停顿了一下后，教师就因势利导说："大家想一想是老师错了，还是书上错了？"过了一会儿，有的学生认为老师写对了，有的坚持认为书上是对的。教师就让学生不要忙着下结论，要仔细想想这两个字哪个更合适。这时宋秋琦同学说："我通过查《现代汉语词典》知道，'剧痛'是剧烈的疼痛，而'巨'有大的意思。疼痛只能以轻重来形容，无法用大小来概括。"其他学生也在查阅资料和分析课文后认为，书上的"剧"正确。

正如苏霍姆林斯基所说的："教育的技巧不在于能预见到课的所有细节，而在于根据当时的具体情况，巧妙地在学生不知不觉之中作出相应的变动。"而这个随"机"应变的"机"里则是内蕴着许多值得探究与回味的"玄机"。在我看来至少关涉：一是教师的自省智慧，即是课堂教学过程中的自我反思、自我监控的意识。二是教师课堂中与学生平等探索的意识，就是将课堂视为对未知世界的不断抵达，对所有学生的精神世界的无限珍视。三是对于课程意义的本质的理解，课程是学习的经历，是一种生命的体验。只有基于这样的体会，才能深刻地领悟预设与生成的内在联系，才会达到看似随心所欲，却是精彩纷呈的境界。

延伸思考

教学机智化错误为资源。成功的课堂教学不是沿着预定的轨道纹丝不动、按部就班地进行，当不期而至的失误发生了，是惊慌失措还是机智化解，在上述课堂上，教师就是在片刻的思索下，灵机一动，将失误的板书拓展为探讨语言的表现力，确实是化险为夷，独出心裁。英国教育家威廉·亚瑟说过，平庸的教师只会叙述，较好的教师会讲解，优秀的教师会示范，伟大的教师会启发。我想，机智的教师就是敏于明势、借势、顺势，使课堂教学在困难与困境中峰回路转，别开天地。

教育名言

人的内心里有一种根深蒂固的需要——总感到自己是发现者、研究者、探寻者。在儿童的精神世界中，这种需求特别强烈，但如果不向这种需求提供养料，即不积极接触事实和现象，缺乏认识的乐趣，这种需求就会逐渐消失，求知兴趣也会与之一道熄灭。

——苏霍姆林斯基

让生成资源成为数学课堂涌动的精彩

如何挖掘课堂中学生的动态生成资源，随机调控并创造条件引导学生提高数学素养，有效利用数学课堂中学生不断出现的生成性资源，让其成为数学课堂中不断涌动的精彩，从而既巧妙地利用动态生成的资源完成对课堂教学中难点的突破，又不露痕迹地引领学生置身于他们自己创设的一个个精彩的情节中，这是我们每一位教师在课堂教学中应考虑的。事实上，我们很多教师在这方面做得还有所欠缺。在一次数学教材培训活动中，笔者听了一节数学课，感触颇深。

教学片段1

师：同学们已经找到了盆花的摆放规律，按照规律，左起第15盆是什么花？同学们可以用笔画一画，也可以四人一组进行讨论（学生活动后指名交流）。

生：我用15÷2=7……1，所以第15盆是蓝花。

师：你能说说15、2、7、1分别表示什么吗？

生：15表示第15盆花，2表示2盆2盆放，7表示有这样的7个2盆，1表示还多余1盆。

师：7是不是表示有7组呢，1是不是表示余下1盆呢？因此，我们要在7的后面写上“7组”，1的后面写上“盆”。

师：那你怎么知道它是蓝花？这1盆是在第几组里的？

生：是第8组里的第1盆。

应该说，这名学生是非常聪明而且表达能力相当出色的学生，他在教师的追问下能清楚地表达出第15盆花为什么是蓝花的理由，分析也很有道理，教师也能抓住重点让他将理由充分表述。如果教师能突出为什么除以2可能会更清楚地突出本课找规律的重点，也就不会有下面似是而非的尴尬了。

师：还有没有其他意见？

生：第1盆蓝花是单数，第15盆也是单数，所以是蓝花。

师：我们一起来看看电脑老师是怎样说的。（点击多媒体演示单数1、3、5……是蓝花；双数2、4、6……是红花，因此，第15盆是蓝花）

学生其实已经抓住了盆花摆放的规律，找到了单数的花是蓝花，双数的花是红花，教师为什么要急于借助电脑将这个规律呈现呢？我们一直抱怨学生的数学语言表达能力需要加强，其实，数学语言能力的培养需要教师不断创造机会的。在这里，教师完全可以让学生充分表达自己的观点。如设问“你怎么就从第1盆是蓝花就能确定第15盆也是蓝花的呢”，虽然该生已经回答到了单数和双数，但让他充分展开，一方面让更多的学生听明白，另一方面也能锻炼学生的数学语言表达能力。

师：还有同学有其他想法吗?

生：我是一个一个数出来的。

师：你是不是这样数的，先蓝再红，一个个数下去，数到第15盆的时候正好是蓝花。这样数，是不是容易弄错，我们是不是可以画一画?（学生试画后，教师多媒体演示）

师：还有其他想法吗?

生：我用15÷8＝1（组）……7（盆）算出来的。因为书上画了8盆花，我以8盆为一组，余7盆，我再数一下，第7盆是蓝花。因此，第15盆是蓝花。

师：你真有创意，用不同的计算方法也判断出了第15盆是蓝花。好，同学们，刚才我们用了三种方法得出了第15盆花是蓝花，有的是画的，有的是数的，还有的是算的，都很好。下面，我们用自己喜欢的方法来做“试一试”。

教师充分尊重学生，让学生大胆表达不同的想法，这非常符合新课程的理念。当学生回答数的方法时，教师比较自然地渗透了用笔画一画的方法。可是当学生回答出15÷8＝1（组）……7（盆）时，教师不该仅仅用“有创意”这样的话来表扬学生，这其实是本课非常精彩的生成点，教师应充分利用这个资源，让学生比较并展开讨论，突出除数2与8的本质，从而让学生理解找规律的重要性。

教学片段2

师：谁来说说彩灯的排列规律?

生：彩灯是按红、紫、绿这样3个3个排列的。

师：照这样排下去，从右边起第17盏彩灯是什么颜色呢?

（刚才教师已经让学生用自己喜欢的方法来尝试练习，接下来，教师将有关学生的思考结果在投影上显示出来并让学生自由交流）

生：我是用画的方法，但我没有从第1个画起，而是从第10个开始画的，按照红、紫、绿这样一个个地画下去，第17个是紫色。

师：他画得真好！他没有从第1个画起，而是利用了前面9个彩灯的规律从第10个画起，真不错。还有同学想说说自己的方法吗?

生：我也是用画的方法，不过我分别用“□”“○”“⊿”代替红、紫、绿，第 17 个是○，所以也是紫色。

生：我是用计算的方法，因为 17÷3=5（组）……2（盏），所以第 17 盏是紫色。

师：你能解释一下这里面每个数字的含义吗？

生：17 表示第 17 盏灯，3 表示每 3 盏灯为一组，5 表示 17 盏灯里有这样的 5 组，2 表示还余下 2 盏灯。

师：因此，我们只要看第 2 盏灯是什么颜色就可以判断第 17 盏灯的颜色了。回答得真棒，还有同学有不同的思考方法吗？

生：我是用 17÷9=1（组）……8（盏），书上画了 9 盏灯，我把 9 盏作为一组，余 8 盏，再数一下，第 8 盏是紫色。

师：同学们，刚才我们想到了很多的方法都得到第 17 盏彩灯是紫色的，那我们再来思考一下，第 18 盏彩灯会是什么颜色呢？

教师放手让学生将自己喜欢的方法尽情地表达出来，因此，学生的思维非常活跃。第一位学生想到了一个很有创意的方法，同样是用画一画的方法，但他没有一个一个地画，而是在第 9 个的基础上从第 10 个画起；而第二位学生提出用“□○⊿”表示不同的彩灯，也用画的方法解答了问题。如果教师能够及时地将两者的优点整合，有效地利用学生在课堂上生成的精彩，那该多好！而从第三、四名学生的回答中，我们不难发现，他们都通过计算的方法求出了第 17 盏彩灯的颜色，教师非常注重学生列式时对数字的理解，让学生回答每个具体数字的含义，但不足的是本课的重点是找规律，既然出现了两种不同的列式计算，为何不让学生自己辨别一下哪种计算方法更为简便与实用呢？显然第四名学生的回答是受教学片段 1 的影响，这是在前面一个环节中教师没有处理好而导致的。这时，教师一定要引导学生比较，为什么在这两个算式中想到除数用 3 或 9，3 表示什么含义，以后在用计算方法求证时如何来找除数，让学生进一步明确这个除数是怎么来的。

数学不仅是一种“告诉”，它更是一种体验、一种激励与唤醒。坐在后排听这节课的时候，我被学生独到的见解所折服。从这两个片段中不难看出，该班学生思维活跃、表述清楚、亮点不断，但教师在很多细节处理中都没有很好地抓住生成性的动态资源，没有让这些动态生成性资源成为课堂中涌动的精彩。我在为这位教师可惜的同时，也在反思自己的课堂教学。

我们一直在说，预设是有效教学的基石，生成是有效教学的灵魂，但在实际教学中，我们做得比较好的是预设，对于如何抓住学生的生成性资源引领学生深入思考、比较、判断、辨别，从而突出教学的重点及突破难点的问题，我们思考得还不够。在上述两个片段中，学生有很多生成性的资源，如画的方法中从第10个画起，如学生用计算的方法时用书上的8盆花中的“8”及9盏灯中的“9”作为除数，也计算出了答案，这些可能是教师在预设中没有考虑到的，这时，教师的教学机智及教学引领就显得尤为重要了。

（席争光）

延伸思考

在我们的教学过程中，常可发现一些有利的资源和精彩的生成点，如果我们依然按部就班的话，就很有可能如张载所说的：“教之而不受，虽强告之无益。譬之以水投石，必不纳也，今夫石田虽水润沃，其干可立待者，以其不纳故也。”因此，我们应当更新教学观念和模式，合理有效地去利用生成资源，进行环环相扣的教学，以达到教学双赢的终极目的。

教育名言

你的教鞭下有瓦特，你的冷眼里有牛顿，你的讥笑中有爱迪生。你别忙着把他们赶跑。你可不要等到坐火轮、点电灯、学微积分时，才认识他们是你当年的小学生。

——陶行知

“意外”与“畅游”

——“是清晨还是黄昏”教学案例

我在紧锣密鼓地准备教科版小学科学五下“地球的运动”单元的“是清晨还是黄昏”一课，因为这节课将在4月6日的浙江省小学科学年会上展示，因此我精心备教材、备学生、备教案。面对这一份自认为称心如意的教学预案，我心里泛起一丝欣慰，结果在一次试教时，学生出乎意料的汇报使我当时如临深渊，一下子手足无措。那如何正确地处理教学中的“意外”，如何让学生尽情地畅游在知识的海洋和自主探究的氛围中，我沉思着……

让“意外”成为一道亮丽的风景线吧！

我手拿皮球，对学生提出以下的问题：如果球放着不动，第一，要使这个球看起来先从我们的面前出现，然后经过头顶运动到我们的身后，怎么做？第二，要使这个球看起来从我们的左边向右边不停地循环运动，该怎么做？这时我建议每一组学生先讨论一下，然后试一试看能不能演示成功，并问大家需要多长时间，这时各组纷纷汇报本组需要的时间。

第二组认为需要 8 分钟。第六组认为时间宝贵，计划以最少时间模拟成功，他们认为 5 分钟就够了。第十组认为尽量在 6 分钟之内完成。

当时我被学生的思维所感动，这样的设计把主动权交给学生，让他们自己主宰活动，于是我说：“好吧，我们先暂定 8 分钟，如果哪一组演示成功请举起手，如果时间不够，我们可以延长，好，开始！”当学生非常认真地模拟演示后进行一系列的活动汇报时，我顿时茫然了，因为他们的设计完全超出了我的教学预案，并且他们的情绪很高涨，都很自信。具体的方法如下：

“我们组认为人应该绕着球转！”

“我们组认为边围绕球转边自西向东自转。”

“我们组认为边围绕球转边自东向西自转。”

“我们组认为从右向左运动。”

“我们组认为自西向东自转。”

“我们组认为自东向西自转。”

“我们还可以在球上翻筋斗。”

……

一下子，课堂出现了针锋相对的局面，并且各组都说自己组的模拟演示能看到球自西向东不停的运动。当学生出现那么多思路时，我茫然了，因为我预设的结果就是自己自西向东的自转，怎么出现了那么多的方法，并且竟然出现了公转的方法，这还是下面第九课的内容呢！我该怎么办？望着一条条充满智慧的“小鱼儿”，我心中一亮：就让他们自由自在地遨游在浩瀚的大洋中，飞翔在灵动的思维空间吧！于是我就这样追问："现在出现那么多思路，那我们到底怎样做才能看到这个球从左向右不停地运动呢?"可爱的学生们都异口同声地说："老师，请让我们再去试一试吧！"学生就再一次有目标地去验证自己组刚才的模拟演示方法，都想证明自己的模拟是正确的。他们非常认真地探究、发现、验证，我由衷地感叹：课堂上，没有学生想不出的办法，只有老师想不到的地方。

看到每一组学生满怀信心的表情，我心中有底了，我问："通过认真的模拟演示，要使这个球看起来从我们的左边向右边不停地运动，我们到底怎样做?"学生一一进行解说、演示，最后得出，要想让一个不动的球看起来不停地自西向东运动，我们就必须从右到左不停地自转。这时我就自然地追问："你们是怎样想的?"学生说："这是一个相对运动，一个看起来动的，一个是真的在动，它们的运动方向相反。""球看起来从左向右不停地运动，其实我们就是从相反的方向运动。"这样学生进行一一阐述自己的观点，通过排除法懂得了什么是科学实验，也在心里对自己本组原来的设计进行分析、否定，对其他组正确的方法进行学习，从中培养了科学素养。难道这不是一个很好的展示平台吗?

（屈春丽）

延伸思考

在我们要上课前，我们都会做教学设计，会收集大量的利于我们教学的资料，并独具匠心地设计好我们的教学环节。面对我们精心准备好的教案被学生的不同见解给打乱时，我们是该暴跳如雷还是顺势引导？如果我们过于习惯于照本宣科，那么势必会使得学生的听课效率大打折扣。因此，在我们上课的时候，尤其是课堂出现"意外"的时候，不妨俯下身躯，多多聆听那些细微的声音，或许我们能收到意想不到的成效……

教育名言

教师要善于偏离计划以至完全改变计划，这并不是不尊重计划，而恰恰是出于对计划的尊重。

——苏霍姆林斯基

替人捡球

下面是笔者在一次观课中采撷的课堂故事。

一位女教师为一年级的小朋友上体育课。做完热身运动后，女教师将全班学生分成四组，进行传球接力跑比赛。小朋友们一听要比赛，个个兴奋地大喊大叫，有的小队齐声呐喊："我们必胜，必胜，必胜……"

教师宣布了比赛规则：每组的第一个同学听到哨声就抱着红色的篮球跑到三十米处的一个圆圈内，把红篮球放在圈内，将圈内的黄蓝球抱起来，往回跑，并把它交给第二个同学，第二个同学又如此这样跑一趟，又交给第三个同学……看哪一组的小朋友跑得快。孩子们好胜心强，一个简单的比赛游戏就足以让他们热情如火地投入其中。随着教师一声哨响，操场上响起一阵加油声与呐喊声。女生们步子小而碎，男生们则个个飞一般，第三组与第四组的学生遥遥领先，第一组与第二组显然比较慢。

"加油！加油！"第三组、第四组的学生的喊声越来越响，眼看冠军组就要决出了。小男孩们个个涨红了脸，憋足了劲，跨步抱球争先恐后地飞奔着。两组都只剩下两个人了，第三组的一个男孩子跑得稍快一点，他将球放下正准备换球时，看到了第四组的一个球往场外滚去，就放下抱住的球也不回身跑，径自替第四组的把球捡回原处。听课的老师一阵大笑，对面的第三组的同学急得直跺脚，嚷嚷道："真是笨极了！""别管他们的球，快往回跑啊！"……结果，这样一耽搁，第三组的最后一个同学比第四组的最后一个同学稍慢一步到达终点。大家一阵欢呼，第四组的同学更是欢呼雀跃。

只见第三组的同学个个对着那个替他人捡球的男孩子大加指责，怨他不应该帮倒忙，当叛徒，大有群起而攻之之势。那个男孩局促不安地站在队伍的边缘。有个大个子的小调皮还挤兑他说："去，你是第四组的人，别站这儿……"男孩哭丧着脸，不知所措地低着头……而老师对这一切视而不见，她只是按常规集合整队，然后宣布比赛结果。于是，队伍中又引起了一阵小小的骚动，那个男孩子又成了众矢之的……一节课下来，这个男孩子手足无措，直到下课了，还有人在喊"叛徒"。

在以上的故事中，矛盾在于小男孩在比赛中帮其他小组的同学捡球，以至他们自己的小组功败垂成。于是，就出现了“做好事”与“当叛徒”之间的矛盾困惑，也引发了小组与小男孩个人之间的矛盾、教师自顾自地进行教学任务与突然生成的事件之间的矛盾、学生们的冲突与教师的行为之间的矛盾……

当然，这个故事的“结”还未“解”。这时候，就需要读者一起来研讨：如果你是那位老师，面对这种情况你将如何处理？同时，这则故事给你留下怎样的启示？

（林高明）

延伸思考

课堂教学中的意外事件总是不期而至，我们不能视而不见或充耳不闻。教师在课堂教学中的“失明”“失聪”是教育教学失败的总根源。倾听学生未发出的声音，就意味着站在学生的立场来理解事物，站在学生的立场来调节关系。生成的出发点就是学生的心灵与思维的活动重点。

教育名言

课堂应是向未知方向挺进的旅程，随时都有可能发现意外的通道和美丽的图景，而不是一切都必须遵循固定而没有激情的行程。

——叶澜

可贵的“抄袭”

李老师抱着作文本进了教室。

这次作文的题目是“我家的故事”。不少学生写出了饱含真情而又妙趣横生的作文，但是，也有几个学生抄袭杂志上的文章，而且是不动脑筋地抄袭，这他既欣慰又愤怒。

李老师叫起一个男生，问他奶奶多少岁。男生笑着低下了头。他15岁，却在作文中称自己的奶奶92岁。李老师又叫起另一个男生，问同样的问题……学生哄堂一笑，齐声说：“抄的！”两人不仅抄袭，而且抄得一模一样。李老师要求两人重写，写自己家的真实故事。

这次作文，他给了几个学生罕见的高分，而最让他满意的是一篇题为《我的偷袭故事》的作文，文章写得朴素动人。他几乎给满分了。

李老师开始给学生朗读优秀作文，很快读到了锦康写的《我的偷袭故事》——

“一次放月假，我心生一计，想给奶奶一个‘偷袭’，让她有一个意外的惊喜。于是，我坐车飞往家中。那是怎样的家哟，屋里凌乱不堪，阴暗潮湿。晚上五点不到，奶奶就上了床，我一摸奶奶的头，滚烫滚烫。我给奶奶倒开水，却发现开水瓶中的水已是冰凉的。掀开锅，几天前的冷饭尚在。我问奶奶：‘几天没有沾荤了?’奶奶说：‘我一个老婆子吃这么好干吗！就快要入土了。’第二天，我领着奶奶到卫生所看了病，又买了两斤猪肉。我下厨为奶奶做了几道菜，奶奶一口气吃了两大碗，脸上有了一丝血色……”

这是典型的留守男孩与奶奶相依相靠的生活。偶然一次“偷袭”让奶奶“露出了马脚”。因为以前回家，家里总是窗明几净，饭菜丰盛。于是从那以后，他喜欢上了偷袭。放假，他常常不打电话直接回家，或是故意把放假时间说得提前些，到了那一天，又打电话道歉，说把放假时间搞错了。奶奶不得已，只能把准备招待孙子的好菜吃了。

李老师读完，课堂静默无声，几个女生眼圈发红。李老师也几近哽咽，这个奶奶几乎是所有长辈的写照。

然而，有两个学生似乎发现了新大陆，他们颇为兴奋地从抽屉中翻出一叠报纸，又招呼同桌一起翻看，然后笑着看看李老师，那眼神分明是说这篇文章也是抄的。

李老师接过学生的报纸，一看，果然和一篇文章的情节非常相似——用突然袭击的办法来改善父母的生活。

李老师难以置信。因为这个叫锦康的男孩，平时刻苦认真，朴素善良，从没有抄袭的行为。

这时，学生们开始小声议论，似乎在否定老师的眼光。

李老师让锦康解释。锦康承认看过这篇文章。他说自己从中得到启发，用偷袭的方法一试，果然发现了奶奶的秘密，于是按照作者的办法去做。他说自己写的是真实的事。

学生们仍在议论，不依不饶地说：“难道这不是抄袭?”

“‘抄’得好!”李老师突然大声说道。学生们愣了。“这是‘抄袭’美德、‘抄袭’孝顺的艺术。这样的‘抄袭’，难能可贵。你们都应该向锦康学习，也来一次偷袭!”

教室里响起了热烈的掌声。

（方军勇）

延伸思考

好的教育教学一定是成全学生成的学问。生成不是规行矩步、一成不变地行进，而是根据“现场状况”进行生命的“调频”，让教育教学的节律符合学生心灵内在的节律。生成就是要千方百计地呵护学生的生命尊严与其内心世界。

教育名言

所谓创造性，绝不意味着教育过程是一种不可捉摸的、服从于灵感的、不可预见的东西。恰恰相反，只有精细地预见到并且研究过教育过程的许多事实和规律的相互依存性，才能使真正的教学能手当机立断地改变计划。

——苏霍姆林斯基

正课没讲，坏了?

一名求职者，一堂试讲课，下面坐着校长。当学生的自主生成将年轻的求职者慢慢引离课堂应有的主要内容，接下来将会发生什么?我们又该如何思考这个故事?

三年前，我在一所师范大学中文系念书。大四学期之初，我去了一所中学实习。当时的我，踌躇满志，心想：终于有机会让“饱读”诗书的我大显身手了。

作为一名“准教师”，首先的任务是听课。讲台上的前辈们口若悬河，滔滔不绝，信息量很大，内容也很丰富，但我同时发现了一个问题，很多学生上课只是忙于记笔记，很少积极思考问题、主动表达见解，课堂气氛比较沉闷。课下，我和一些学生聊天，问他们对语文的兴趣到底有多高，谁知他们却对我说："语文，爱你在心口难开啊……"

几天之后，我登上讲台，开始生平第一堂课，许多老师和一起实习的同学都过来听课，我既激动又紧张，激动的是因为期待这一天已经很久了，紧张的是因为自己缺乏经验，真不知道能否上好这一课。

我讲的内容是戴望舒的现代诗《雨巷》，这首诗用到了象征的手法，学生要读懂它的深刻含义比较困难。为此，我特意准备了北岛的一首小诗《生活》作为课堂的"开胃小菜"，以提起学生对现代诗歌学习的"食欲"。

一开始，我向学生抛出一个"包袱"："你们见过的最短的诗能有多短？"

"五言绝句，20个字吧。""难道还有比20个字还少的诗吗？"学生七嘴八舌地议论起来。"我觉得肯定不是一首常规的诗。""它能是什么样的呢？"学生脸上充满了疑惑，睁大眼睛望着我。

"下面我们就一起来看一首非常有意思的诗"，接着我往黑板上写了两个字"生活"。

学生们更加疑惑了："咦？这算什么诗啊？"

"同学们，你们看到的只是这首诗歌的题目而已——"我笑着说，"其实这首诗只有一个字！"

"哇——"有些学生不由地发出了惊讶的赞叹声。

"对了，如果让你用一个字来写生活，你怎么写？"

"梦！"一个女生脱口而出。

"你为什么用'梦'这个字呢？"我问道。

"因为我们的生活不能没有梦想，而且我们的生活还要有梦幻般的诗意，这才够浪漫！"她站起来娓娓道来。

"好一个梦一般浪漫的姑娘，看来你有做诗人的潜质啊"，我笑着说："那么，现在我们就来看看诗人是如何用一个字来描绘他心目中的生活的。"

我挥动着手臂，学生们目光的焦点也随着笔顺拉下的痕迹来回移动着。

"网"——一个醒目的大字赫然地出现在黑板上。"怎么样，出乎意料吧？现代诗很值得我们去品味，那么今天我们就来学习一首非常有名的现代诗，请同学们打开书，翻到《雨巷》这一课——"我已经准备进入本课的正题了。

可是，学生似乎并没有听我的"命令"，他们还紧紧地盯着黑板，沉浸在冥思苦想之中。

“老师，为什么作者用‘网’来形容生活呢?”一个学生站起来问我。

“这——”说实话，我之前并没有对这首诗做过多的研究，而且这只是导入环节，不能在这里花太多的时间啊。我看了一下手表，汗从额头上流下来。

“这个问题我们可以下课——”正在我犹豫之际，一位戴眼镜的男生高高地举起了手：“老师，我想出来了。”

我说：“那你说说你的观点。”

他说：“老师，我观察了这个‘网’字好半天，我发现这个字里面的两个叉叉，很像代数中用的最多的符号‘x’。而‘x’在数学里面代表了未知数，以此可得，生活是由数不尽的未知构成的，生活若是确知的，那就没什么意思了。用我们经常说的话就是，生活要有悬念!”

他的观点让我眼前一亮，我好奇地问：“这个说法很新颖，你是怎么想出来的呢?”

没等他回答我，其他学生嘻嘻地笑了起来，他们告诉我：“老师，他是我们班的数学课代表，是个数学奇才!”

“噢，难怪，我看不止是个数学奇才，而且还是个文学奇才呢!”我笑着说：“他的视角很独特，不但是这个‘网’字，而且我们想想现实中的渔网，它是不是很像无数个‘x’组成啊?这位同学说得很好!”我心里默默地为这个男生鼓起了掌。

“老师!”一个女同学按捺不住地举起了手，她差点直接站起来。

“老师，我觉得诗人把生活形容成网，是因为我们的生活离不开那一张无形的网——”她还卖起了关子。

“无形的网?是什么网呢?”她旁边的同学低声地问。

“互联网呗!大家想想，我们现在的生活是不是离不开网络?新闻、QQ、购物……它给我们提供了很多方便，像一张大网一样，把许多不认识的人聚在一起，但是，有时候我们又不得不对它生出一些依赖，不是有不少青年人都沉溺于网络难以自拔吗?从这个角度来看，这张网又让我们失去了自由!”她娓娓道来，还对网瘾做出了批判，同学们不由地为她鼓起了掌。

“这位女同学出语不凡，真是巾帼不让须眉啊!不过，作者写这首诗的时候，大约还没有网络呢。其实，我觉得我们每个人想问题的时候都存在着一个思维定式，而这个思维定式就像一张网一样束缚着我们的创造力！今天，我们就撕碎这张网，放飞我们的想象力！”我启发学生说。

学生的话匣子一下子打开了，纷纷举手，抢着发言。学生的发言富有哲理，还不乏诗意，大大扩充了这首一字诗的内涵。很多的想法是我不曾想到的。在我为学生的创造力感到惊叹的时候，下课铃响起来了。

这时，在教室后面听课的一位中年人向我走了过来，他是这所学校的校长，市语文学科带头人。他什么时候进来的呢？我马上回过神来，心里“咯噔”一下：坏了，正课没讲！

他走到我面前，我低下了头，心想：这回丢人了，第一次上课上成了这样，肯定挨批了，可能实习成绩都不会给我及格了。谁知，校长拍了拍我的肩膀，和蔼地说：“小伙子，有时候我们上课也要打破教案那张无形的‘网’啊！你激活了学生的独特体验和他们言说的欲望，这就是‘生成’带来的精彩啊！”

……

现在已为人师的我每次想到这道“小菜”做成的“正餐”时，依旧会觉得回味悠长。

（杜少凡）

延伸思考

“让课堂焕发出生命活力。”这是叶澜老师非常著名的一个观点，她提出要从生命的高度，用动态生成的观点看课堂教学：课堂教学不仅仅是一个传授知识的过程，教学过程不仅仅是一个生产的流水线。教师要因势利导、因材施教，将意想不到的“节外生枝”巧加点化，点石成金变为“妙笔生花”。这样的课堂才能真正激活生命活力。

考个零分给你瞧

我在还没读完小学时，就跟父亲搬到了美国。进入中学后，我开始叛逆，然后就变成了一个让老师头疼的孩子，调皮，厌学，爱做白日梦，每天憧憬着变成一个像舒马赫那样的赛车手。

所以我的成绩很糟糕。不知从什么时候开始，我的成绩变成雷打不动的“C”，这让教过我的所有老师都无计可施。

刘墉终于忍不住找我谈话了——在我12岁以后，他就让我可以直呼他的名字。平日他对我管得一直比较宽松，这让我的心情一直很不错，还是叫他“爸爸”。我一旦开始叫他“刘墉”，就表示我不高兴了。现在他明摆着要就学习成绩的事展开严肃讨论，我当然心情就不好。

刘墉先是冲我意味深长地笑了笑，这个笑容在我看来很阴险。他对我说：“你的老师告诉我，你现在整天在做白日梦，想当舒马赫那样的赛车手，变得不爱学习了。是吗?”

“是的。”我感觉他话里有一些鄙夷的成分，这是对一个14岁青少年尊严的莫大侮辱！想了想，我带着挑衅的语气补充了一句：“舒马赫是我的偶像，他像我这么大时成绩也很糟糕，他还考过零分，但人家现在照样不当了世界顶尖赛车手?”

刘墉突然朗笑了起来。如果前面的笑是阴险，现在的笑让我怎么听都觉得有阴鸷的味道：“他考了零分，当了赛车手。可是，你从来就没有考过零分啊，每次都是‘C’！”

刘墉的手一直在身后，此时它们终于从背后亮出来，让我的成绩单冲我打招呼。

他竟然笑我没考零分？这一次我真觉得自己受到了侮辱。我咽了一口唾沫，从喉咙里发出了低沉的声音：“那么，你是希望我考个零分给你看看吗?”

那语气，那声调，和电影里的英雄说“来吧，我拭目以待”一样充满自信，但刘墉比我更拽。他往椅背上一靠，继续冲我又阴险又挑衅地一笑：“好啊，你这个主意很不错！那就让我们打个赌吧。”

“你要是考个零分，那么以后你的学业一切自便，我绝不干涉；可是，只要你一天没考到零分，就必须服从我的管理，按照我的规定好好学习，如何?”

这个约定真是太愚蠢了，我轻而易举就能赢了他。于是毫无心机的我与笑得狡猾的刘墉伸手，很认真地击掌为约。然后，我在心里大笑不已，想着半个月以后的考试以及我即将迎来人生的自由，觉得自己遇到一个天底下最可爱也最愚蠢的父亲。

“但是既然是‘考’，那就得遵循必要的考试规则，试卷必须答完，不能一字不填交白卷，也不能留着题目不答，更不能离场脱逃。一旦这样做就视为违约，你从此以后都必须乖乖听我的，同意不？”

不交白卷我一样轻松给你考个零分。这是多么简单的事，我心里发出快乐的鸣叫，不假思索地答道：“没有任何问题！”

很快便迎来了考试。发下试卷后我快速地填好自己的名字开始答题。反正这些讨厌的试题我平时就有 3/5 不会，考个零分不是什么难题吧。

第一题是这样的：在第二次世界大战中，指挥美国人民反击纳粹的时任总统是谁？下面有三个备选答案：卡特，罗斯福，艾森豪威尔。我知道是罗斯福，却故意在答题卡上涂了艾森豪威尔。

接下来的几道题都是如此。可毕竟试题是按先易后难的原则出的，难度不断增加，有些题目甚至很陌生，越做到后面，我越把握不住答案的选择。到底哪一个是正确的？如果随便选一个会不会恰好就选到正确的那一个了？那还怎么得零分。

我真想跳过不答，但和刘墉的约定中是不能有空题的，最后我只得硬着头皮像以往那样乱蒙一通。老天保佑我选中的一定是错误的那个吧。

走出考场，我忽然发现手心里竟然攥满了汗。我第一次感到原来考零分也很难！

试卷结果出来了，是可恶的“C”，距离那个可爱的“0”只有小半个圆的差距。我灰头土脸地带着试卷回家，刘墉笑眯眯地走过来提醒我：“咱们可是有约在先的哦，如果你没有考到零分就必须听从我的指挥和安排。”

我低下头暗骂自己的不争气：“笨蛋刘轩，你竟然连个零分也考不到，你怎么当舒马赫第二。”但我抱着破罐子破摔的无所谓心态，也有了最坏的思想准备，都已经这样了，他还能怎样指挥我？无非是让我好好努力早日考到“A”嘛。

刘墉煞有介事地清了清嗓子，说出了他对我的命令：“现在，我拜托你早一天考到零分，或者说你近期的学习目标是向零冲刺！哪一天考到零分，哪一天你就获得自由了！”

我差点以为自己的耳朵坏掉了，这样大好机会送到他手上，他竟然将我轻易放过，并且无数次地给我补救的机会。这是那个阴险狡猾的刘墉吗？

但和考满分相比，我还是相信考零分更容易一些，这才一个“C”嘛，我还有许多的机会向零分靠拢。我看到了一丝自由的曙光。

很快又迎来了第二场考试，结果还是一样，又是“C”!

第三次，第四次……我一次又一次地向零分冲刺。为了早日考到零分，我不由自主地开始努力学习，然后我发现自己有把握做错的题越来越多，换句话说，我会做的题越来越多。

一年后，我成功地考了一个零分！也就是说试卷上所有的题目我都会做，每一题我都能判断出哪个答案是正确的，哪个是错误的。

刘墉那天很高兴，亲自下厨做了一桌菜，席上他端起酒杯大声宣布：“刘轩，祝贺你终于考到了零分!”他冲我眨眼，加上了一句话：“有能力考到‘A’的学生才有本事考出零分。这个道理现在应该已经知道了吧。我早就计划好把你往这个方面赶，其实你是被我耍了，哈哈哈……”

我承认被刘墉耍了。其实在这个赌局中，我的一举一动早就在他的预料之中。他要求我考满分的要求换成要求我考零分，我就觉得容易接受得多，并且愿意为了达到这个目标而努力，真不知道我当时是怎么想的。

后来，我考上了哈佛，读完硕士正在读博士，译了书写了书，拿了音乐奖，获得了表演奖。18岁后，我就再也不想当舒马赫第二，我觉得我完全可以做刘轩第一。

我想，如果以后我有了孩子，我也会跟他定下零分之约，这绝对是一个比满分之约更科学、巧妙、有用得多的约定。

（刘　轩）

延伸思考

彼得·圣吉认为，真正的学习会触及做人的意义这个核心问题。通过学习，我们得以再造我们自身；通过学习，我们能开发自身的能力，去做从前不能做的事；通过学习，我们重新认识世界，重新认识我们与世界的关联；通过学习，我们拓展我们的创新能力，使自己成为生命的成长和生发过程的一部分。高明的教育者就是使学生在不知不觉中获得教益。所有生成都是根据实际情况然后对出乎意料的事件进行重新处理与调整，收到意想不到的效果。刘墉的智慧就在于不强迫，不压制，而是用生成的智慧引导孩子自我教育，自我觉醒，这是教育者的最高智慧与境界所在。

教育名言

教师，要把学生的思维看成是丰富的教学资源，要收拢学生头脑中发出的“波”，集“波”成“澜”，再推给学生，这便是生动的教学资源。

——叶澜

母亲就不能不端走沙果吗

六（1）班的孩子们显然对《荔枝》中的母亲形象有许多感悟。在学到母亲在客人来临之际不经意地顺手端走沙果的细节时，他们一个个都把小手举得高高的。

“妈妈懂得我的心思，怕我在客人面前丢面子。”“母亲利用上茶端下沙果，可以看到她处处为儿子着想，还可以体会出母亲的机智。”“母亲真能理解儿子的‘难处’，她用‘不经意’的解围给足了我面子。”“妈妈在客人面前巧妙地维护了‘我’的自尊心和虚荣心。”“妈妈真是一个理解儿子的好妈妈。”

母爱是伟大的，对母亲的用心良苦的理解也是到位的。就在教师很满意地准备开展下一环节教学时，突然一个细细的声音传了出来：“母亲就不能不端走沙果吗?”

声音很小，但却很坚定。循着声音望去，一个女生正和旁边的同学嘀嘀咕咕。其他人也听到了，因为教室里马上窃窃私语起来。

教师愣了一下，这样解读文本显然出乎他的预设。但他迅速浏览了下教材，清清嗓子然后对学生说：“是啊，如果你是作者，在客人奇怪地望着玲珑剔透的荔枝和伤痕累累的沙果时，你会说点什么呢?”

学生的兴趣被一下子激发了起来。“我会让妈妈端走沙果，因为我也有虚荣心和自尊心。”“我也会让妈妈端走沙果，因为用沙果待客有失礼貌，荔枝也好吃些呀。”当然也有不同的声音。“我不会让母亲端走，因为沙果虽然伤痕累累，但味道也许不错。”“没有必要端走沙果，客人已经很‘奇怪’了，端不端走我都已经丢面子了。”

孩子的世界总是那么真实而不虚伪。讨论到这里，教师并没有慌张。

"要知道，那盘'珍贵'的荔枝是儿子特意给母亲买的，而那盘沙果又浸透了母亲对儿子的爱意啊！想到这里，你还会怎么说呢？"

孩子们更加踊跃了。"我不会让母亲端走，我要和客人一起品尝、分享母爱。""端走沙果就伤害了母亲，未免太自私了。""我要对客人说：'看啦，这就是母亲对孩子的一片爱心。'我要让客人见识母爱的伟大。"

更多有创意的表达也纷纷出现。"我会让母亲端走，因为我要好好珍藏这份母爱！""沙果浸透了母亲对儿子的爱意，我想一个人吃，细细品尝！""面对面子和母爱，我会毫不犹豫地选择母爱！""沙果外貌像丑小鸭，但沙果中饱含着母亲天鹅般美丽的心。端走沙果，不就是端走了母亲的心吗？""现在母亲去世了，我想对母亲说：'原谅我当时的举动吧，那时的我太自私，还不懂得什么叫真爱。'"

看到这里，我不禁陷入了沉思之中。

长久以来，我们的课堂是和学生的儿童视野脱离的，是和现实的生活世界断层的。我们总是习惯于无限拔高他人的精神世界而忽略了自身的价值追求，于是让学生在以后的人生经历中无所适从。教育，是为了立人，是让孩子们扶着梯子上楼，因此就要告诉学生一个真实的现实人生，就要在课堂引导学生对生活进行介入和体悟，就要传达教师对学生生命的关照，就要在对话的过程中使师生双方的精神世界得到成长。

在出现转瞬即逝的生成性教学资源时，教师没有打压学生的真实想法，而是及时捕捉这一宝贵的教育契机，自始至终引导学生对话文本情境、对话作者内心、对话现实生活。教师在课堂上不就语文而教语文，而是以教育的眼光打量教学，站在人文的高度、人生的深度上看待教学，坚决摒弃说教和拔高，积极融进人文与人生，充分关注学生的精神世界，小心地呵护、引领学生的生命成长。感受爱，反思爱，建构爱，师生在经历对话的过程中让爱丰实起来，温暖起来。

（刘冠军）

延伸思考

余文森教授谈到，强调生成的动态性，意味着上课不是执行教案而是教案的再创造过程；不是把心思放在教材、教参和教案上，而是放在观察学生、倾听学生、发现学生并与学生积极互动上。教育者只有具备这样的用心与细心，课堂生活才能更丰富，更细腻，更灵动，更有生命的气息。

教育名言

一个真正把人的发展放在关注中心的教学设计，会为师生在教学过程中的创造性发挥提供时空余地。

——叶澜

教学，因学生“会”而转向

在数学教学过程中，我们往往会碰到这样的情况：正当老师费尽心思、做好铺垫、引入新课时，学生告知：“老师，这个内容我已经会了！”面对这种情况，教师该怎么办？请看以下两个教学案例。

案例一

长方形面积的计算

课开始了。当我让学生用边长1厘米的小正方形去摆一个长5厘米、宽3厘米的长方形，要摆几个才能摆满？学生飞快地摆好了，有的学生在嘀咕：“这我早知道了，长方形的面积等于长乘以宽！”其他不少学生也在小声地咐和着：“是啊，我也知道！”面对此种情形，我让原有教学程序转向。

师：刚才老师听到不少同学在说长方形的面积求法，谁来说说？

生：长方形的面积等于长乘以宽。

师：为什么？

学生结合刚才快速拼摆的长方形，说开了：“就像这个长方形，长5厘米，长的一边正好摆5个小正方形；宽3厘米，宽的一边正好摆3排。这个长方形的面积不正是5乘以3等于15吗？”（学生已说到长方形面积计算中最本质的所在了）

另一个学生补充：“是15平方厘米。”

其他学生也纷纷点头表示赞同。

师：同学们真聪明！让老师来考考你们。

接着，我出示了几道已知长方形的长与宽求面积的题目让学生完成，他们都完成得很好。

师：实践出真知。我们光会算长方形面积还不行，还得接受新的挑战！请拿出数学课本，看看课本封面，你觉得它的面积有多大？

生：4 厘米。

下面听课的老师都笑了。

生：面积单位不能用厘米，要用平方厘米，4 平方厘米。

下面听课的老师又笑了。

生：20 平方厘米。

生：50 平方厘米。

生：80 平方厘米。

生：100 平方厘米。

教师分别将这些答案写在黑板上，问是否还有更多的。

下面一片寂静。

师：好，我们动手量一量，再算一算，看谁猜对了。

学生开始量，开始计算……

最后，学生将测量、计算的结果展示出来——课本长 26 厘米，宽 19 厘米，面积 494 平方厘米。

师：也就是接近多少平方厘米？

生：接近 500 平方厘米。

师：看到这个我们测量、计算出来的面积，再和前面自己估计的比较一下，你有什么想法？

生：我们猜得太少了。

生：我们以后猜之前要先看清楚、想清楚。

生：我们对面积还不太了解。

下面的听课老师又是一片笑声。

顺水推舟，我让他们先估一估，后量一量，再算一算课桌面的面积、教室的面积，伴随着不断猜测与验证的过程，一节课就这样过去了。

案例二

两位数加两位数的口算

这是王凌老师教学“两位数加两位数的口算”中的片段：

师：看屏幕，你知道今天我们学习什么？

生：两位数加两位数的口算。

师：会吗？

生：会。

师：谁能证明自己会？比如，举个例子。

生：40＋50＝90……

师：我估计大家都是会的。那今天我们学什么？

生：复习。

师：那就让我们先复习一下吧。孔子说："温故而知新。"这节课，大家在已经学会的知识中还能学到什么新的知识呢？先做个游戏好吗？这是一个美国的游戏，要求：从起点走到终点，所走路线的数加到一起和是 150。

师指名让学生回答，通过课件演示路线，其他学生帮着算。

师：这是个简单的游戏，整十加整十要注意什么？

生：数位对齐。

电脑出示教材第 40 页"想想做做"第 4 题口算题。(题目略)

师：这组题你会口算吗？

学生完成后，指名学生口算，让学生说说自己的发现……

师：你们在超市买过东西吗？买过的举手。我们在生活中买很多东西时都是准确地算出结果吗？比如一种商品价格是 29 元，就可以看成——

生：把 29 看成 30。

师：二十多元和三十多元的两种玩具各买一个。可能付多少元？

生：50 元。

师：有可能是 51 元、52 元吗？有可能是六十多元吗？为什么？

生：有可能，如果个位相加进位就是六十多。

师：能举个例子吗？

生：28＋39。

师：那什么时候是六十多呢？

生：当个位相加出现进位时，结果就是六十多。

师：有可能结果是七十多吗？

生：不可能，因为十位 2 加 3 等于 5，个位就算是 9 加 9，最多只能向十位进一，也才是 68。

以上两个案例中，第一个案例中的教师立足于学生的“会”，在学生能表达、计算出长方形面积的基础上，先后放手引入课本、课桌面、教室地面面积的估计、测量与计算，教学从预设的“探究长方形面积的计算方法”转向“估计、测量与计算”的实践活动，使学生体验得较全面、深入；第二个案例中的教师面对学生的“会”，不是按部就班地进行传统的口算方法的指导和强化，而是从另一个角度——估算，以多样化的估算策略的尝试与探究入手，用估算促进精算，让学生在实际的应用中体会口算的价值。这样，加深了学生对数学的理解，使其进一步体会数学的价值。

学生“会”了，我们应当坦然面对。学生“会”了，你还可以这样：

（1）让学生编一个数学故事——当自然数遇到分数；当假分数遇到真分数；当负数遇到正数；当长方形遇到圆……

（2）让学生当一回小老师——向大家介绍你对课本内容的理解：时、分、秒之间有什么关系；年、月、日又会有什么变化；你眼中的千米、米、分米、厘米、毫米……

（3）让学生写一篇数学日记——记录课堂中教师教学的精彩，记录课堂中同学学习的新思路，记录自己学习数学的心灵轨迹，记录自己数学想象的时空……

（叶建云）

延伸思考

美国著名的心理学家奥苏伯尔有一段经典论述：“假如让我把全部教育心理学仅仅归纳为一条原理的话，那么，我将一言以蔽之：影响学习的唯一最重要的因素就是学生已经知道了什么，要探明这一点，并应据此进行教学。”生成就在于教师能根据实际情况因势利导、因材施教，从而使学生更好地学习。

教育名言

生动活泼的教育工作要求教师随时对10分钟以前还觉得正确的、必要的东西做出创造性的改变和修正。

——苏霍姆林斯基

对几个课堂突发事件的处理

课堂上的突发性事件举不胜举，这些事件如果处理得当，将有助于课堂教学效果的提高，有助于师生关系的和谐发展，否则就会使我们的教学陷入被动。下面就结合我在历史教学中几件小事说明一下。

（1）巧用历史知识化解学生矛盾。有一次我讲“两极格局的形式”一课，正当我板书“热战”和“冷战”的影响时，忽然感到课堂上一片骚动，扭头一看，原来是宋关杰和刘长清两个人扭打在一起。我顿时气不打一处来，把他俩喊开后，让他俩站在一边。正当我准备狠狠批评他们一顿的时候，黑板上的“热战”和“冷战”几个字眼映入我的眼帘，一个想法在我脑中一晃：何不利用今天所学的知识化解他俩的矛盾呢！同时也能对其他同学起到教育作用。于是我问学生：“请大家结合我们今天所学的知识分析一下，宋关杰和刘长清两个同学之间的战斗是属于‘冷战’，还是属于‘热战’呢？”

“热战。”学生齐声回答。

“热战往往造成哪些不良影响？”

“两败俱伤、鱼死网破。”

“既然热战后果这么严重，我们就不能进行热战。不进行热战，进行冷战好不好？”

“不好。”

然后我就引导学生分析“冷战”给国际关系造成的不良后果。然后我问宋关杰和刘长清：“既然热战和冷战都要不得，那么国与国之间应如何相处？”

“要和平相处，共同发展。”

“既然国与国之间都应和平相处，那么同学之间应如何相处呢？”

“应当和睦相处，团结友爱。”

“既然知道这个道理，为何还要打架呢？据我所知，你们两个产生矛盾的根源就是因为争一本资料书谁先看、谁后看的问题，本来是鸡毛蒜皮的小事，你俩‘冷战’了两个多星期，最后导致‘热战’的爆发，这既显得你们小心眼儿，还伤了同学之间的感情，更不利于你们的学习，也影响了全班同学的学习和班级的稳定。”

一席话说得他俩低下了头，当场做了自我批评，并表示以后要团结合作，共同学习。

（2）巧用数学知识激发学生学习历史的兴趣。有一次我讲“欧洲的启蒙运动”一课，当我讲到孟德斯鸠的“三权分立”学说时，突然发现胡明阳在做数学题。我让他站起来，问他：“历史课为什么学数学?”他回答说：“一是我的数学不好，二是历史知识得死记硬背，我不喜欢历史。”正当我准备给他讲一通高中生不要偏科、要全面发展的大道理时，突然看见他手里拿着三角板，于是我改变了主意，问他：“既然你喜欢学数学，那么请你结合数学原理分析一下孟德斯鸠为何主张三权分立而不主张四权分立或五权分立呢?”

“因为三角形具有稳定性，三角形的三条边能够相互牵制，从而起到制约与平衡的作用。但四边形或五边形不具有稳定性，因此孟德斯鸠主张三权分立。”

“回答得不错。不过你回答对这些知识，没有一个是靠死记硬背的，主要还是靠你的理解。由此可见，历史知识并不一定非靠死记硬背，你可以运用多种知识在理解的基础上进行记忆。你今天运用得就比较不错。如果你真正用心去学习，很容易找到窍门，那么你就会发现学习历史是一件轻松愉快并且很有趣的事。我相信你会把历史学得更好。”受到表扬后的胡明阳当即表示一定会把历史学好。从此以后，胡明阳学历史的劲头十足，成绩一直呈上升趋势。

（3）巧用学生的窃窃私语解决历史问题。有一次，当我讲到洋务运动失败的根本原因时，我给学生解释：“洋务运动之所以会破产，是因为洋务派在不废除封建制度的基础上就直接采用西方先进的资本主义生产技术。”学生陈金站起来问：“老师你能不能解释得更通俗一点呢?”正当我苦思冥想如何用更通俗的语言解释一下的时候，女生张萍忽然哈哈大笑起来，笑得前仰后合。我很气愤，让她站起来，批评她后，她倒也显得挺自然大方，对我说：“老师，刚才李红说，窦娥如果嫁给张驴儿，那就是把一朵鲜花插在牛粪上。”全班哄堂大笑。我制止了学生的笑声后，正想惩罚一下她俩时，突然“鲜花”和“牛粪”等字眼在我眼前一晃。我把李红叫起来，对李红说：“你的联想能力倒是挺丰富的。请你再展示一下你丰富的想象力，如果你能用‘牛粪’和‘鲜花’作比喻，解释一下洋务运动如何失败的，那么我就不再惩罚你俩。”她沉思了一会儿，很自得地说：“中国腐朽的封建制度好比是牛粪，西方先进的资本主义生产技术如同鲜花。洋务派主张‘中学为体，西学为用’，实际上就是把西方先进的技术这朵鲜花插在腐朽的封建制度的牛粪上。牛粪不适合鲜花的生长，所以它破产了。”她刚说完，全班响起了经久不息的掌声。掌声过后，我问陈金，现在对洋务运动破产的原因理解了吗？陈金说：“太理解了，我一辈子也不会忘。”

以上几件小事使我明白：课堂上什么事都有可能发生，我们要沉着冷静和灵活地去处理，把不利的因素化为能够促进教学的动力，这定能促进教学效果的提高。

（盛昌华）

延伸思考

余文森教授在论著中写道：“正如美国教育家布卢姆所言：‘人们无法预料教学所产生的成果的全部范围，没有预料不到的成果，教学也就不成其为一种艺术了。’可以说，动态式生成就是课堂教学艺术性、创造性的结晶，它让学生有惊奇感，并永远保持对课堂教学的新鲜感。”生成就是化消极为积极，化被动为主动，化不利为有利。

教育名言

上课并不像把预先量好的、裁制好的衣服纸样摆到布上去。问题的全部实质就在于，我们的工作对象不是布，而是有血有肉的、有着敏感而娇弱的心灵和精神的儿童。因此，一个真正的巧匠好像是把这个纸样放在心里。真正的教育技巧和艺术就在于，一旦有这种必要，教师就能随时改变课时计划，而事实上改变计划的事是常有的。一个好的教师，好就好在他能感觉出课的发展的逻辑，使课的结构服从于思维的规律性。

——苏霍姆林斯基

一堂“借题发挥”的课

走进教室的时候，我已经看见那两个女孩儿的脸上挂着泪了。她们是同桌，一个叫蕊，一个叫欣。欣和蕊是好朋友，两个人在班里都是表现优秀的孩子，平日一起做作业，一起游戏，几乎形影不离。

是什么原因让两个孩子都泪水涟涟——兴许是她们彼此之间有什么不愉快的事情吧，或者是谁伤害了她们？紧接着我问自己：我该怎样做呢？这样想着，便在黑板上写下今天的课题——鲸。

开始读课文了，看到她们精神不振的样子，我知道这节课两个孩子的心一刻也不会安宁了。直接问询她们哭泣的原因，那样会让她们更难过，不如尝试着从外围帮助她们。琅琅的读书声，给了我了解情况的机会。装作看大家的朗读，我走到学生中间，开始探询她们哭泣的秘密。找到几个与她们交往甚密的同学，低头下去：“你知道欣和蕊出了什么事吗？”他们摇头，没有人知道事情的缘由。不甘心，继续，终于在一个学生那里得知，蕊被班主任指定顶替欣参加学校的检查小组，蕊很为难，欣也很难过……这两个孩子，心地善良纯洁，即使一点点的挫折都难以接受。

学生们还在读着课文，她们两个拿书本挡着自己的脸，生怕让我看到。可以想象，那是怎样的两张脸。刚才我俯下身去探询，或许她们已经想到我在做什么，或许因为老师的这个举动让她们心里的那种委屈情愫更加强烈。此刻，我更不能把大家注意的目标集中到那里，让她们面对更多的目光。我若无其事，依然在讲台上站立。眼神尽量不往那里看，心里却琢磨着如何能够帮助她们。

课在继续，下面的一段讲到鲸的进化。“在很远的古代，鲸的祖先跟牛羊的祖先一样，生活在陆地上。后来环境发生了变化，鲸的祖先生活在靠近陆地的浅海里；又经过了很长很长的年代，它们的前肢和尾巴渐渐变成了鳍，后肢完全退化了，整个身子成了鱼的样子，适应了海洋的生活。”看着这段文字，我感觉可以“借题发挥”了。“同学们，从鲸的进化的过程中，你受到怎样的启发？”这似乎与语文没有多大的关系。答案很乱：“鲸曾经生活在陆地上……”“鲸的身体发生了变化……”大多是从字面来谈。

我只好引导学生思考“鲸为什么会从陆地转到海水中”。“环境发生变化!”近乎异口同声。

“是啊，从陆地到海洋，面对新的环境，鲸竟然能够改变自己的身躯，努力地适应，这需要多大的勇气啊!”孩子们睁大眼睛，对鲸有了新的认识。

我不打住，信马由缰地讲。

“在生活中，我们也会面对一些新的考验，问题每一次出现都为我们提供了成长的机遇。面对环境的改变，我们是选择懦弱还是选择勇敢？我们是选择适应还是选择抵抗？我想鲸鱼已经为我们做出了榜样。其实很久以前熊猫和北极熊是同样的品种，后来，气候发生变化，天气骤冷。它们一个躲进了深山，渐渐成为熊猫，而另一个留在了冰川，成为北极熊……如今熊猫面临灭绝，而北极熊依然数量众多。这也是一个适应环境的好例子。”

我这样讲着，两个孩子也渐渐露出了头，把书挪开，听起来。“有时候，我们没有办法改变环境，有些事情不是我们能够左右的。在这个时候，只有学着适应，学着面对，才好。”我知道这与两个孩子的事由还有点距离，不说破了，让她们自己去揣摩吧。

这样的借题发挥并不是我上课的风格，从来都是努力把课上出语文的味道，而今天竟有了思品课的意味。不过，为了眼前的这两个孩子，这样的离题，我心坦然。但愿她们能够理解我的那一番话，自己解决好自己的事情……

（侯登强）

延伸思考

课堂教学的生成在许多时候是借题发挥，借机发挥。这种发挥不是信马由缰、信口开河，而是有的放矢、有为而作。也许，与预定的上课内容不相一致，甚至感觉离题万里，但是，从整个人生与整体生命来看，这样的离题反而是“题中应有之义”。课堂教学不关注学生的生命状态与学情问题，一味地按教学内容等按部就班地上下来无疑是一种盲目的行为。

教育名言

缺乏生成性、建构性知识观的学习实践，将导致“过程”与“语脉”的丧失，归结为“结果”与“程式”。

——佐藤学

无法预约的精彩

《鹬蚌相争》的故事学起来可真带劲，孩子们诵读着，表演着，乐不可支。奇怪的是，每逢这种时候就分外活跃的小常今天怎么似乎游离在外？我正待悄悄过去看个究竟，他已经高高地举起了小手：“老师，我觉得课文有问题！”语气是那样的兴奋：“你看，书上写鹬威胁蚌说：‘你不松开壳儿，就等着瞧吧。今天不下雨，明天不下雨，没有了水，你就会干死在这河滩上！’你想呀，鹬的嘴正被蚌夹着呢，怎么可能说话呀？”

“是呀是呀，这样想来下面也有问题。下面课文又写蚌得意洋洋地对鹬说：‘我就夹住你的嘴不放，今天拔不出来，明天拔不出来，吃不到东西，你也会饿死在这河滩上！’蚌正夹着鹬的嘴呢，怎么说话呀，一开口不就让鹬拔出嘴了吗？”其他同学受到启发，也有了新的发现。

这不就是新课程提倡的“生成性资源”吗？我接着他们的话题：“同学们不迷信书本，善于思考，勇于发表自己的想法，真是好样的！这样吧，大家就这个问题小组讨论讨论。另外，还可以参阅老师课前发下的这则寓言的古文。”

教室里立刻安静下来，片刻之后，出现了一片唧唧喳喳声。

“我同意刚才几位同学的意见，课文这样写不妥。”

“我觉得那不能怨编者，古文就那样写着呢，课文是根据古文改编的。”

“不对，古为今用，可并不是照搬照用，不正确的也要修正。”“要我说，课文是寓言，你想想，鹬也好蚌也好，其实哪会说话呀，那是人们借这么个故事说明道理呢，所以我觉得课文这么写是可以的。”

“我不同意，尽管是寓言，想象也要符合实际情况呀，譬如总不能说鹬夹住蚌的嘴吧！”

我乐了："这叫要符合事物的特点。"

"同学们讨论得真热烈，也很够水平。不过咱们不能光停留在发现问题上，我建议，同学们一起动动脑来改改教材，再动动手给编辑叔叔写封信，如何？"

"好。"全班一致通过。

下面是"柠檬酸"小组的一封信。

敬爱的编辑爷爷：

您好！

您组织编写的语文课本真是太棒了！这一本本语文书就像一艘艘小船，带着我们在知识的海洋里遨游。每次新学期开学发新书，我们总是抢先翻看语文书。

今天上《鹬蚌相争》时，我们觉得有个地方有点欠妥。我们读到"鹬威胁地说"和"蚌得意洋洋地说"这部分内容时，脑子里闪出了疑问：蚌用外壳把鹬的嘴夹住，鹬怎么能说话呢？而蚌一旦说话，鹬不就可以趁机拔出嘴巴逃走了吗？我们想是不是可以这么改：

"鹬用尽力气，还是拔不出来，便狠狠地瞪了蚌一眼，心想：哼，等着瞧吧，今天不下雨，明天不下雨，你就干死在这河滩上吧。蚌好像看透了鹬的心思，得意洋洋地想：哼，我就夹住你的嘴不放，今天拔不出来，明天拔不出来，吃不到东西，你就会饿死在这河滩上！"

编辑爷爷，您觉得我们的想法有道理吗？

海门市实验小学四（6）班"柠檬酸"小组

正想着为这次讨论画上句号时，又有一位学生要求发言："我觉得我们刚才的讨论有问题。鹬的嘴被蚌夹住了确实不能说话，可是蚌就不一定了。它是软体动物，嘴应该在壳里，也许不用开合壳就能说话呢！"

呵，链接到生物学上去了！"这个问题怎么解决？"我问。

"上网或去图书馆查资料。"

"请教自然老师去。"

"不，设法弄只蚌来自己观察。"

看来这一课还没结束呢！

课堂是教师、学生互动交往的场所，每一节课都是不可重复的激情与智慧的综合生成过程。如果无视课堂中与学生的不断对话、调适，将课堂囿于严格的封闭状态，则必然违背了课程的终极目标。这就要求我们必须重构课堂教学的运行机制。其实，教师们都有过这样的体会，在课程的实施过程中，预设的教学计划同课堂的真实情境之间经常存在着某种偏离。我们以为，这些“偏离”正是学生个人知识、直接经验、生活世界等“儿童文化”的外显，正是学生与文本教材碰撞出的自我解读，其中不乏有价值的成分。在这一过程中，学生的智慧正在催生，情感正在碰撞，视界正在敞亮，这是比任何设定的所谓的知识目标更为可贵的资源。教师若能敏感地捕捉住其中有价值的因素，“为学习而设计教学”，通过富于智慧的教学策略重构教学，定会生长出较之“知识”更具再生力的因素。也惟其如此，“豁然开朗”“怦然心动”“悠然心会”“浮想联翩”等美好的境界才会在我们的课堂上孕育成长。

（周益民）

延伸思考

课堂纷繁复杂、变动不居。它并不像工厂的生产流水线那样呆板而易于操作，它是一个富有变化的动态生成系统，是一个不断前进发展的环境。因为我们面对着的是一个个充满灵性、个性鲜明的学生，面对着的是一个个具有“生成欲望”与“生成潜能”的孩子，所以课堂中总会有“预设中的生成”。因此，在教学中，我们要引导学生勇于超越文本，连接生活，让更丰厚的语言和精神在学生的心灵深处勃发；引领学生善于静思默想，让文本语言及其承载的思想影响感染学生；还要引导学生敢于质疑文本，让跳跃的思想插上理性的翅膀，思辨地穿梭于字里行间。只有这样，我们的课堂生活才会异彩纷呈，情趣盎然。

老师，我还是不懂

所谓教学机智，是教师在面临复杂的教学情况时所表现出的一种敏锐、迅速、准确的判断能力，如在处理难以预料的事情、必须特殊对待的问题以及对待处于一时激情中的学生时，教师所表现出的能力。此种机智源于老师敏锐的观察力、灵活的思维能力和坚强的意志力等心理品质；源于教育学、心理学的理论水平、教学经验、技巧的丰富与积累，对学生了解的态度、爱护的态度等。

在这些要点之中，树立正确的教育理念、真诚爱护学生是最重要的，然后才是其他各项能力及心理品质的灵活表现。正如赞科夫所说：“教学，有了正确的理解，才会推动教师去探索。”于是，教师一面深入思考自己的经验，一面仔细地观察儿童，他会意识到自己是能够做得更多更好的。下面就以我教学人教版三年级教材时课堂上发生的一则案例加以说明。

那天，我们学习《给予树》一课。

在初读课文时，考虑到课文比较长、识字量较大、其中有些词语与学生的生活有距离，我就建议大家看看《词语手册》《英才教程》，或者同学之间互相交流一下，进而理解不懂的词语。在接下来的学习中，对于“诚挚的祝福”“善良、仁爱、同情和体贴”“如愿以偿”等词语，我就在学生仔细学习课文内容时结合具体的言语训练引导学生深入理解，对于“圣诞节”“采购”“援助中心”等词语，就让学生自己去理解，没作重点讲解。

然而未曾想到的是，在学完课文之后，有一只小手高高的举起来：“老师，我有问题。”举手的是小琳，她是一个热情善良的女孩，但是在阅读理解能力的发展上有所滞后．因此，听到这样的声音，同学们都将目光投向了她，不少都含有责备的意思，有的甚至小声嘟哝着：“老师都讲过了，还有不懂的吗?”言外之意好像是：“你真笨，课文都学完了，还提什么问题呢?”

看到这些，我觉得自己不能轻视这一问题。我们的传统教育往往将课文学习止于结论，认为学完课文就不能再提出问题，孩子们才读三年级，可不能让他们带着这一印象继续他们的人生学习之路。

于是，我微笑着平静地说：“没关系，有问题就应该大胆提出来。不要怕，请你大声地说说你有什么问题。我相信在座的同学一定都会帮助你的！”同时，我又看了看教室里的每一个学生。

听了我的话，学生的表情有了变化，许多双眼睛里充满了求知的渴望。小琳也大胆地站起来，说出了自己的问题：“老师，什么叫援助中心？我不懂。”

看来，我的预设出了问题，以为有些词语学生自己看解释就能够理解。其实，《词语手册》《英才教程》等工具书的注解还是比较抽象的，如这个“援助中心”与“圣诞节”，虽然都是跟生活有关的两个词语，但两者与学生生活的关系度是不同的。因为在我国，孩子们在生活中能够感受到“圣诞节”的一些情形的，而对“援助中心”的感受就相对要少一点。

于是，我立即说：“是的，虽然刚才老师请大家自学了这些词语，让你们自己动脑筋理解它们的意思，但小琳还是不懂。小琳，你能把注释上的意思读给大家听听吗?”

“慈善组织办的赞助机构。”小琳用清脆的嗓音认真地读完后难为情地说：“老师，我还是不懂。”

“你能够这样提出问题来，就会不断进步的，老师不仅不会批评你，还要表扬你呢。”我耐心地说，同时引导大家：“同学们，你们平时看见过这样的慈善赞助机构吗?”

“我知道!”小元高兴地说：“就是这样的地方：里面有一些工作人员，放着一些挂着许多卡片的‘给予树’，然后大家去捐款，或者摘下上面的卡片，根据上面的要求给卡片上的人一些帮助……”

“我看见过，上次在南门河广场，妈妈带我去参加潜江市万人助学活动。仅一个小时，市民就将要接受捐助的一万个农村学生给‘抢’光了。那时候的广场就好像一个援助中心。”小志抢着说。“哦，我懂了，我懂了！这个活动，我也参加过。”小琳兴奋地说：“谢谢大家。”

“不用谢。”在座的每一个同学都笑了。

看到这些，我也不由得感动起来：“同学们，老师很高兴地看到大家能够帮助小琳如愿以偿地解决学习中产生的问题，同时，你们自己也获得了进步。‘学贵有疑’，希望大家以后能向小琳学习，有了问题大胆地说出来。愿你们在不断发现问题、解决问题中享受成功的喜悦。”

小琳听了，更加激动地说：“老师，我又进一步明白了课文中‘如愿以偿’这个词语的意思了。”

一种温暖的情感在我们的教室里流溢……

（吴　丹）

延伸思考

回顾这一案例，我又一次真切地体会到教育的真义：价值引导与自主建构。学生的生命成长离不开教师的价值引导，而教师的价值引导是建立在学生自主、能动的生成与建构之上的。当学生主动提出问题，出乎教师原先的课堂预设的时候，教师要遵循的基本理念是：（1）尊重学生，认真倾听。教师在处理上述教学意外时，当既定的教学目标与教学任务已经完成，这样的提问是出乎自己预设的，但教师没有轻描淡写或者置之不理，而是抱着对每个学生的尊重，即使她是一个学习困难的后进生，也要先了解情况，耐心倾听她提出的问题，然后再对症下药，恰当解决。（2）启发思维，引导建构。对每个人的终身学习来说，维持恒久的学习兴趣、探究热情在某种程度上比掌握一定的技能、方法更为重要。因此，作为教师，要特别注意保护学生求知的渴望，珍视学生大胆提问、主动学习的勇气。

第六章 Chapter 6 有效教学深化理念

主题感悟

有效教学深化拓展的四个维度

教材作为学科化或课程化的知识而言，它是精练、浓缩、结构性的。它具有立体的结构，内在地含有长、宽、高三个维度。课堂教学倘若守着“本本主义”，一味地照本宣科，不加点染，不作创生，不事补充，教学必然陷于贫白、枯燥、僵化、乏味。只有教师在课堂教学中注意到如何去还原、追溯、整合、生发教材，学生的学习生活才会充满勃勃生机。没有拓展的教学是画地为牢的，注定无法培育出思想开放、视野开阔、目光远大、智哲通达的人才，取而代之的是只能“生产”出思想平庸、见识狭隘、气局琐屑的“标准件”。正如庄子所云“水之积也不厚，则其负大舟也无力风之积也不厚，则其负大翼也无力”，不注意拓展课堂教学的思想疆域，必然是短视无力的。课堂教学的拓展传达出这样的理念：学习不仅仅存在于“教材”，也不仅仅存在于“课堂”，它存在于我们随处可见的生活，即所谓的“有心处处皆学问”。

（1）拓展教学的广度。相关的知识背景的引介不是为了拓展而拓展，而是为了有利于学生更好地理解教材内容。著名的教育家苏霍姆林斯基提出一个这样的观点：如果要理解教材中的内容，学生需要阅读比教材中多3倍以上的相关知识内容。只有这样的学习才不会流于生搬硬套的“简单复制”，而是成为一种与知识对话的创造过程。拓展的内容包括与正在学习的内容息息相关的本学科知识，也包括有助于更好地理解正在学习的内容的其他相关学科的知识。知识的建构不是凭空诞生的，而是一种相互映衬、相互补充、相互涵养的过程。相关的知识与相关的背景理解得越深厚，学生对所学的知识的理解就越容易，越深刻。

在教学《“诺曼底号”遇难记》时，一位教师通过多媒体用“泰坦尼克号”沉船的悲惨景象来让学生一下子进入了一种情境之中，学生们抿着嘴，瞪大双眼，有个女孩子紧锁着眉，显然是巨大的恐惧与悲悯缠绕着他们的内心。这是怎样的震撼力与冲击力啊。其后学生们在读哈尔威船长以身殉职时，就能体会到哈尔威船长的选择是一种怎样的艰难，怎样的勇气，一种悲壮感油然而生。就如学生在后来讲到对哈尔威船长的感受时用的词：“心情崇敬”“激动感激”“沉痛”……这就是一种情感的震撼与洗礼。这样的拓展显然就是对文本有力的补充与映衬，为学生的学习起到了促进作用。

此外，要拓展教学的广度，在教学时还须充分利用学生的生活经验、生命体验，打通生活与课堂的联系，让学生善读无字书。著名教育家陶行知先生说得好：“花草是活书；树木是活书；飞禽走兽小虫微生物是活书；山川湖海，风云雷雨，天体运行都是活书；活的人，活的问题，活的文化……活的世界，活的宇宙，活的变化，都是活的知识宝库，都是活的书。”教学的含义就在于引导学生与自然万物对话，与他人对话，与自我对话，从而开拓和创造生命的更为广阔的世界。

（2）拓展教学的深度。肤浅的教学往往缺乏思想含量，深刻的课堂必须开掘思维的深度。任何人都无法代替别人思考，就如同任何人无法代替别人吃食物，任何人无法代替别人消化一样。课堂教学的重要使命就是要让学生学会独立判断，自由思考。可以这样说，没有思考的课堂是贫乏的；只有单一思维的课堂是畸形的。课堂教学的深度，深就深在深入人心，深就深在意味深长，深就深在深思熟虑，深就深在影响深远……对于课堂教学深度的拓展，就是让学生在原有的感悟基础上有所突破，获得新的思想。

付黎锋老师在上完《“诺曼底号”遇难记》一课后，进行课内拓展阅读时呈现了一则新闻（新网 2 月 4 日电：埃及红海一渡轮沉没，失踪 800 多人，船长乘坐救生船先逃走，在油舱起火时还骗乘客没事，并要乘客将救生衣都脱掉……）。两种截然相反的材料一对比，学生们沉入了思考的世界。孩子们进行对比然后写出感受，全班交流。一位学生说："我坚信那个逃跑的船长必将受人唾弃，受到良心的谴责。"另一位学生说："面对死亡的威胁，人的不同的选择决定了他的人生层次与境界……在这里，我只想说一声：'哈尔威船长走好！'"……像这样的感悟近乎哲学思考，非常深刻，但确实是由孩子的心里流出的。这样的拓展，就是对于生命的一种唤醒，自然而然地引发学生对于人生意义的叩问、对于生死的思考。

拓展教学的深度，旨在营创一种充满智慧的心灵生活。其重要的表现在于引发学生平中悟奇、淡中悟味，让学生在冥思苦想之后进入"恍然大悟、茅塞顿开、悠然心会"的学习境界。有了深度之后，课堂教学就意味深长，余韵不绝。

（3）拓展教学的长度。知识的学习不是拘泥于一节课之内，而是渗透于日常生活之中。一般而言，日常的教学在课堂教学结束之后就戛然而止，而善于拓展教学的教师，则引导学生把每节课都当做一次新的探索的起点。拓展教学的长度就是在培植一种"用一生的时间来学习"的信念。

如在教学《爱迪生》这一课时，有位教师在结课时提出了一个这样的问题："爱迪生只上过三个月的学，那他为什么能成为伟大的发明家呢？"并补充了"爱迪生退学后母亲如何教他学习"这一资料，让学生回归文本的同时产生主动阅读《爱迪生传》的意愿。这样的拓展更有助于学生深刻地理解文本的内在意蕴。一节课不过是一扇窗，一个主题知识不过是一道门，教师要通过教学导引学生由此及彼、由近而远、由小到大、由点到面，经由一花看到一世界，经由一沙看到一宇宙。教学就是带领学生憧憬并走向生活。

对教学长度的拓展，有利于开展主题性学习并进行持之以恒的专题研究。许多教学之所以无法在学生的内心产生恒久的影响与作用力，其主要原因就是教师在引导学生学习时，一天换一个知识点，甚至一节课换一个学习内容，造成学生的学习浅尝辄止。拓展教学的长度就是激发学生有"一以贯之"的学习精神与方式，促进知识的组块化与系统化。

（4）拓展教学的效度。拓展教学的效度的最深含义在于学以致用，以书为用。教学的拓展重要的目的之一就是要让学生在牢固掌握所学知识的基础上有所提升。

杨惠娟老师在上《鱼游到了纸上》一课时，为了让学生体验作者用词的精妙，老师巧妙地设计了练习：我的朋友画画也很逼真，我会说："马（ ）到了纸上，鸟（ ）到了纸上……"学生的思维异常活跃，什么"奔，跃"，什么"飞，冲"，一个个说得相当精彩。这样的拓展就是在引导学生触摸、涵泳、体察文本的语言，关注作者的言语智慧，即"反复听听它的声音，辨辨它的色彩，掂掂它的分量，摸摸它的'体温'，把它摆在它和整体的关系之中，摆在它和语境的关系之中反复审视、掂量、咀嚼、玩味……"如此拓展训练，对于学生语言敏感能力的培养是非常有效的。

对于教学效度的拓展，要注意形式的多种多样，内容的丰富多彩。这就要求课堂既有动手实践又有探究论证；既有知识的运用又有知识的"证伪"；既有基础知识、基本技能的综合理解又有知识、方法的求新求创……其目的就是让学生学得更扎实、更有效。

反观日常拓展教学的现状，往往出现以下情况：一是照搬照抄，无所作为，从不对教材进行加减乘除，从不对教材进行增删并合，只是一味地按部就班、一成不变地进行教学。二是乱拓展，本末倒置，舍本逐末，喧宾夺主。对教材的学习蜻蜓点水，一掠而过，学生们似懂而懂，甚至没什么感觉，老师就弃之不顾，取而代之的是令人眼花缭乱、目不暇接的图片、资料、文章。结果，课看起来丰富多彩，上下来空空如也。三是敷衍式、点缀式的拓展。为显示课堂教学的开放，为显示课堂教学"视通万里，思接千载"，教师在教学时偶尔浮光掠影地做一些与教学主题（特别是教学的重、难点）关系不大的点缀式的拓展。

教学拓展应克服上述三大弊病，不能画蛇添足，不能喧宾夺主，不能不着边际，而要从四个维度入手真正做到拓展教学的广度、拓展教学的深度、拓展教学的长度、拓展教学的效度。

教育名言

这种知识所蕴涵的权力关系，正如伯恩斯坦对"知识的分化与综合"所论述的，学术（学科）的领域越是明确地分化了的，越是起集约的作用，反之，越是跨越学术（学科）的界限彼此融合的，知识的权力性越是分散。相应的，在这种学科中心的教学中，学生的学习是被动的、隶属性的；在综合学习的教学中，学生的学习是能动的、主体性的。

——佐藤学

有效教学智慧

让人“尴尬”的课堂问题

学习《太阳》一课时，文中有这样一个句子：“如果没有太阳，就没有我们这个美丽可爱的世界。”这个句子中出现了一组新的关联词语“如果……就……”，为了让学生学会使用这组关联词语，我让学生仿写句子。几分钟后，我让学生读读自己仿写的句子，其中有一个学生读道：“如果没有妈妈，就没有我。”这是非常正确的句子，我正要表扬这个学生，忽然又有学生站起来说：“老师，光有妈妈也不能有我，还有爸爸。”他的话音刚落，有学生议论起来：“妈妈生了我，我是从妈妈肚子里生出来的，可跟爸爸有什么关系呢？”也有学生在偷偷地笑。这是一个令我很“尴尬”的问题，对于十岁的孩子来说，我该如何向学生们解释清楚呢？

记得我小时候也问过类似的问题，大人们总是用故事来抵挡我的寻根问底。他们惯用的说法是：“你是从路边捡来的，你是跟别人要的。”我听到这还信以为真，生怕得不到爸妈的疼爱了。可是孩子总会长大，难道还要让他们一直迷惑到自己的身体发生变化还不知道怎么一回事吗？有些刚刚步入青春期的孩子，发现自己的身体发生变化却不明就里，以为是得了某种病，还不敢跟别人说，导致郁郁寡欢，更严重者甚至患上心理疾病。

现在，很多影视作品、书刊没有考虑受众的年龄，过度地渲染成人的诱惑，使很多本来就对异性充满神秘感的青少年受到了片面的引导，导致越来越多的青少年性犯罪。也许我们不能改变社会存在的问题，但是我想，教给孩子基本的生理常识，消除他们的迷惑是我们能够做到的。

于是我采取了与老一辈人不同的方式。我先让大家说出自己的看法，说出自己的好奇。当大家急于知道问题答案时，我把科学课上讲到的植物授粉拿来做例子，跟学生讲明白我们每一个人都是来自于妈妈的一个卵子和爸爸的一个精子结合而成的新细胞。学生们的问题也越来越多，我没有回避他们的问题，告诉他们我们人类也是生物的一种，从小长到成熟，如同门前的石榴树，要积累成熟的能量，到应该开花的时候才能开出美丽的花朵，才能结出饱满的果实。

学生们如同认识了一个新世界，个个点头，若有所思的样子让我感动，经过了今天这特殊的一课，学生们的心理又成长了一些。

（张海燕）

延伸思考

利用生成性资源不是一个按部就班的过程，否则，我们会因短视而抛弃许多有价值的东西。课程资源的开发和利用应该树立起“风物长宜放眼量”的综合、整体的理念。

教育名言

光传授知识而不训练智力是可能的，这不但可能，而且是件既容易又经常做的事情，但是，我不相信能光传授知识而不训练智力。没有智力，我们复杂的现代世界就不会存在，更不会进步。因此，我把智力培养视为教育的主要目的之一。

——罗素

为什么黄瓜穿的是“绿衣裳”

小学一年级语文教材中有一篇课文，题为《菜园里》。课文很简单，先是9个蔬菜名，茄子、辣椒、黄瓜、豆角、萝卜、南瓜、白菜、卷心菜、西红柿，再是一首儿歌——

豆角青青细又长，黄瓜身穿绿衣裳。

茄子高高打灯笼，萝卜地下捉迷藏。

辣椒长个尖尖嘴，南瓜越老皮越黄。

红绿黄紫真好看，菜园一片好风光。

这是一篇集中识字课文，文中还有一大幅彩色插图。此文的主要目的是为了让学生认识这些事物和名称。一位教师在教学时，先引导学生理解“菜园”即种植蔬菜瓜果的园子，结合图片引导学生认读9个蔬菜名称，再一句句读后面的儿歌，最后指导学生写“卜、心”二字。应该说，这节课有目的、有条理、有重点，教学方法也很多样，但我以为，这不能算一节好课，主要原因就是缺少思维强度。教师只是让学生接受课文的知识，没有引导学生开动脑筋，学生的思维得不到任何训练。也许有人会说，这本来就是一节识字课，只要把字认会了、读对了，就算完成了，有什么思维含量呢？对这个问题，我们来看看另一位教师的教学就可以找到答案。

这位教师在教了9个蔬菜名称后，出示了写有苹果和香蕉的图片让学生认读。

几个学生立即叫道：“书上没有苹果和香蕉。”

教师故作惊讶：“啊，是老师拿错了。那么，苹果和香蕉是不是在菜园里的？”

学生们议论纷纷。教师要他们各自讲理由，最后得出结论并继续发问：“苹果和香蕉不长在菜园。那应该在哪里呢？”

有学生说在“果园”。

教师进一步问：“菜园和果园有什么不同呢？”

当学生懂得菜园和果园的区别后，这位教师又问：“如果园子里面既有茄子、萝卜、南瓜等蔬菜，又有苹果、香蕉和桃子等水果，那么，是叫‘菜园’呢，还是叫‘果园’？”

一石激起千层浪。学生们纷纷歪着脑袋想了起来。其实，学生能不能回答老师的这个问题并不重要，重要的是他们有了积极的思考。通过这样的教学，学生对“菜园”“果园”等概念有了更准确和深刻的理解，这实际上就是逻辑思维能力的培养，就是有思维强度的教学。

在接下来的儿歌教学中，这位教师同样重视思维能力的培养。她先后设计了这样一些问题：（1）茄子为什么打灯笼？（2）萝卜怎么在地下捉迷藏？这两个问题还比较容易回答，下一个就有点难了：“小朋友，白菜是因为是白色的才叫白菜，是不是？卷心菜是因为叶子卷起来才叫卷心菜的，是不是？可黄瓜怎么会穿上绿衣裳？黄瓜黄瓜，穿黄衣裳才对呀！”这个问题，几乎难倒了所有的学生，但它是有意义的，意义就在于几乎所有的小朋友都在竭力思考是名称取错了还是别有原因，说不定有的小朋友课后还会去查阅资料。

这么简单的一篇识字课文，这位教师能上得如此跌宕起伏、张弛有序，实在高明。它能给我们带来什么启示呢？在课堂教学中，我们不是让学生接受文本所承载的内容、所表达的观点和情感，而应该引导学生对文本进行独立思考，用审视的眼光去看待文本。

许多教师能将理念倒背如流，但真正理解理念的并不多，在课堂实践中具体落实理念的恐怕就更少。现代教育积极倡导平等对话，什么是对话？在课堂上，提问、回答、补充确实都可以算是对话，但这只是形式，对话的本质是平等地交流，教师、学生、文本这三者都是平起平坐的，是没有高下的。不是教师说一句，学生跟一句；也不是课本中说什么，学生就听什么；书本上说的，学生可以接受，也可以拒绝。前提是学生自己要思考，课本是对的，就听课本的；课本不对，学生就要提出来。

阅读文本的目的，不只是为了吸收，不只是为了增加知识数量，而是为了与头脑中已有的价值观发生碰撞，摩擦出新的火花。正是从这个意义上说，阅读是为了提高思维品质。

（朱华贤）

延伸思考

教师在教学过程中，对于教材资源的开发，不能仅仅停留于表面的知识传递上，而是要深入其内层思维与内在精神实质。这是构成课程资源的根本性要义。就如苏霍姆林斯基所说，要做到使儿童在观察种种现象时接连不断地有所发现，仿佛在他面前点燃了思考的火花，从而促使思维活跃起来。思想的火花一经点燃，儿童就想知道更多的东西，想深入了解新的现象。这种想法和愿望，也就是加速思维活跃的动力。

教育名言

这一开放的系统允许学生和他们的老师在会谈和对话之中创造出比现有的封闭性课程结构所可能提供的更为复杂的学科秩序与结构。教师的角色不再是原因性的，而是转变性的。课程不再是跑道，而成为跑的过程自身，而学习则成为意义创造过程之中的探险。

——多尔

“笨”字新解

“王老师，李凯把田昊弄哭了。”语文课上，我刚布置完同桌听写生字词的作业，就有学生告状了。唉，这帮不安分的小调皮，真拿他们没办法！

我走过去，只见田昊用手抹着眼泪，李凯则趴在桌子上，眉头紧锁，一言不发。“你把田昊怎么了？”我问李凯。李凯说：“他把生字写错了，我说了他一句，他就……”“他骂我是笨蛋。”不等李凯说完，田昊就委屈地说，此言一出，一片哗然。看来，这个问题不解决，课是上不下去了。

面对全班等待老师裁决的眼神，我想，何不换一种方式，来一个就字论字的拆字游戏呢？这样，既能缓解这一尴尬局面，又能达到教育学生的目的。于是，我在黑板上一笔一画地写了个“笨”字。老师一反常态，学生不解其意，面面相觑。我给学生讲了这样一个故事——

有一个颇有成就的企业家，当人们询问他成功的秘诀时，他只说了一个“笨”字。人们不解，追问其故，他说：“‘笨’字上面是‘竹’，下面是‘本’，竹子的本来面目就是‘笨’。竹子有三个特性：一是节节突破，竹子每遇到一个节就突破，只有节节突破，才能不断成长；二是竹子的心是空的，代表着虚心；三是竹子是群生的，没有一根竹子是独立生长的，只有紧紧团结在一起才能形成强大的竹林！”最后，这位企业家概括：“明竹之特性而效仿之，这就是我成功的秘诀！”

讲到这里，回过神来的学生开始举手。有的说：“学习要不怕困难，迎难而上才能取得好成绩！”有的说：“做人做事要像竹子那样，要虚心。虚心使人进步，骄傲使人落后！”还有的说：“同学学习遇到困难，要想方设法帮助他克服，不能歧视，更不能恶言相向，要团结！”这时，李凯用手挠着头皮，不好意思地站了起来，说：“田昊，我错了，我真诚地向你道歉！我不该说你笨，我也有做错题的时候，今后我们要互相帮助，向竹子学习！”

田昊笑了，全班同学笑了，看到学生们有了新的感悟，我也会心地笑了。

（王纬华）

延伸思考

面对突发的课堂事件，是“竭力镇压”还是“借题发挥”为一次教育活动，可以反映出教师的教学水平。一个优秀的教师不仅不害怕课堂突发事件，而且能够从中提炼出与教学相关的因素，引导学生去思考，进而生成新的教育资源。

教育名言

生成是师生“即兴创造”，是“无需预约的美丽”，它犹如天马行空，不期而至。为此预设要有弹性和开放性，给生成腾出时间和空间。在传统教学中，教师习惯于把课堂上的一切都计算在内，把“意外情况”“节外生枝”都视为课堂异端加以排除，生成自然也就没了立锥之地。

——余文森

没有孩子拒绝听故事

同年级的一位教师因公出差，让我代课，并郑重地告诉我，班里有几个孩子不是很自觉，课堂上出现问题就找班主任。

前两次课都很顺利，没出什么问题。我想，可能是他们学生怕生，也可能是并非那位老师所说的那样。

第三次给他们上课的时候，出现了“意外”。当时，学生正在分角色朗读孙犁的《荷花淀》中“夫妻话别”那一段，大多数学生都在聚精会神地听着，突然不知从哪儿传来那英明亮的嗓音：“你伤害了我，却一笑而过！”太突然太响亮了，朗读的学生停了下来，有几个看似安稳的女生竟然随着歌曲唱了下去。接着，教室里男生女生乱作一团，像开茶话会一样。

我突然想起了那位老师给我的忠告。怎么办？像他所说的把问题推给班主任？这样做倒也顺理成章，毕竟大家都习惯了，但是如果那样管用的话，这个班早该不再出现这种事了。很多学生就是从被班主任批一顿之后变得敌视老师、轻蔑老师的，甚至故意在这位老师课上出乖露丑，目的就是示威、报复，故意让老师生气，看老师有何高招。这样的情况慢慢就像滚雪球一般，影响一大片……

尽管我只是临时给他们上课，充其量是个“客串”，但也不能草草了事啊。我脑海里闪过很多失败的案例，老师的一句话、一个眼神、一个动作，就可能把一个学生的学习信心给毁了。同样，老师的一个微不足道的做法往往能拯救一个孩子，给孩子带来美好。我想，我已经不是一个遇事鲁莽的老师了，我一定有能力帮这些孩子改变，哪怕只是改变一丁点儿。

我站在讲台上不动声色地看着、等着，不一会儿，他们就意识到了老师的存在，于是快速安静下来，等着瞧他们已经习惯的一幕。

我依然不动声色，耐心地等着、看着。有个男生不好意思地站起来说：“老师，我本来偷偷听歌，我同桌——”他指了指旁边的女生：“突然把我的耳机拔了出来……对不起啊。”女生也站了起来，不说话。好像刚才跟着唱的就有她。

我看了看他俩，又看了看刚才跟着唱的另外两个女生，接着扫视了一遍全班学生。他们都在看着我，等着我的反应。

我轻松地笑了笑，温和地说：“老师原谅你们了。我也很喜欢那英大姐的歌曲，等我们学过课文，找几个女生唱一唱，比一比，如何？”“好！”不知是谁带头喊好，并鼓起了掌，引得一片掌声。

等他们快速安静下来，我说：“喜爱歌曲没有错，影响了学习‘罪过’可就大了。孙犁的《荷花淀》很有意境，如果我们能静下心来，肯定会品味到这种含蓄的美。让我们接着分角色朗读本文吧。”

那堂课学生们表现得异常精彩，尤其是那几个“闹事”的学生，让我很吃惊。下课后，他们几个抢在教室门口拦住我，说：“对不起！”他们不好意思地问我：“老师，您真没生气？”我反问：“为什么要生气？”看着他们疑惑的眼神，我说：“既然你们想知道，我就卖个关子，给你们讲一个小故事吧。”我知道，只有拒绝灌输道理的孩子，没有拒绝听故事的孩子。

唐代惠宗禅师酷爱兰花。一次，禅师要外出弘法讲经，临行前，他吩咐弟子一定要看护好寺中的数十盆兰花。弟子们崇敬禅师，对兰花照看得殷勤有加。一天深夜，天气突变，狂风大作，暴雨如注。由于一时疏忽，弟子们当晚将兰花遗忘于户外。第二天清晨，望着一片狼藉的兰花，弟子们懊悔不已。几天后，禅师回寺，众弟子惴惴不安，准备领罚。禅师得知原委后，不但没有生气，反而一如平常地泰然自若，平静地对弟子们说："当初，我不是为了生气而种兰花的。"

听了我讲的故事，他们不再说话。过了好一会儿，那位女生说："老师，我知道了，您也不是为了生气而来代课的。您真好！"我说："对啊，为什么非得生气呢，你们其实也有很多优点啊，生气并不能解决问题，你们想，能快乐地过好每一天该有多好啊。"

接下来的几节课都很顺利。一周后，那位老师回来了，我便完成了代课任务。后来听他说，那几个孩子，不知为什么好像突然就懂事儿了。

我想起诗人白朗宁的一句诗："他望了她一眼，她对他回眸一笑，生命突然苏醒。"

（尹广学）

延伸思考

课堂教学应该化意外为生成资源。余文森教授提出，不少有价值的生成是对预设的背离、反叛、否定，还有一些则是随机的偶发的神来之笔，生成与预设无论从内容还是性质上讲都具有反向性。

教育名言

资源无处不在，关键是要发现资源，进而优化资源。一堂课不是把所有资源都吸收利用，也不是所有的课都必须利用相关资源，这就需要教师从教学的实际出发，从教学预定目标出发，从学生接受知识的水平出发，从自己驾驭课堂教学的能力和风格出发，将这些资源巧妙地加以利用和整合，使资源与教学过程水乳交融地结为一个整体。

——郑金洲

教学，让学生的心灵震动、震撼、震惊

（1）教学，让学生的心灵震动。

“方向与位置”（北师大版第三册）中有一项重要的活动是“安排动物园”：学生要把附录中的“河马馆”“狮虎园”“百鸟园”“熊猫馆”“猴子园”等剪下，并按一定的标准安排好。不管学生怎样安排，都有他的道理。其实，这其中渗透着培养学生从小树立科学规划意识的思想。教学时，我是这样展开的：

师：去过叶老师家的同学请举手。

全班学生都举起了手，他们曾集体去过三次，有一次正碰上街道挖水泥重新安装排水管。

师：从学校去叶老师家，要经过一条街道，还记得吧？

生：记得。

师：这两年来，这条街道上的人们总是很忙碌，忙碌些什么呢，想知道吗？

生：想！

师：第一次是将路边人行道上的水泥挖了，贴上了磁砖；第二次是把贴好瓷砖的路面挖了，知道干什么吗？

生：安装什么东西。

师：对！安装排水管，就是你们原来见到的那一次。过了不久，又开始第三次挖了，据说是为了安装电线。今天，老师从路边走过，路上又在忙碌着，第四次开始挖了。

生：为什么？

师：老师了解了一下，这一次是为了安装闭路线。

生：老师，他们怎么那么笨！

师：为什么？

生：要是一开始就想好，把排水管、电线、闭路线都安装好，不就好了吗？

师：你说得真好！在做事之前就计划好，这就是规划！要是有合理、科学的规划，就不会浪费时间和金钱了。今天，我们就来当一次工程师，来设计一个动物园，好吗？

生（兴奋）：好！

（进入新课）

在我们周围，就有许多不讲诚信、违反科学规划的事情发生，作为一个教师，有责任对我们祖国的希望，对这些可爱的学生进行讲诚信、讲科学的教育与渗透。城市的健康发展需要规划，个人的良好发展也离不开规划。在教育教学过程中，我们的每一位教师是否能常常想到我们要教给学生什么，我们能教给学生什么。

(2) 教学，让学生的心灵震撼。

这是“九的乘法口诀”教学结束时的教学片段：

师：同学们，能倒着读乘法口诀吗？

生：九九八十一，八九七十二，七九六十三……一一得一。

师：老师这里有一个新的乘法口诀表，请你们认真看看，和我们刚才背诵的有什么不同？（出示秦简“乘法口诀表”）

生：大部分一样，我们是“二二得四”，而这里是“二二而四”，大概是因为“而”字和“得”字意思相同。

生：基本上一样，就只少了“一九得九”“一八得八”“一七得七”等等几个“一几得几”的。

生：后面还多了一些，如“二半而一”。

师：谁知道“二半而一”是什么意思？

生：应该是“两个一半就是一个”的意思。

师：说得好！你们知道吗？刚才我们看到的是叶老师在秦始皇兵马俑博物馆里看到的秦始皇时期的“乘法口诀表”秦简。（投影显示秦简“乘法口诀表”原始图片）据考古学家研究发现，这块“乘法口诀表”秦简，距今已经有2200多年的历史了！

学生全都震惊了，发出阵阵感叹声：“太厉害了！我们的祖先太伟大了！”

中华文明源远流长。一部洋洋洒洒的文明史，其实也是一部厚实的数学发展史。在以上师生交流的小片段中，教师结合了有2200多年历史的“乘法口诀表”秦简这一独特、厚重的历史资源，让学生受到一次特殊的教育，一次生命的震撼，一次心灵的洗礼。我相信，他们会有所感、所思、所悟、所获。

(3) 教学，让学生心灵震惊。

在完成数学作业的过程中，许多学生常常会犯一些单位上的错误。如对于“一共用了多少钱”的问题，不少学生就在算出的得数后写上“(钱)”。到底是多少元，还是多少角，或是多少分呢？他没考虑清楚。又如，求一个几何图形的面积，本来应该用单位“平方米”，可有的同学却把“平方”两字给丢了，订正作业时心里还不以为然：“不就是两个字嘛，我心里知道就行了。”可就因为少了这两个字，面积单位成了长度单位，一个面变成了一条线。一次，我抓住几个学生又写错单位的时机，语重心长地告诉他们：“别小看一个单位。在科学上，有时因为一时疏忽，一个小小的单位往往会造成重大的损失。”接着，我给他们讲了美国火星气象轨道飞行器的失事一事：“1998 年 12 月 11 日，美国航空航天局为了对火星的大气状况作为期两年的实际勘探，耗资 1.25 亿美元（当时相当于人民币 10 亿元），发射了火星气象轨道飞行器。该飞行器顺利地飞行了 9 个月，行程超过 6.7 亿千米，于 1999 年 9 月 23 日北京时间 4 时 50 分到达围绕火星的轨道。5 时 01 分主发动机成功点火，然后按照预定计划转向火星的背面，本应于 5 时 27 分再从火星背面转出与地面控制人员取得联系，但是地面控制人员却一直没有收到它发出的无线电信号。工作人员搜索了一整天，一无所获。科学家不得不面对事实：火星气象轨道飞行器彻底丢了。是什么原因造成这起事故的发生呢？科学家展开了全面、深入的调查与分析，结论让人们大吃一惊。飞行器的制造商洛克希德·马丁公司提供的计算加速度的力是以英制单位‘磅’计量的，而喷气推动实验室想当然地认为公司方面提供的数据是以公制单位‘牛顿’计量的，并直接以‘牛顿’为单位把这些数据输入电脑。这样造成的结果是，火星气象轨道飞行器飞得过于靠近火星，距离火星表面的高度不是预定的 140 千米，而是 60 千米，使轨道飞行器因表面温度过高而起火，最终脱离轨道坠入火星大气层。这样，耗巨资的火星轨道飞行器才到达目的地，还没来得及正常工作就夭折了。”

一个单位的失误，带来十亿元的损失，这个故事带给学生的是一种震惊。学生们对这个故事记忆犹新，很长一段时间，他们写单位时再也不马虎了。

“千里之堤，溃于蚁穴。”细究科学史上失败的事故，往往都能发现，其中真正的失误不是在于方向，而更多是在于一些细节。我们教育学生重视一个单位，同时也是培养他们的一种责任感、一种心性，让他们从细节做起，从我做起，从现在做起！

（叶建云）

延伸思考

哲学家怀特海说："成功的教育在其所传授的知识中必须具有一定的新颖性。要么知识本身是新的，要么具有某些适用于新时代新世界的新颖性，知识并不比活鱼更好保存，你可以讲古老的真理，传授古老的知识，但你必须设法使知识（如它本来的那样），像刚从海里抓上来的鲜鱼，带着它即时的新鲜，呈现给学生。"要保持知识的新鲜性，需要"捕鱼"的教师具有敏锐的感知能力和应变能力。

教育名言

学生在课堂的不同表现，是课堂的生成性资源，因此，新基础的教师要有捕捉课堂信息的能力，课堂上，要关注学生，倾听学生，发现学生，研究学生。

——叶澜

教师要善于及时发现课堂中生成的问题

今天我听了一节练习讲评课，练习讲评课到底该如何上这里暂且不说，我要说的是教师在教学过程中善于发现问题实在是太重要了。教师讲的是阅读初一下学期的《未选择的路》，并引导完成课文练习，其中第二个问题是"请你说说关于路的一些名人名言"。

一学生："其实地上本没有路，走的人多了也便成了路。——鲁迅"

另一学生："行路难，行路难，多歧路，路安在？——李白"

又一学生："书山有路勤为径，学海无涯苦作舟。"

应该说学生回答得都很不错，初一的学生能作这样的回答，可见课外是做了精心准备的。

接着一个学生站起来说："追求真理的路，本是人类共同的（理想）……"

老师一听，觉得很陌生，于是就问："是谁说的?"这个学生一时答不上来，下面是一片哄笑声。

我感到非常遗憾!

遗憾之一是这一位学生没有说"是我说的"。我们中国的学生进入幼儿园起就被灌输要当听话的好孩子，教育强调整齐划一。这使我想起《读者》上有一篇文章叫《保护好你孩子的天赋》，文章通过对 1979 年中美小学教育的考察，做了以下比较，得出了一些简单的结论：

在美国，每个学生无论成绩好坏、能力优劣，都趾高气扬，踌躇满志；小学二年级的学生加减乘除还在掰手指头，就整天闹着要创造发明，恨不得把地球掉个头；美国小学重视音体美，轻数学；小学课堂几乎处于失控状态。

中国小学生在课堂上把手放在胸前或背后，老师发问才举起右手；中国有一种作业叫"家庭作业"；中国把考试分数最高的学生称为最优秀的学生，并颁发证书，而其他人没有；中国小学生起得很早，7 点钟的时候，大街上最多的是学生。

文章最后的结论是，中国的学生是世界上最勤奋的学生，也是起得最早的，他们的分数是世界上任何学生都比不上的，但 30 多年过去了，美国培养了几十位诺贝尔奖的获得者，美国的科学文化远远走在中国的前面。我们的学生就是不敢说"是我说的"，缺的正是美国孩子那种自以为是的自信和踌躇满志。也许这位学生有这样的想法，但就是不敢说出口。难怪上海师范大学现代教学技术系研究生导师黎加厚老师经常说一句话："我们中国孩子的想象力、创造力在幼儿园的时候就被干掉了!"

遗憾之二是这位教师没有鼓励学生说出来，更没有阻止其他学生的哄笑，或者对学生的哄笑加以引导和讨论。教师没有这种意识，一种鼓励学生敢于发表不同意见的意识，这位学生的回答显然与众不同，即使不敢肯定是自创的，但与众不同是可以肯定的，教师就要鼓励他说出来是谁说的，如果说"是我说的"，那就更了不起，保不准班里将来会出一个或者几个名人。谁敢说这位学生将来一定不是名人呢？我们从小就应该有这种自信，应该为这种自信鼓掌！这是一个多么有发挥价值的问题。教师也没有对学生的哄笑加以引导和讨论，学生的哄笑明显伤害了这名学生，打击了他的自信。学生之所以不积极参与活动，不敢发表独立的见解，很重要的原因不尽是怕教师批评，而是怕讲错了被同学耻笑，讲对了是英雄，讲错了就成了被耻笑的对象，因此宁肯不说。即使从保护学生的自信与发言的积极性出发，教师也应该设法阻止学生的哄笑，或者加以引导讨论，让哄笑者明白这位学生的可贵之处以及自己的不对。

可惜我们这位教师没有这样一种意识，由此看来，教师最可贵的是要善于及时发现课堂中生成的问题。记得一位名人说过，发现问题比解决问题更重要。

（顾泠沅）

延伸思考

顾老师的这篇文章让我们想到以前经常看到的一个案例——“雪融化后是什么”，我们是该鼓励学生选择多样的答案还是所谓的标准答案呢？学生的资质各不相同，他们像一块块璞玉，我们是该用统一的模具给他们打下相同的烙印还是该思考如何“天然去雕饰”。林格伦的一句话很发人深省：“如果学校不能在课堂中给予学生更多成功的体验，他们就会以既在学校内也在学校外都完全拒绝学习而告终。”因此，我们在教学中应当因势利导，去发掘、激发学生的潜能，让他们在轻松、愉快的环境里体验学习的乐趣。

教育名言

就学生的心智而论（某些特别的肌肉能力除外），学校为学生所能做或需要做的一切，就是培养他们思维的能力。

——杜威

乌龟比兔子跑得快吗

大约在1992年底，当我第一次读到理查德·斯卡利著的美国儿童读物《小兔子之书》时，我小小地吃了一惊。因为在书的末尾，我读到了与中国传统的道德教育完全相反的内容：“乌龟总以为它们能在赛跑中击败兔子……但他们不可能做得到。”

当时我问儿子矿矿："乌龟能在赛跑中击败兔子吗?"

矿矿不假思索且毫不犹豫地答："当然能啦，因为兔子太骄傲自满了!"时隔六年，现在我再问儿子："乌龟和兔子谁跑得快?"他在鼻子里不屑地轻轻哼一声，竟然懒得答我。看我非要他回答不可，便不耐烦地说："怎么问那么 stupid 的问题呢？乌龟怎么可能与兔子赛跑嘛!"我觉得矿矿对"龟兔赛跑"的看法的变化很有意思，便立即给我弟弟家里打电话，他那对双胞胎儿子，来美国也六年了，不知会怎么看这个问题。电话一接通，没说上两句话，我就问："你们说，乌龟和兔子谁跑得快?"

大概是问题来得太唐突，而且又太简单，也不知道这个爱开玩笑的伯伯在搞什么名堂，两个孩子犹豫了一下，怕上当……在我一再催问下，才答道："当然是兔子跑得快啦!"后来，我趁给国内打电话的机会，问过五六个孩子。国内的孩子没有一个不说乌龟跑得快，因为兔子骄傲自满。只有一个年龄稍大一些的没有直接回答，而是说："有个故事，讲乌龟和兔子赛跑，兔子骄傲，被乌龟赶上了……"《龟兔赛跑》的故事，在国内是家喻户晓的。几乎没有一个儿童不知道，由于兔子的骄傲自满，停滞不前，乌龟把兔子甩在了后面……

1999 年的春节联欢晚会上，《龟兔赛跑》的故事被别出心裁地新编了一回。大概是因为兔年的关系，兔子应有个好形象，新编《龟兔赛跑》被赋予龟兔互相帮助、共同胜利的内容，来了个你好我好大家好的大结局。新编是新编，但还是在讲一个寓言，一个道理。

中国的教育工作者更愿意孩子们从这个故事中学到其深刻的含义和哲学道理。美国的教育工作者却更注重孩子们去学到兔子要比乌龟跑得快得多的科学知识。美国的不少机械，如割草机，在其档次变速的示意标志上，用两个箭头分别指着两个图案，一端是乌龟，另一端是兔子。这种国际通用的图示，明白无误地表明，乌龟表示慢速，兔子标志着快速。捷兔骄傲自满，是一种寓言的想象，没有必然性，但兔子比乌龟跑得快却是科学常识。笨龟勤奋不懈，是一个童话的假想，没有规律性，但乌龟根本无法与兔子赛跑却是不争的科学事实。国内的读者可以做一个有趣的试验，到幼儿园或小学去问问，看看孩子中有几个不认为兔子骄傲而落后于乌龟的。孩子们只注意到寓言的想象，而忽略了科学的事实，这不能不说是一个遗憾。

在这个问题上，我认为有三点值得我们教育工作者去探讨：

第一，道德教育非常重要，但不应将价值判断置于事实之上；也不应把道德判断置于科学之上；更不应只重道德教育而忽略了孩子的个性和兴趣的发展。如果孩子们在他们最活跃的儿童时代没能全面发展兴趣和个性，以后就很难再补救过来了。道德教育在童年阶段固然非常重要，但更需要人们终生持之以恒！

第二，道德教育非常重要，但不应因此而忽略对孩子进行科学常识的教育。如果我们只重视孩子的道德教育，而忽略对孩子科学常识的教育，他们一方面会变得“少年深沉”；另一方面，他们到年纪大了又会变得“老年无知”。还是以“龟兔赛跑”为例，当美国孩子只知道兔子比乌龟跑得快的最简单的科学常识的时候，我们的孩子已理解“骄傲使人落后，谦虚使人进步”的深刻哲学道理，但当我们的孩子长大了还想不通“兔子并不必然骄傲”的道理，并忽略兔子必然比乌龟跑得快的最简单的科学常识，就显得“幼稚”了。

第三，忽略对知识的永恒性与伦理的局限性的教育，孩子将很难做到“吾爱吾师，吾尤爱真理”。伦理与道德的区别是微妙的。道德是人们在一定的社会文化中用以判断行为规范的标准，伦理则是以一定的道德为基础的人伦关系，它规定了角色与角色之间的道德准则以及各自的义务和权利。伦理与道德之间的微妙关联，就是人际关系。当某人不与任何人发生联系时，伦理与道德就不产生判断的意义。比如，“他学习很努力”这不能成为一个道德判断。

“他学习非常努力，以回报务农的父亲含辛茹苦地支持他读大学”，这就可以判断为伦理关系中的道德行为。“尊师爱生”表现的是一定的师生伦理关系，随着时代的发展，这种师生伦理关系日渐显现了其自身的局限性，但知识却是永恒的，并不随着师生伦理关系的变化而变化。换句话说，如果“尊师”的伦理道德与尊重科学事实的实事求是的态度发生矛盾时，孩子需要的是突破伦理道德的束缚去追求真理的勇气。又如，许多计划经济中流行的观念，在市场经济中就不吃香了，就需要改变，以适应新时代的发展，但科学知识却具有超越时空的永恒性。兔子比乌龟跑得快，这是不变的科学常识，但“先进必定自满，落后必然奋发”的判断，却是值得质疑的。孩子们只有认识到知识的永恒性，才会具备批判性思维，才会增强独立思考的能力，才能孜孜不倦地追求真理，才能突破人伦关系，做到“吾爱吾师，吾尤爱真理”。

（黄全愈）

延伸思考

“以教材为平台和依据，充分地挖掘、开放和利用各种课程资源，已经成为教师的一种自觉行为。教学中再也不以本为本，把教材作为‘圣经’解读，而是注重对教材的补充、延伸、拓展、重组，并注重教材与社会生活和学生经验的联系和融合，同时鼓励学生对教材的质疑和超越。”同时，也在鼓励学生对教师的观点进行质疑与超越，养成理性思维与独立思考的能力，只有这样才能真正抵达“课程意义”的核心思想。

教育名言

在狭隘的学科观念背景下，过分地局限于本学科知识与内容，不仅会禁锢教师自身思想的自由驰骋，也不利于我们培养视野开阔、才思敏捷、具有雄浑浩博的哲学气质的人才。

——肖川

语文拓展不可忽略科学常识

小孩子总以为世间万物都与自己一样有感觉，会思考，所以他们喜欢月亮姐姐、舒克贝塔、小狮子辛巴这样的角色，但有时，他们也很可能会批评大人讲的故事不真实：“小狗是吃骨头的，不爱吃蛋糕。”在语文教学中如何处理童话、寓言故事中的虚构是值得重视的一个问题。

最近，在语文备课组同课异构研讨活动中，一年级几位老师上的都是苏教版小语第二册《蚂蚁和蝈蝈》一课。本文是一篇童话故事，讲的是蚂蚁由于辛勤劳动而得以安然过冬，蝈蝈由于懒惰而又冷又饿、难以越冬的故事。

虽然每个老师对教材的把握和处理各有特色，但几乎每一堂课最后都安排了这样一项拓展想象训练：

师：第二年夏天到了，有些得到帮助的蝈蝈幸运地活了下来，现在他们会干些什么呢？（或曰：第二年夏天到了，蝈蝈们听了大家的劝告又是怎么做的呢？）

生：第二年夏天，蝈蝈们会和蚂蚁一样辛勤地劳动，储备粮食，到了冬天，他们不再挨饿受冻了。

师：是啊，蝈蝈们也懂得了勤劳才有收获的道理。

生：蝈蝈们改不了懒惰的本性，依然不肯劳动，结果到了冬天还是又冷又饿。

师：哦，这真是一群顽固不化的蝈蝈！

生：有的蝈蝈变得勤劳了，有的蝈蝈仍然不想劳动。

……

执教老师认为，这样的拓展想象训练，锻炼了一年级学生的说话能力，也进一步深化了文章的人文主题，但我对此有不同的看法。

没错，这是个童话故事，教育性非常强，但在课文的结尾进行这样的拓展想象，虽然符合故事的发展，符合孩子的心理，却难以符合科学常识。《蚂蚁和蝈蝈》为什么不说蝈蝈勤劳、蚂蚁贪图享受呢？这说明这个故事其实是很尊重科学的，是依据一定的科学常识再注入文学因素来编写的。

笔者以为，语文课也要尊重基本的科学常识。对孩子的人文教育一定不能忽视对于科学观念的渗透。不能因为这是一篇童话故事，关于蝈蝈的寿命不是我们要解决的问题就对孩子加以误导。我们的人文教育，首先是关于这个世界正确的科学观的教育。

所以，在教学的结尾，老师完全可以告诉孩子："其实，在自然界，蝈蝈的寿命一般在5～8个月，大多数蝈蝈在冬天会死掉，这便是它们的生活规律；作家们正是根据这一现象，编出了《蚂蚁和蝈蝈》的故事。"不必再去做违背生活真实的拓展训练。

（沈菊芹）

延伸思考

余文森教授在《新课程的深化与反思》中提出，课程资源的开发和利用，必须有一个科学的态度。一方面，课程资源，特别是那些涉及客观知识的素材性课程资源的选择，要注意它的真实性和可靠性；另一方面，又要注意打破对于包括教科书在内的课程资源的迷信，不能把教科书之类的课程资源当做“圣经”来对待，我们甚至要宽容和培养学生对于课程资源的怀疑精神。

教育名言

课程知识中的“珍宝”不会自动地呈现出来，也不能简单而直接地拿来。所谓将知识打开，就是把知识原始获得的实践认识活动方式和过程加以还原、展开、重演、再现……使学生个体“与人类总体‘相遇’”。

——王策三

山重水复“无课本”，柳暗花明“一堂课”

由于一段时间新课本未能及时到校，而教学任务又比较紧，迫于无奈，作为教师的我只有先发有关资料，在学生自己阅读资料的基础上，试行使用聊天授课法。本是无奈之举，不料感觉还挺满意。学生不仅自己积极主动探究问题，与老师配合默契，更可贵的是，他们自己找到了分析历史事件的发展规律的路子。

(1) 开局激将。实际上，我试行使用聊天授课法的最初的想法是，学生手中没有课本，如果继续沿用先前的授课方法，担心学生难以理解有关知识点，在上课过程中出现不必要的麻烦。而且，下册的内容“第一次世界大战”与已经学过的上册内容“两大军事集团的形成”联系又非常紧密，我想能否以聊天的形式从已学过的内容开始，营造轻松愉快的环境，一面像讲故事一样，引领学生进入历史情境，一面通过及时协调、互动，解决学生难以绕过的难点。这样，即使所用时间比较长，也比停下来等课本要好一些。于是，我对所要讲的新内容进行了整理归纳，制作成比较通俗的小册子，并对上课的过程进行了设计。到上课时，我对学生说：“今天手中没有课本，咱们先发一部分资料，根据资料自己琢磨历史事件的发生、发展，看看能不能不用课本，咱们就能自己得出与课本内容相符的结论。”没想到学生们一下子来了劲头，几乎异口同声：“行！老师，看咱们的。”看到如此现象，我不禁窃喜，暗想：莫非这是一个两全其美的法子？既解决了没课本的问题，又可以不耽误教学进度，还调动了学生前所未有的积极探究兴趣。

(2) 聊天热议。为使这种良好势头得以进一步发展，在学生阅读完有关资料后我特意调整上课形式，径直走到学生中间，用尽量轻松的口气说："好了，同学们都认真阅读了资料。既然是大家不拘泥于课本，那么今天我宣布，咱们的学习第一是轻松自在的聊天形式，同学们可以随心所欲地提问，或者发表自己的观点；第二就是这一节课不受资料内容限制，我们可以凭借自己的推论，对内容发展进行探讨，直到下课。"

我一说完，早已等得不耐烦的学生便跃跃欲试，纷纷说道："好啊，老师，就从您开始，您就快点说吧。"见时机已成熟，我便身先士卒，从上册的两大军事集团的形成说起，按着学生的思路推理，引领学生思考在疯狂的军备竞争中，由于两者对外扩张野心的不可遏制，世界性的战争已不可避免，关键是谁在合适的时间地点找到合适的借口。说到此处，早已有学生纷纷插言："火药桶的巴尔干半岛必定是大战的导火索!""大国之间存在很多的忌讳，与大国有关联的小国才是战争发生的替罪羊和最好的借口。"

(3) 趋热思考。听到这些发言，我很高兴，没想到作为难点的东西，就这么轻易让学生突破了，忽然，我想，是否要趁热打铁，捎带着加入一些下节的内容呢？于是我便试探着说："实在不错，这些连老师上学时也难以突破的问题让你们给轻易破解了，看来同学们真是不容小觑呀。""就是！咱们就是棒!"不知谁的适时插言引起大家会心的笑声。"别忙，同学们，刚才咱们学得不错，那么咱们还能预料一下战争的情况吗?"短暂的沉寂后，有人发言道："老师，我想，既然战争那么有准备，准备得那么充分，一旦打起来，肯定很激烈，而且结局也会很难预料。"一语激起千层浪，还没容得我及时夸奖首先回答的同学，马上又响起了更多的声音："是的，肯定是一场前所未有的战争，结盟的国家这么多，所在的地区范围又这么大，我想，时间也不会短。""对！对！而且交战的双方都不是正义之举，这种战争除了老百姓遭大罪以外，谁也不会半途而废的，除非有奇迹出现。"……

这些孩子竟然按照自己的推理推出了"一战"的性质、特点，甚至是战争结束对世界的影响。听着孩子们的言论，看着他们跃跃欲试的表情，我沉醉得竟没有听到下课铃声。

事后，我多次对同事提起这一堂课，与他们一同探讨这没有课本的、意想不到能成功的教学，大家一致认为这样的一堂课给了我们许多启示：(1) 教无定法，法从学情，法从实情；(2) 教无定本，本从心生，本从情出；(3) 生为主体，生活我活，生悦我悦；(4) 师生情贵，两者同心，其利断金。

（牛　磊）

延伸思考

湖南师范大学教授郭晓明认为，如果课程知识要成为人类精神解放的力量，则必须对教材进行动态化处理。课程知识不应是冷冰冰的“知识块”，而应是灵动的、热切的，表现出趋向性的，具有与人对话的姿态。只有这样的知识，才能较好地参与人的精神生活，与人建立起意义关系。“动态化”是一种趋于运动的姿态，它使课程知识向学习者敞开，为知识与个体精神交往创造可能。处于“动态化”的知识不再是“死的”，而是具有作为“对话者”的生命活力。

教育名言

推行“带着问题学的方法”，以加强学习者对科学在解决实际问题方面有用的信念。这些便是跨学科的主要优点，它们在未来将显得日益重要。这种更趋于合乎现代科学的特点和学习者的心理及人生观需要的教育内容组织法，还暗含着一种解决另一个实际问题的办法，这个问题就是一般文化被令人头疼地切割得七零八落。跨学科的方法可以超越由一个个孤岛般的学科并列所造成的各种不便。

——S·拉塞克，G·维迪努

日本小学生的研究性学习

在日本的时候，我目睹过日本一所小学三年级学生进行研究性学习的生动例子。教学的主题活动是如何参与社区活动，为社区作贡献。课堂气氛非常活跃，学生争先恐后地发表意见。当一个小朋友说，我们的社区少一只邮筒，建议增设一只邮筒时，老师眼睛一亮，觉得这是一个很好的话题，便加入讨论。他问："为什么说少一只邮筒呢？反过来，这个问题就成为：增设一个邮筒的理由是什么？增设一个邮筒的条件是什么呢？"

然后，他把这个问题分解成若干的小问题：社区的成员也就是孩子的家长们认为有这个需要吗？邮递员怎么看？邮政所长怎么看？一般情况下，邮筒与邮筒之间的距离有多远？增设邮筒有什么政策上的规定？如果增设邮筒的话，经费有没有困难？设在什么地方最合适？接下来，他就把学生分为几个小组，让他们分别去采访家长、邮递员和邮政所长，去考察邮筒和邮筒之间的距离，并要求学生把调查和考察的结果写成报告。第二天，孩子们把采访的结果纷纷带到学校来了。有的说爸爸妈妈很支持，认为这个想法很好；有的说，邮递员叔叔没有意见，增加一个邮筒对他影响不大；有的说，这个社区邮筒之间的距离明显比其他社区邮筒之间的距离长；有的说，邮政所长说了，如果需要的话，邮政所自己就可以决定。于是，老师让大家一起把这些报告汇总起来，形成了一篇《在××内增设一个邮筒的建议》的报告，送给了邮政所长。所长很激动地对学生说："我感到很惭愧，很感谢大家，这本来是我的工作。我保证明天早上在你们上学的时候，你们就会看到一个新的邮筒建在路边上。"第二天早上，当孩子们上学的时候，看到穿着绿色新装的邮筒已经竖立在那里时，心里的那种兴奋就不用说了。

这当然可以是一种社会活动课，可又何尝不是一堂生动的研究课呢？

所谓研究，首先最重要的是要觉察到问题（这里的问题是觉得缺少一只邮筒），然后形成某种假设（这里的假设就是需要和应该增设一只邮筒），然后或者通过实验，或者通过调查，或者通过文献整理，等等，去验证或推翻假设，然后把研究的过程、得到的数据写成报告，最后，如果有可能或需要的话，提出某种建议。关于一只邮筒的讨论完全满足这一程序。在研究过程中，学生不仅学习了研究的方法，而且学会了协作，增强了社区主人的意识。

（袁振国）

延伸思考

陶行知先生指出："我们的实际生活，就是我们全部的课程；我们的课程，就是我们的实际生活。""全部的课程包括了全部的生活：一切课程都是生活，一切生活都是课程。"从生活中学习得到来的经验与体验才是最为深入人心的课程。课程的生命在于其在生活中的运用。

教育名言

教育应当有的使命，教育应做的事，应该在三个相贯通的层次上，这三个相贯通的层次就是"授受知识、开启智慧、点化和润泽生命"。

——黄克剑

心灵的温度与生命的状态

这是真实的一课，是精彩的一课，是让人们深思的一课，是非常值得我们学习借鉴的一课。有人讲这个故事时将其冠名为"难忘的一课"，有人称之为"人生的三种状态"，我把它叫做"心灵的温度与生命的状态"——温度决定状态。

一位白发苍苍的老教授在学生毕业的最后一节课上说："这是我给你们上最后一堂课了，这是一堂简单的实验课，也是一堂深奥的实验课，我希望你们以后能永远记住这最后一堂课。"

教授说着，取出了一个玻璃容器，注入了半容器清水。教授把盛水的容器放进一旁的冰柜说："现在我们将它制冷。"过了一会儿，容器端出来了，里面的水凝结成了一块晶莹剔透的冰。教授说："0℃以下，这些水就成了冰，冰是水的另一种形态，但水成了冰，它就不能流动了。"

"现在，我们来看水的第三种形态。"教授边说边把盛冰的玻璃容器放在酒精炉上，并点燃了酒精炉。过了一会儿，冰渐渐融化成了水，后来水被烧沸了，咕咕嘟嘟地翻腾出一缕缕乳白色的水蒸气，在实验室里静静地氤氲着，弥漫着。

过了没多久，容器里的水蒸发干了。教授关掉酒精炉，让学生一个个验看玻璃容器，并说："谁能说出这些水到哪儿去了呢?"学生盯着教授。他们不明白这最后一堂课，学识渊博的教授为什么给他们做这个最简单的实验。

教授看着那些不愿意回答这个问题的学生说："水哪里去了呢？它们蒸发进空气里，飘进蓝蓝的辽阔无边的天空里去了。"教授微微顿了一顿又说："你们可能都觉得这个实验太简单了，但是——"教授口气一转，严肃地说，"它并不是一个简单的实验！"

教授瞅一眼那些迷惑不解的学生说："水有三种状态，人生也有三种状态。水的状态是由温度决定的，人生的状态是由自己心灵的温度决定的。"教授说："假若一个人对生活和人生的温度是0℃以下，那么这个人的生活状态会是冰，他的整个人生世界也就不过他双脚站的地方那么大；假若一个人对生活和人生抱平常的心态，那么他就是一掬常态下的水，他能奔流进大河、大海，但他永远离不开大地；假若一个人对生活和人生是100℃的炽热，那么他就会成为水蒸气，成为云朵，他将飞起来，他不仅拥有大地，还能拥有天空，他的世界和宇宙一样大。"

教授微笑着望着他的学生们问："明白这堂最简单的实验课了吗？"

"不，这不是一堂简单的实验课！"他的学生异口同声地说。

一流人才找方法，二流人才找态度，三流人才找借口。当我们抱怨生活不如意的时候，当我们感觉付出与所得不相等的时候，想想这一课，想想水的温度与状态的关系，想想人生三种状态的缘由，可能会带给我们更多的好心情、好运气和好机遇。

（林东强）

延伸思考

课程不是知识的简单积累，不是零散技能的单一训练，也不是一种单向的传输过程，而是一种心灵的启悟与思想的开导。体悟性课程才是真实的、深刻的课程，它能使人一生受益匪浅。

教育名言

与其把学生当做天津鸭儿填入一些零碎知识，不如给他们几把钥匙，使他们可以自动地去开发文化的金库和宇宙之宝藏。

——陶行知

还教育以深刻

我们的教育教学总是这样一览无余，全无含蓄蕴藉；总是那么直来直去，全无讲求回环曲致；总是那么居高临下，全不平等对话交流；总是教师耳提面命，全不顾及学生的豁然顿悟。其实，对于我们大多数人的受教育经历而言，许多年以后，许多教师传授的具体的学科知识与内容都一无例外地烟消云散了，当时的一些所谓的解题技能技巧也随风而逝了，唯有在偶然间让我们为之茅塞顿开的启悟，仍然深刻在心间，让我们记忆犹新、刻骨铭心。

想起斯坦伯格的一篇文章《学无止境》。

这是美国东部一所规模很大的大学毕业考试的最后一天。在一座教学楼前的阶梯上，一群机械系大四学生挤在一起，正在讨论几分钟后就要开始的考试，他们显得很有信心。这是最后一次考试，接着就是毕业典礼和找工作了。

有几个说他们找到工作了，其他的人则在讨论他们想得到的工作。怀着对四年大学教育的肯定，他们觉得心理上早有准备，能征服外面的世界，即将进行的考试只是很容易的事情。教授说他们可以带需要的教科书、参考书和笔记，只要求考试时他们不能交头接耳。

他们喜气洋洋地鱼贯走进教室。教授把考卷发下去，学生都眉开眼笑，因为学生们注意到只有5个讨论题。3个小时过去了，教授开始收卷。学生们似乎不再有信心，他们脸上有可怕的表情，没有一个人说话。教授手里拿着考卷，面对着全班学生。教授端详着学生们担忧的脸，问道："有几个人把5个问题全答完了?"没有人举手。"有几个人答完了4个?"仍旧没有人举手。"3个?""2个?"学生们在座位上不安起来。"那么1个呢? 一定有人做完1个了吧?"

全班学生仍保持沉默。教授放下手中的考卷说："这是我预料到的。我只是要加深你们的印象，即使你们已经完成了四年的工程学教育，也仍旧有许多有关工程的问题你们不知道。这些你们不能回答的问题，在日常操作中是非常普遍的。"于是教授带着微笑说下去："这个科目你们都会及格，但要记住，虽然你们是大学毕业生，你们的教育才开始。"随着时间的流逝，这位教授的名字也许会模糊，但学生对他的训诫的印象却不会模糊。

教育部副总督学郭振有在考察美国的一所学校时收集了这么一个案例，让我非常惊异。我惊异于美国教师的用心，惊异于深刻教育散发出的魅力。美国一所学校的教师在上课的时候，在黑板旁边挂了一幅人体主要肌肉和骨骼的解剖图，学期末时，教师把那张图卷了起来，给每个学生发了一张纸，让他们画出人体主要肌肉和骨骼的解剖图。学生说："你没教过我们啊！"教师说："那个图挂在黑板上整整一个学期，你们为什么不学？"学生说："老师你没有让我们学啊。"教师非常严肃地对学生说："你们要记住，不能只学老师在课堂上教给你的东西，人生、社会所需要的知识，你们都要有兴趣，要主动地去学习。"美国的这位教师笃信教育教学要培养学生自主学习的能力，培养学生的兴趣和好奇心，使他们对什么都好奇，而不只是对考试题目。而这一理念不是通过强行告诉或灌输，而是在学生们大吃一惊中进行开示。我们对于教育教学的有效性、艺术性、智慧性等都是在课堂方寸之间，在一节课之内、一时之间来考究，很少能给有效更长的长度，给艺术更广的广度，给智慧更高的高度。

我们所受的教育教学经历中，什么是最令我们终身难忘的事？或者说我们从事教育教学工作这么多年，给学生留下什么终身难忘的回忆呢？一切都如明日黄花，来也匆匆去也匆匆，一切终究一场空。或许，有的是一些生活中的阴影、痛苦……因为我们习惯于缺乏深谋远虑的近于条件反射的行为；习惯于头痛医头、脚痛医脚的急于求成的做法，它是缺乏深思熟虑、卓识远见的方式，是仅浮于表面、流于形式的教育。语重心长、意味深长与这些都格格不入。

（林高明）

延伸思考

教育家阿莫纳什维利在《教育者的十条"箴言"》中写道，教育是一个长期的潜移默化的过程，因此，我们在完成教育任务的一切具体场合，都应该表现出明智、有远见、合情合理和耐心。我们对于自己的教育教学行为有没有作长久计议呢？课程的整体意义就在于为学生的一生奠定良好的基础。

教育名言

课程不仅仅是显性的，还有很多是隐性的，是无声的课程、无声的语言，常常有“此时无声胜有声”的特点。

——钟启泉

“米饭把我炒糊了”和“一（位）马”

我们去听一位小学语文教师讲课。课堂上，这位教师让学生做练习，将“把字句”改成“被字句”。教师出示一个句子“我把米饭炒糊了”，然后点名让一位小同学站起来将其转换成“被字句”。

也许这位小同学太紧张，也许这位小同学没有弄清楚题意，也许这位小同学是一位“差生”，反正他没有将句子改成“米饭被我炒糊了”，而是将句子“十分顺利”地改成了“米饭把我炒糊了”。

经过短暂的沉寂后，教室里立即爆发出一阵笑声。学生被“米饭把我炒糊了”逗翻了。讲课的语文教师也无法“掩饰”自己的笑意，“及时”地加入哈哈大笑的行列之中——要命的是这位语文教师竟然还把手中的教杆都笑得掉在了地上。于是课堂处于“失控”状态。

笑声不绝，那位回答有误的同学先是不知其意地“呆站”，然后是不知所措地“羞愧难当”。他的“尴尬”和“无助”之态成为大家的后续笑料……

我们听另一位小学语文教师讲课。课堂上这位教师让学生进行“量词”填空练习。教师出示：一（ ）马。然后，他让一名学生站起来填空。

也许这个题目有些难，也许这位同学有些紧张，也许这位同学是一位“差生”，反正他没有说“一（匹）马”，而是说成了“一（位）马”。

教室里没经过沉寂，所有的学生就笑作一团了。

但是——执教教师没有加入“嘲笑”行列之中。等到学生笑声稍小，教师面带善意地对回答问题的学生说：“这里应该填一（匹）马。‘位’一般用作‘人’的量词。记下了吗？”

那个闹了笑话正惶惶不安的学生点了点头，教师让他坐下。这时教室里又发出了“嘲笑”声。于是语文教师开始背一首小诗：

可不可以说
一枚白菜一顶太阳一朵雨伞一束雪花
可不可以说
一头训导主任一匹将军一尾皇帝
可不可以说
龙眼吉祥龙须糖万岁万万岁

教师背完了这首诗，说：“这是香港女诗人西西写的小诗，名字就叫《可不可以说》，有趣吗?”

教室里的嘲笑声早就没有了，学生已经被这首有趣的小诗紧紧地吸引住了。

教师接着说：“‘一（位）马’对于练习题来说的确是填错了量词，但对于诗来说这不是错误，而是很有趣味的诗呀。大家不仅要知道刚才的同学犯了一个量词错误，还要知道这个错误其实充满了有趣的诗意。我相信刚才这位同学会成为一‘只’有趣味的诗人。”

这时教室里不再有“嘲笑”的意味，而是充满了和谐的气氛——那位回答“一（位）马”的学生脸上没了尴尬和不安，安然地与同学一起分享着语文的“趣味”。

“米饭把我炒煳了”和“一（位）马”同样是课堂上的意外，这两个意外之错又确实很“可笑”。面对学生“可笑的错误”，第一位语文教师自己却陷入笑声之中，从而失了教师的“本职”。教师需要冷静、智慧地调控课堂中出现的诸多“意外”。如果教师面对学生“可笑的错误”，只是一味地加入学生的笑声中，甚至是连教杆都笑掉了，这就等于放弃了自己调控课堂的责任。教师放弃了调控课堂的责任就等于将“可笑的学生”置于困境而不知救护。——这是学生的“不幸遭遇”，也是教师调控教学进程的失职与失败。

第二位教师面对学生“可笑的错误”显然是冷静而智慧的。他没有让教学进程在“嘲笑”中失控，更没有让“可笑的学生”在失控中“受难”。在学生“可笑的错误”来临之时，教师动用自己的教学智慧，不但为犯错的学生撑起了一片“心灵避难”的天空，还及时转移了所有学生的“低级兴奋点”，成功地将学生的“嘲笑思维”转化成了“鉴赏思维”，引导学生的情绪进入“大语文”的和谐境界中。这是充满智慧的课堂调控艺术。——所有教师都应该修炼这种课堂调控艺术。有了这种冷静而智慧的调控能力，我们的课堂将会呈现更多的和谐，呈现更多的美……

（史 峰）

延伸思考

教师就是课程，意味着教师拥有丰富的课程素养。他拥有深厚的相关课程的知识，同时能够关注学生的实际情况，在此基础上有的放矢地引入资源，引导学生的学习，使学生获得别开生面、别有洞天之感。